上海城市安全研究

Study on Shanghai Urban Security

（第二版）

姜立杰　何丰　陈秋玲
史晓琛　吴也白　王永刚

◎等著

经济管理出版社
ECONOMY & MANAGEMENT PUBLISHING HOUSE

图书在版编目（CIP）数据

上海城市安全研究/陈秋玲著. —2版. —北京：经济管理出版社，2017.10

ISBN 978-7-5096-5466-8

Ⅰ. ①上… Ⅱ. ①陈… Ⅲ. ①公共安全－研究－上海 Ⅳ. ①D675.1

中国版本图书馆CIP数据核字（2017）第274253号

组稿编辑：张　艳
责任编辑：赵喜勤
责任印制：黄章平
责任校对：超　凡

出版发行：经济管理出版社
　　　　　（北京市海淀区北蜂窝8号中雅大厦A座11层　100038）
网　　址：www.E-mp.com.cn
电　　话：(010)51915602
印　　刷：三河市延风印装有限公司
经　　销：新华书店
开　　本：720mm×1000mm/16
印　　张：18.75
字　　数：278千字
版　　次：2018年1月第2版　2018年1月第1次印刷
书　　号：ISBN 978-7-5096-5466-8
定　　价：59.00元

前　言

综观国内外城市安全运行轨迹我们可以发现，城市运行安全是城市系统在正常的轨道上稳定、协调、有序、持续运转的基础性保障。阪神大地震、东京地铁沙林事件、莫斯科人质事件、纽约"9·11"、北京"SARS"等突发事件均说明了这一点。城市运行安全问题是关乎城市兴衰的战略问题。

中国经济"高楼+高铁+高GDP"的非均衡、跨越式增长模式，使城市运行的外部环境和内在机理日益复杂化、系统化和高风险化。当物理环境和制度软环境风险耦合人员危险行为和设施故障时，就极易频发城市突发事件，进而诱发蝴蝶效应与叠加效应。

从上海城市运行现状及安全管理现状来看，有以下三点特别值得关注。

一是突发事件愈演愈烈。上海的"四个高峰"同时到来：①经济快速增长与社会滞后发展的摩擦高峰期已经到来，导致社会群体性突发事件（如经常性"散步"事件等）频发；②2300万常住人口的过度集聚，导致城市食品安全事件（如上海熊猫炼乳事件）、公共卫生事件（如南汇禽流感事件）、交通事故（如地铁相撞事件）等突发性事件进入高峰期；③城市快速发展进程中风险隐患日积月累，导致安全生产事故的负面效应放大，成为影响城市安全的"导火索"；④上海向高空、地下快速立体化发展的高峰期已经到来。

二是城市呼唤风险管理。"生产优先、生活靠边、生态牺牲"

的发展理念和运行模式，导致发达国家上百年工业化过程中的城市问题在上海近 30 年就集中出现了，且呈现结构型、复合型、压缩型特点。上海面临着超大型城市"致灾因子庞杂、孕灾环境复杂、承灾主体脆弱"的挑战，亟须加强对城市运行风险源的在线监测，提升防范、抵御及应对风险能力。上海"11·15"火灾凸显了过度依靠专项撞击式应急管理机制的弊端，必须针对城市运行风险源的类型、频率、诱因和危害程度，按照控制的关键点原理和有效性原则，加强风险溯源和风险评估，强化上海城市运行风险的源头预警和过程管理。

三是风险溯源亟待开展。随着上海城市规模和服务辐射能级的提升，世博会等重大会议会展活动相继在上海举办。这导致大规模的人流、物流、车流等短时间内在上海集聚，为上海的城市安全带来了巨大压力。当前，上海城市运行安全体系的问题突出表现在风险源头的失控、应急预案的缺憾、总体框架的缺失、体系建设的缺陷等方面，其中尤以风险溯源分析方面最为薄弱，制约着有关部门对城市风险的安全监测和城市安全的有效管理。

基于上述原因，迫切需要加强特大型城市上海运行安全研究，为制定相关对策措施、保障上海城市安全运行提供基础性研究。

本书由陈秋玲总策划和统稿，孔令超、吴干俊承担了大量的组织协调和编辑排版工作，各章分工如下：前言陈秋玲；第一章陈秋玲、张青、肖璐；第二章陈秋玲、何丰等；第三章何丰、陈秋玲、黄舒婷等；第四章高秦镜；第五章孔令超、翟峰；第六章吴也白、史晓琛；第七章马晓姗、黄舒婷；第八章王永刚；第九章吴干俊；第十章张国徽；第十一章姜立杰；第十二章黄舒婷；第十三章张豪赟、宋沛东。本书撰稿人员共有 17 位，他们在撰写过程中参考了大量的研究文献，但难免挂一漏万，如有遗漏敬请指正。

目 录

总论篇

第一章 上海城市安全评估

近年来，城市安全问题日益成为城市风险与公共危机管理领域广泛关注的焦点。广义上的城市安全是指城市及其人员、财产、城市生命线等重要系统的安全①。影响城市安全状况的非常规突发事件的发生具有突发性、危害性、快速扩散性、耦合性、衍生性、传导变异性和极大的不确定性等特征②，其全过程的演化机制和发展规律不确知，灾害程度及对社会稳定造成的冲击难以预计，是一种非常态事件，基于常态事件风险评估的模型方法往往失效，而要借助于非常态事件风险评估的模型方法。从国内外研究文献来看，基于突变理论的风险评估模型方法，可以有效地解决这一问题。

影响城市安全的突发事件一般都具有突发性特点，城市风险往往具有隐蔽性、不确定性等特点，使人们很难采取充分的准备措施来预测和应对各种突发的城市危机，但这并不意味着城市危机是不可预测的。笔者通过深入研究，发现基于突变理论的风险评估模型方法，也可以用来测定城市安全度（风险度）。就笔者的研究视野而言，目前尚没有搜索到将突变理论应用于城市安全或风险评估领域的研究文献。本章尝试基于突变理论，对这一领域进行探索性研究。

一、突发事件视野下的城市安全影响因素界定

在现代社会，由于自然因素和人为因素的耦合机制，导致安全问题的非传统异化趋势明显，并呈现出跨国界、动态性、毁灭性、可转化性等特征，

---

① 董华，张吉光. 城市公共安全——应急与管理 ［M］. 北京：化学工业出版社，2006：5.
② 计雷，池宏，陈安等. 突发事件应急管理 ［M］. 北京：高等教育出版社，2006：23~24.

从而对城市安全构成了巨大威胁①。

就城市而言，对城市安全构成威胁的风险源，主要包括自然风险源、人为风险源以及自然因素和人为因素交织在一起形成的风险源三大类。这些风险源一旦没有风险管理机制和安全保障机制的有效运作，往往会演化为突发事件，对城市造成巨大的损失②。

二、城市安全"四层四维"复合指标体系设计

城市安全系统是一个复杂系统，在建立指标体系时需要建立多层次、多维度、多领域的复杂结构体系，按照自上而下、由总到分的思路，可以确定城市安全的四层评估指标体系结构，即总体层、系统层、变量层、指标层。其中总体层综合表达城市安全度；系统层是基于城市安全问题的发生载体进行内涵解析而确定的子系统；变量层则是能够综合表征子系统状态特征的关系结构层；指标层一般采用可度量、可获得、可比较的单项指标，综合反映变量层③。

基于上述概念界定和逻辑分类框架分析，城市安全评估来源于城市威胁受体（以人为中心），包括社会安全、生产安全、公共卫生安全、生态环境安全四重安全受体，它们共同组成城市安全状况的四维逻辑框架。

（一）社会安全子系统

社会安全包括经济安全、社会冲突、社会治安、社会压力等方面。从世界各国的经验来看，评价经济安全的强警戒指标主要有失业率、通货膨胀率、基尼系数、贫困率④；衡量社会冲突的强警戒指标主要有群体性事件发生频率、民族宗教冲突发生频率；评价社会治安状况的强警戒指标主要包括刑事案件和治安案件起数，为了便于城市间比较，具体操作时可采用每万人刑事

---

① 王宏伟. 突发事件应急管理：预防、处置与恢复重建［M］. 北京：中央广播电视大学出版社，2009：26～27.

② 菅强. 中国突发事件报告［M］. 北京：中国时代经济出版社，2009：6.

③ 王金南，吴舜泽等. 环境安全管理评估与预警［M］. 北京：科学出版社，2007：37～39.

④ 陈秋玲. 社会预警管理［M］. 北京：中国社会出版社，2008：108～109.

案件发案率、每万人治安案件发案率指标；评价社会压力的强警戒指标主要有自杀率、心理和精神病患病率等指标。

（二）生产安全子系统

《国民经济和社会发展第十一个五年规划纲要》（以下简称《纲要》）首次纳入"单位国内生产总值生产安全事故死亡率"和"工矿商贸就业人员生产安全事故死亡率"两个综合反映安全生产状况的规划指标。国家统计局在《2005年国民经济和社会发展统计公报》中，也首次将上述两个综合指标和"道路交通万车死亡率"、"煤矿百万吨死亡率"两个专项指标纳入国家统计指标体系。本书结合我国现行的统计口径，用这四个指标测量城市生产安全指数。

（三）公共卫生安全子系统

公共卫生安全主要包括食品安全、医疗安全、卫生安全、职业危害等方面。其中，食品安全可以用食品中毒事件、食品总体合格率等指标衡量；医疗安全常用的强警戒指标有医疗事故死亡率、婴儿死亡率、孕产妇死亡率等；卫生安全常用的强警戒指标有传染病发病率、传染病死亡率等；职业危害则主要采用职业病发病率来测定。

（四）生态环境安全子系统

生态环境安全子系统的评价主要基于生态安全、环境安全、自然灾害三个层面。其中，生态安全可以用生态突发事件、人均公共绿地面积、森林覆盖率等指标衡量；环境安全常用的强警戒指标有空气污染综合指数（空气质量）、工业废气处理率、生活废水处理率、固体废弃物处理率等；自然灾害主要包括风灾、水灾和旱灾、冰冻灾害、雷电灾害、雾灾、地震灾害与地质风险等，常用的强警戒指标是包括上述灾害在内的自然灾害指数。

基于上述分析，本书给出评估城市安全度的"四层四维"复合指标体系结构（见表1-1）。在实际操作中，贫困率、群体性事件发生频率、民族宗教冲突发生频率、自杀率、心理和精神病患病率、食品中毒事件、医疗事故死亡率、职业病发病率等指标，基于城市层面的统计数据很难获得，建议各地区要完善基于城市安全的统计指标体系。

表 1 - 1　城市安全评估的"四层四维"复合指标体系结构

总体层	系统层	变量层	指标层
城市安全度	社会安全子系统	经济安全	失业率、通货膨胀率、基尼系数、贫困率
		社会冲突	群体性事件发生频率、民族宗教冲突发生频率
		社会治安	每万人刑事案件发案率、每万人治安案件发案率
		社会压力	自杀率、心理和精神病患病率
	生产安全子系统	生产事故	单位国内生产总值生产安全事故死亡率
		就业安全	工矿商贸就业人员生产安全事故死亡率
		交通安全	道路交通万车死亡率
		煤矿安全	煤矿百万吨死亡率
	公共卫生安全子系统	食品安全	食品中毒事件、食品总体合格率
		医疗安全	医疗事故死亡率、婴儿死亡率、孕产妇死亡率
		卫生安全	传染病发病率、传染病死亡率
		职业危害	职业病发病率
	生态环境安全子系统	生态安全	生态突发事件、人均公共绿地面积、森林覆盖率
		环境安全	空气污染综合指数、三废处理率（废水、废气、固体废弃物）
		自然灾害	自然灾害指数（风灾、水旱、冰冻、雷电、雾、地震等发生频率）

三、城市安全评估模型与测定方法

（一）突变模型的基本原理及城市安全评估模型建构

长期以来，自然界许多事物的连续的、渐变的、平滑的、定量的运动变化过程，都可以用解析几何和微积分的方法进行描述。但是，在自然界和社会现象中，还有许多不连续的、突发的、非光滑的、定性的突变和飞跃的过程，如地震、火山爆发、物种灭绝、股市暴跌、战争爆发等，这些由渐变、量变发展为突变、质变的过程，就是突变现象，微积分是不能描述的。以前科学家在研究这类突变现象时遇到了各式各样的困难，其中主要困难就是缺乏恰当的数学工具来提供描述它们的数学模型。这迫使数学家进一步研究描述突变理论的飞跃过程，研究不连续性现象的数学理论。

基于突变理论的城市安全状况评估的模型，最常用的为表1－2所描述的城市安全评估的突变模型①：

表1－2　城市安全评估的突变模型

突变类型	控制参数	突变芽	突变函数	
折叠突变	1	x^3	$f(x) = x^3 + ax$	(1)
尖点突变	2	$\pm x^4$	$f(x) = x^4 + ax + bx$	(2)
燕尾突变	3	x^5	$f(x) = x^5 + ax^3 + bx^2 + cx$	(3)
蝴蝶突变	4	$\pm x^6$	$f(x) = x^6 + ax^4 + bx^3 + cx^2 + dx$	(4)

其中，突变函数 $f(x)$ 表示一个城市安全系统的状态变量 x 的势函数，状态变量 x 的系数 a、b、c、d 表示该状态变量的控制变量，突变芽是突变现象的种子，有势系统因为有了突变芽才会发生突变。

对于势函数 $f(x)$，由 $f'(x) = 0$ 得到突变平衡曲面方程（见表1－3）②③：

表1－3　城市安全突变模型的突变平衡曲面方程及分歧方程

突变类型	平衡曲面方程		分歧方程	
折叠突变	$f'(x) = 3x^2 + a = 0$	(5)	$f''(x) = 6x$	(9)
尖点突变	$f'(x) = 4x^3 + 2ax + b = 0$	(6)	$f''(x) = 12x^2 + 2a = 0$	(10)
燕尾突变	$f'(x) = 6x^5 + 4ax^3 + 3bx^2 + 2cx + d = 0$	(7)	$f''(x) = 20x^3 + 6ax + 2b = 0$	(11)
蝴蝶突变	$f'(x) = 6x^5 + 4ax^3 = 0$	(8)	$f''(x) = 30x^4 + 12ax^2 + 6bx + c = 0$	(12)

① 苗东升. 系统科学大学讲稿 [M]. 北京：中国人民大学出版社，2007：335.

② 罗慧英，南旭光. 突变理论在金融安全评价中的应用研究 [J]. 海南金融，2007，3 (3)：51～53.

③ 赵光洲，张明凯. 企业在不确定性环境下的容忍性研究 [J]. 华东经济管理，2008，12 (12)：78～83.

对于 $f'(x)$，由 $f''(x)=0$ 可得到由状态变量表示的反映状态变量与各控制变量间关系的分解形式的分歧方程（见表 1－3、表 1－4）。把城市安全突变模型的分歧集方程加以推导引申，便得出"归一公式"（见表 1－4）。

表 1－4　城市安全突变模型的突变分解形式的分歧方程及归一公式

突变类型	突变分解形式的分歧方程		归一公式	
折叠突变	$a=-3x^2$	(13)	$x_a=a^{1/2}$	(17)
尖点突变	$a=-6x^2$, $b=8x^3$	(14)	$x_a=a^{1/2}$, $x_b=b^{1/3}$	(18)
燕尾突变	$a=-6x^2$, $b=8x^3$, $c=-3x^4$	(15)	$x_a=a^{1/2}$, $x_b=b^{1/3}$, $x_c=c^{1/4}$	(19)
蝴蝶突变	$a=20x^3$, $b=-15x^4$, $c=4x^5$, $d=-10x^2$	(16)	$x_a=a^{1/2}$, $x_b=b^{1/3}$, $x_c=c^{1/4}$, $x_d=d^{1/5}$	(20)

表 1－4 是利用突变理论进行城市安全评估的基本运算公式。一般地讲，根据各控制变量对状态变量影响的方向，对城市安全的评估要遵循"互补"与"非互补"原则。

"互补"原则是指系统诸控制变量间存在明显的关联作用时，应取诸控制变量相应的突变级数值的均值作为城市风险突变总隶属函数值。即：

$$x=(x_a+x_b+x_c+x_d)/4 \tag{21}$$

"非互补"原则是指系统诸控制变量对状态变量的影响不能互补时，存在两种情况：

如果是正向指标，就取诸控制变量相应的突变级数值中的最小值作为突变总隶属函数值，即：

$$x=\min(x_a, x_b, x_c, x_d) \tag{22}$$

如果是逆向指标，就取诸控制变量相应的突变级数值中的最大值作为突变总隶属函数值。即：

$$x=\max(x_a, x_b, x_c, x_d) \tag{23}$$

基于城市安全突变模型类型及控制变量间"互补"与"非互补"原则，对具体突变类型进行二维分析，可以得到表 1－5。

表1-5 基于"互补"与"非互补"原则的城市安全突变类型二维分析

突变类型 控制变量间关系	尖点突变	燕尾突变	蝴蝶突变
互补关系	互补尖点突变	互补燕尾突变	互补蝴蝶突变
非互补关系	非互补尖点突变	非互补燕尾突变	非互补蝴蝶突变

(二) 城市安全评估的基本步骤

1. 构建城市安全评估指标体系

影响城市安全状况的根源在于经济社会结构的失衡或自然生态环境系统的失衡，这种不稳定的经济社会运行系统、自然生态环境系统在一定因素的影响下常常会偏离常态运行轨道。在运用指标来测度城市安全状况时，科学的核心指标和综合指标的选择和设计一直是研究的重点和难点，至今尚未达成共识。

本章在遵循科学性与权威性并重、整体性与相关性并举、简洁性与强警戒性结合、普适性与可比性并行、数据可得性与量化可操作性融合的基础上，基于城市系统的内在作用机理，采用层次分析法，将其分解为若干指标组成的多层系统。鉴于评价系统的指标一般都比较庞杂，本章基于指标"核心—外围"的设计原理，给出对城市安全评估具有强警戒作用的核心指标体系。

2. 确定城市安全评估指标归一处理标准

城市安全评估指标归一处理标准设定，本章采用世界通行标准法、极值—均值法、专家经验判断法、综合分析法等多种方法。

3. 原始数据标准化处理

对城市安全的操作层指标，进行原始数据标准化处理，可以采用极差标准化、极值标准化、正规标准化等方法，将原始数据转化为 [0，1] 之间的无量纲数值，得到初始的模糊隶属函数值。

4. 确定城市安全的突变类型

一般地讲，根据突变理论，若一个系统仅有一个指标，则该系统可视为折叠突变系统；若子系统可以分解为两个子指标，该系统可视为尖点突变系统；若一个指标可分解为三个子指标，该系统可视为燕尾突变系统；若一个指标能分解为四个子指标，该系统可视为蝴蝶突变系统。

如上所述，城市安全包括社会安全、生产安全、公共卫生安全、生态环境安全四重安全受体，因此城市安全系统可视为蝴蝶突变系统，又因为这四重安全受体彼此之间具有明显的关联作用，因此城市安全系统属于互补蝴蝶突变系统。同理，社会安全子系统、生产安全子系统、公共卫生安全子系统均属于互补蝴蝶突变系统。

生态环境安全主要基于生态安全、环境安全、自然灾害三个层面来评价，各子系统之间"一票否决"，属于非互补关系。因此，生态环境安全子系统属于非互补燕尾突变系统。

同理，结合表1-1的城市安全评估的"四层四维"复合指标体系结构，基于突变理论对各子系统的内在指标个数来确定其突变类型，基于回归分析方法对指标之间、子系统之间的相关关系进行界定。综合上述分析，给出基于突变模型类型及"互补"与"非互补"原则进行二维分析结果（见表1-6）。

表1-6　城市安全系统及子系统突变类型

系统名称	控制变量	控制变量间关系	突变类型
U 城市安全指数	4 个子系统	系统之间相关性较强，互补关系	互补蝴蝶突变
U₁ 社会安全指数	4 个指标	子系统之间相关性较强，互补关系	互补蝴蝶突变
U₂ 生产安全指数	4 个指标	子系统之间相关性较强，互补关系	互补蝴蝶突变
U₃ 公共卫生安全指数	4 个指标	子系统之间相关性较强，互补关系	互补蝴蝶突变
U₄ 生态环境安全指数	3 个指标	子系统之间"一票否决"，非互补关系	非互补燕尾突变
U₁₁ 经济安全	4 个指标	指标之间相关性较强，互补关系	互补蝴蝶突变
U₁₂ 社会冲突	2 个指标	指标之间相关性较弱，非互补关系	非互补尖点突变
U₁₃ 社会治安	2 个指标	指标之间相关性较强，互补关系	互补尖点突变
U₁₄ 社会压力	2 个指标	指标之间相关性较强，互补关系	互补尖点突变
U₂₁ 生产安全事故	1 个指标	—	折叠突变
U₂₂ 就业安全	1 个指标	—	折叠突变
U₂₃ 交通安全	1 个指标	—	折叠突变
U₂₄ 煤矿安全	1 个指标	—	折叠突变
U₃₁ 食品安全	1 个指标	—	折叠突变
U₃₂ 医疗安全	3 个指标	指标之间相关性较强，互补关系	互补燕尾突变
U₃₃ 卫生安全	2 个指标	指标之间相关性较强，互补关系	互补尖点突变

系统名称	控制变量	控制变量间关系	突变类型
U_{34}职业危害	1个指标	—	折叠突变
U_{41}生态安全	3个指标	指标之间"一票否决"，非互补关系	非互补燕尾突变
U_{42}环境安全	4个指标	指标之间"一票否决"，非互补关系	非互补蝴蝶突变
U_{43}自然灾害	1个指标	—	折叠突变

5. 量化递归运算

利用上面给定的相应突变类型的突变模型归一公式，对标准化处理后的指标值进行量化递归运算。互补突变类型的突变隶属函数值运用式（21）求解，非互补突变类型的突变隶属函数值运用式（22）式（23）求解。

6. 求总突变隶属函数值

根据"互补"与"非互补"原则，求取总突变隶属函数值，即城市安全度。因为城市安全度是一个正向指标，因此就取诸控制变量相应的突变级数值中的最小值作为突变总隶属函数值，用式（21）计算。

7. 跟踪测定与风险评价

重复1~6的步骤，对城市安全度进行跟踪测定与评价。城市安全度计算出的阈值在0~1之间变化，越接近0表示安全度越低，则脆弱度越高，风险度越高；越接近1表示安全度越高，则脆弱度越低，风险度越低。安全度为0，表示系统极其脆弱，随时会发生危机；安全度为1则表示系统安全性最优，几乎无脆弱性，是一个理想的绝对稳定、优化的系统（见表1-7）。

表1-7　城市安全等级判断标准

安全度 U	安全等级	城市安全状况等级判断
0~0.2	Ⅰ级	系统极其脆弱，处于危机区，发布巨警
0.2~0.4	Ⅱ级	系统处于重度风险区，发布重度警报
0.4~0.6	Ⅲ级	系统处于中度风险区，发布中度警报
0.6~0.8	Ⅳ级	系统处于轻度风险区，发布轻度警报
0.8~1	Ⅴ级	系统处于安全区，存在潜在风险

四、案例分析：上海市历年城市安全度测定及安全等级判断

本章选取上海市 2000～2008 年的统计数据来测定和综合分析上海城市安全度。原始数据来源于上海市历年统计年鉴和 2008 年统计公报，2009 年的数据为各单个指标的预测值。依据上文提出的分析步骤、指标体系、突变模型、突变类型及判断标准，对上海城市安全度进行测定和判断，结果见表1-8和表1-9。

表1-8　上海市历年城市安全度测定和预警等级判断（2000～2009年）

年份	城市安全度	安全等级	风险预警等级判断
2000	0.59	Ⅲ级	中度风险
2001	0.59	Ⅲ级	中度风险
2002	0.74	Ⅳ级	轻度风险
2003	0.68	Ⅳ级	轻度风险
2004	0.59	Ⅲ级	中度风险
2005	0.80	Ⅴ级	潜在风险
2006	0.75	Ⅳ级	轻度风险
2007	0.74	Ⅳ级	轻度风险
2008	0.78	Ⅳ级	轻度风险
2009	0.78	Ⅳ级	轻度风险

表1-9　上海各子系统风险值及预警判断（2000～2009年）

子系统		安全生产风险	公共卫生风险	社会安全风险	生态环境风险
2000	风险值	0.44	0.50	0.31	0.75
	警度	轻警	轻警	轻警	中警
2001	风险值	0.44	0.50	0.31	0.75
	警度	轻警	轻警	轻警	中警
2002	风险值	0.44	0.50	0.19	0.50
	警度	轻警	轻警	潜在风险	轻警

子系统		安全生产风险	公共卫生风险	社会安全风险	生态环境风险
2003	风险值	0.50	0.44	0.19	0.50
	警度	轻警	轻警	潜在风险	轻警
2004	风险值	0.40	0.31	0.25	0.50
	警度	轻警	轻警	无警	轻警
2005	风险值	0.31	0.25	0.31	0.50
	警度	轻警	无警	轻警	轻警
2006	风险值	0.31	0.19	0.25	0.75
	警度	轻警	无警	无警	中警
2007	风险值	0.31	0.19	0.31	0.75
	警度	轻警	无警	轻警	中警
2008	风险值	0.31	0.19	0.50	0.50
	警度	轻警	无警	轻警	轻警
2009	风险值	0.31	0.19	0.44	0.50
	警度	轻警	无警	轻警	轻警

　　上海城市安全度测定结果表明：2000～2009年，上海市历年城市安全度总体呈上升趋势，但经历了"上升—下降—上升—下降—上升"的短期波动；波谷分别为2000年、2001年、2004年、2007年，波谷值呈上升趋势，2005年为最高点。由于多个指标在2000年以前没有统计数据或统计口径不同，所以无法进行长期趋势分析，这也正是作者今后需要继续深化研究的方向。

五、结论与讨论

　　本章基于突发事件视角，率先给出城市安全的逻辑框架，并从社会安全、生产安全、公共卫生安全、生态环境安全四个层面设计城市安全度的"四层四维评估指标体系结构"，目前这方面的研究，在笔者的研究视野范围内文献极少。另外，鉴于目前统计口径与数据限制，操作层的指标体系有待进一步深化、细化和完善。

　　本章基于突变理论的基本原理，确定城市安全状况的总突变类型和各子系统的突变类型，建构测定城市安全度的突变模型，提出评估方法与步骤，并运用上述模型方法测定上海市历年的城市安全度。该模型方法吸取了层次分析法与模糊评价法的优点，同时又避免了多目标分析决策时指定各因素权重的主观性。相对而言，该方法简单、实用，特别是将其应用于复杂的系统方案评价决策时更有其优越性[①]。

　　关于突变模型评价法在城市安全评估中的初步应用探讨的案例分析部分，由于数据的可得性等原因，本章仅以上海 2000 ~ 2009 年为例进行分析评估，更深层次、更广范围的应用研究（如省会城市及计划单列市的城市安全度比较、区域城市群的城市安全度比较等）将另外撰文深入展开。

---

① 周绍江．突变理论在环境影响评价中的应用 [J]．人民长江，2003，34 (2)：52~54.

第二章 上海城市安全风险溯源

中国经济"高楼 + 高铁 + 高 GDP"的非均衡、跨越式增长模式，使城市运行的外部环境和内在机理日益复杂化、系统化和高风险化。当物理环境和制度软环境风险耦合人员危险行为和设施故障时，就极易频发城市突发事件，进而诱发蝴蝶效应与叠加效应。

一、上海城市安全风险溯源的研究背景

当前，上海城市运行面临"四峰合流"的巨大冲击：①经济快速增长与社会滞后发展的摩擦高峰期到来，导致社会群体性突发事件频发。②2300 万常住人口与多元化流动人口集聚的高峰期到来，导致城市食品安全事件（如染色脐橙、漂白蘑菇等）、公共卫生事件（如"眼科门"事件）、交通事故（如地铁相撞事件）等突发性事件进入高峰期。③城市快速发展进程中风险隐患突发的高峰期到来，导致安全生产事故的负面效应放大，成为影响城市安全的"导火索"（如"11·15"火灾）。④上海向高空、地下快速立体化发展的高峰期到来，高层建筑、地下管网、地铁与地下公共空间的风险隐患日益增加。

2001 年底，上海已建成的高层建筑为 4226 栋；2008 年 3 月为 8700 栋，2009 年 4 月为 9816 栋，仅次于中国香港和纽约，世界排名第三（见表 2 - 1）；到 2010 年 4 月，上海高层建筑就达到 17000 栋，且集中分布在黄浦、陆家嘴、静安、徐家汇等人口密集的中心城区。截至 2009 年底，上海市已经建成地下工程 2.8 万个，总建筑面积超过 4000 万平方米；城市道路地下埋设有给水、排水、电力、燃气、信息通信、热力、航油管道 7 大类 23 种管线，主

要管线总长度 9.5 万余公里。从 1995 年的 4 月 10 日上海的第一条地铁线路 1 号线通车运行到 2010 年 4 月地铁 10 号线开通试运营，短短 15 年上海已经拥有 11 条线、总长 420 公里的地铁网络。这些高层建筑、流动的车辆和人口、地下基础设施等，成为悬在上海城市上空的"达摩克利斯之剑"、走在城市地面的"不定时炸弹"、埋在城市地下的"强威力地雷"。

表 2 - 1　世界高层建筑数前十城市（截至 2009 年 4 月）①

排名	名称	高层建筑数量	所属国	排名	名称	高层建筑数量	所属国
1	香港	13971	中国	6	东京	7937	日本
2	纽约	11085	美国	7	广州	7502	中国
3	上海	9816	中国	8	首尔	6344	韩国
4	圣保罗	8739	巴西	9	芝加哥	5891	美国
5	重庆	8156	中国	10	深圳	5725	中国

上海"11·15"火灾凸显了过度依靠专项撞击式应急管理机制的弊端，必须针对城市运行风险源的类型、频率、诱因和危害程度，按照控制的关键点原理和有效性原则，加强风险溯源和风险评估，强化上海城市运行风险的源头预警和过程管理。

二、上海城市运行风险源的分布特征

上海城市运行的风险源具有类型分布复杂化、空间分布集中性、时间分布压缩型、行业分布全覆盖、人群分布多元化等特征。

（一）城市运行风险源的类型分布特征

根据成因、机理、过程、性质和危害对象的不同，可以将影响城市运行安全的主要突发事件分为事故灾难、公共卫生、社会安全和自然灾害四大类

---

① 官方公布的高层标准：大于 24 米者为高层建筑（不包括建筑高度大于 24 米的单层公共建筑），建筑高度大于 100 米的民用建筑为超高层建筑。资料来自新华网，数据截至 2009 年 4 月。

（见图2-1）。上海城市运行风险源类型可以划分为事故灾难风险源、公共卫生风险源、社会安全风险源和自然灾害风险源四大类。其中，高层楼宇、地下空间和城市生命线等重要区域，因救援难度大、波及面广、危害深远，成为上海市建设现代化国际大都市过程中亟须关注的焦点性风险源。

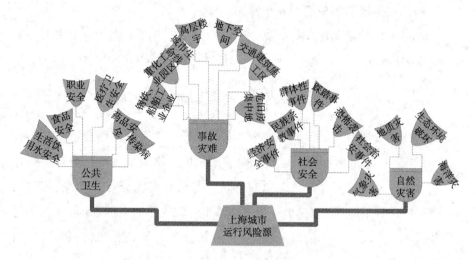

图2-1　上海城市运行风险源的类型分布

1. 事故灾难风险源的类型分布特征

上海事故灾难风险源主要包括安全生产风险源、城市生命线风险源、交通事故风险源和地下空间风险源等。其中：①安全生产风险源主要来自管理、人、机、料、法、环等因素造成的高处坠落、物体打击、中毒窒息、车辆伤害、机械伤害、起重伤害、触电、坍塌、爆炸、火灾等。②城市生命线风险源主要来自源头生产（加工/调度）、管道（线路）输送以及用户使用三个环节的供水系统风险源、供电系统风险、燃气风险源。③交通事故风险源类型主要有违反交通信号、未按规定让行、违法占道行驶、逆向行驶、超速行驶、酒后驾车、疲劳驾驶、乘客拥挤踩踏、危险品运输车辆安全问题、天气状况引发的交通事故、恐怖袭击等。④地下空间风险分为地铁安全事故、火灾、水灾、恐怖袭击、工程事故（如塌陷等）、空气污染、拥挤踩踏等类型。

2. 公共卫生风险源的类型分布特征

公共卫生安全的风险源主要集中于传染病、饮用水安全、食品安全、药品安全、职业安全和医疗卫生安全六个方面的风险源。

3. 社会安全风险源的类型分布特征

社会安全风险源主要来自于群体性事件、恐怖袭击事件、经济安全事件、民族宗教事件、社会治安案件、踩踏事件等方面。

4. 自然灾害风险源的类型分布特征

上海的自然灾害风险源主要来自于气象灾害、海洋灾害、地质灾害、生态环境破坏等方面。

（二）城市运行风险源的空间分布特征

由于城市功能定位、产业分布等方面的差异，上海城市运行风险源具有空间分布规律，不同区域城市运行风险源的诱因、事故发生的频率和类型存在一定的差异。总体而言，风险源的空间分布具有点状分布（如高层建筑、地下空间、建筑工地等）、线状分布（如城市生命线等）、面状分布（如重化工区及基地、长江及东海沿线区域等）、网状分布（如地面与轨道交通、地下管网等）等特征。

1. 事故灾难风险源：郊区（县）安全生产及交通事故风险源密度明显高于中心城区，中心城区火灾事故风险源密度高于郊区（县）

（1）各区（县）事故灾难风险源分布特征。从统计数据来看，全市安全生产事故及交通事故风险源的空间分布特点是郊区（县）事故风险明显高于中心城区，浦东新区的郊区、青浦、宝山等面积较大的郊区尤其明显；而火灾事故风险源密度中心城区高于郊区（县）。本书以安全生产为例，对各区县风险源分布进行聚类分析。根据截至 2010 年 11 月的统计数据，按照安全生产通报死亡人数的多少，可以将上海 18 个区县的风险程度划分为四类：

1）事故高发区：静安、宝山、浦东新区、闵行、松江。这类区域事故发生累计在 50 起以上，为事故高发区。这类区域大多是上海市重工业所在地或高层建筑集聚区，或者本身面积较大、区内情况比较复杂。宝山区集中了宝钢集团等钢铁企业，浦东新区的金桥、外高桥、张江、临港新城等集聚了大量工业企业，闵行区集聚了闵行经济技术开发区、莘庄工业区、漕河泾开发区、浦江高科技园等。由于工业企业较多，且大多是事故发生率相对高的重工业，使得事故发生的绝对值较高。

2）事故多发区：崇明、嘉定、金山、青浦、奉贤。这类区域事故累计在20~30起，为事故多发区。这类区域产业结构特征为轻工业、重化工业并重，重化工业企业没有以上区域那么集中，事故发生数比高发区少。但近年来，随着这些区县工业化进程的加快，安全生产事故发生也在同步增加。

3）事故低发区：杨浦、虹口、徐汇、普陀、闸北。这类区域事故累计发生在10~20起，为事故低发区。这五个区域都是中心城区，近年来这些区域实行"退二进三"、"腾笼换鸟"等策略，产业结构日益"轻质化"、"服务化"，主要以商贸服务业、创意产业、都市型工业等为主，孕灾环境相对弱化。

4）较安全区：卢湾、长宁、黄浦。这类区域事故发生累计在10起以下，为较安全区。这三个区域都是中心城区，一直以来安全生产管理体系比较完善，同时以现代服务业为主，孕灾环境相对而言最弱。但这些区域高层建筑、地下管网和地下公共空间相对集中，潜在的风险较大，要密切关注。

（2）各功能区风险源分布特征。从不同功能区来看，面临的事故灾难风险类型及风险密度有差异。如工厂作业区、储罐区、建筑工程施工现场风险明显高于居民生活区。在具体作业区中，位于人流密集区、城区内部工厂、工程现场等作业区的风险都高于郊区同类功能区。商业区主要是酒后驾驶事故、火灾、爆炸等风险。工业区主要是危险品运输问题等。汽车站点等交通枢纽由于人流极为密集，应着重防范乘客拥挤踩踏或者恐怖袭击事件的发生。

地下空间和高层楼宇比地面的脆弱性更强、危害程度更大。①危险性更大：地下空间和高层楼宇是一个相对比较封闭的系统，发生灾害时比地面有更大的危险性，容易造成更大的伤亡和损失。②现场更为混乱：地下空间和高层楼宇的封闭性容易使人们丧失方向感，在灾害来临时心理上的惊恐程度和行动上的混乱程度要比在地面大得多。③疏散逃离更难：从地下空间和高层楼宇脱险有一个垂直上行或下行的过程，会消耗受灾群体的体力，影响疏散和逃离速度。④衍生灾害更易叠加：一旦发生灾害事故，疏散过程容易受阻，发生拥挤踩踏事故的可能性大；同时也易衍生其他灾害。⑤空气污染问题更严重：地下空间的空气污染一般高于地上5倍以上，高层楼宇内发生灾害后空气质量也难以保证。地下空间和高层楼宇是重点风险源。

2. 公共卫生风险源：传染病风险源密度郊区高于城区，食物中毒风险源空间分布比较均匀

从统计资料来看，上海公共卫生风险源具有空间分布规律：

（1）传染病的空间分布特征：郊区比中心城区严重。松江区、闵行区、嘉定区、宝山区、金山区、奉贤区、青浦区等郊区较为严重，虹口区、静安区、长宁区、杨浦区等市区较好。这种分布特征是郊区流动人口比重较大的结果（见图 2 - 2），也是市区的医疗体系相比郊区更完善的结果。

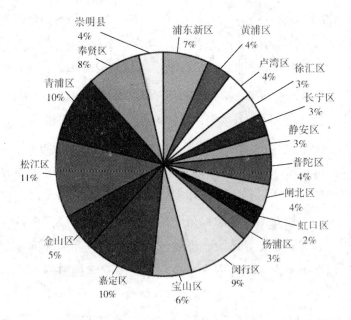

图 2 - 2　2009 年上海市各区县流动人口占比

（2）食物中毒事件的空间分布特征：城区和郊区基本一致。上海市 19个区县（原区县）都有细菌性食物中毒事件发生。其中城区（黄浦、静安、卢湾、虹口、杨浦、闸北、普陀、长宁、徐汇、浦东）共发生 224 起，中毒7889 人；郊区（闵行、青浦、松江、崇明、金山、奉贤、嘉定、宝山）共发生 234 起，中毒 7336 人。以 2006 年末城区和郊区常住人口为基数，1992 ~2006 年城区和郊区食物中毒年均发生率分别为 5.63/10 万和 5.56/10 万，城区和郊区基本一致。

3. 社会安全风险源：人口密集区域、少数民族聚居区和城乡接合部风险源密集分布

在社会安全方面，群体性事件、民族宗教事件多见于市中心广场、重要部门和少数民族聚居区等；恐怖袭击事件易发于机场、车站、地铁、标志性建筑等地；社会治安案件频现于治安混乱地区、城乡接合部和网络虚拟空间；踩踏事件集中在人群密集区；经济安全事件不具备空间分布特点。

4. 自然灾害风险源：长江与东海沿线风险源密集分布

在气象灾害方面，热带气旋（尤其是台风）对崇明、金山、青浦、奉贤区的庄行镇、南桥镇、金汇镇、柘林镇、青村镇、奉城镇六镇成灾概率最大。其中，雷电灾害上，平均雷暴日数在全年、春季和夏季都表现为在上海中部较少，而在上海东北和西南部较多，秋季雷暴日数则呈现出从西北部向东南部逐渐增多的特征；赤潮、风暴潮和灾害性海浪主要殃及长江口及邻近东海海域；酸雨在原南汇区较严重。在地质灾害方面，近、远郊地区特别是新兴城镇和中心城区是地面沉降灾害的高发区。

（三）城市运行风险源的时间分布特征

1. 从长期来看，上海城市风险源的时间分布具有波动性特征

从上海市亿元GDP死亡率、道路交通事故、火灾事故等指标看，上海事故灾难风险源具有时间上的波动性（见图2-3）。

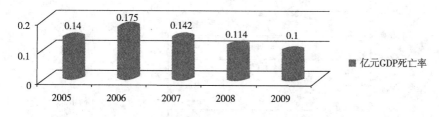

图2-3　上海市2005～2009年亿元GDP死亡率

注：亿元GDP死亡率是指每创造亿元GDP平均死亡的人数。

根据历年上海事故灾难风险发生的频率资料，可以将上海事故灾难风险的时间分布划分为：

（1）事故风险平稳期（1980～1991年）。这一阶段，上海经济发展水平

和消费水平比较低，汽车保有量低，道路交通事故发生率一直在 0.7 万 ~ 1.1 万起，火灾在 1000 次以下。

（2）事故风险多发期（1992 ~ 2002 年）。1992 ~ 2002 年，上海事故灾难逐年上升，交通事故数及造成的人身财产损失、火灾事故数及造成的人身财产损失均呈急剧增加之势。

（3）事故风险波动期（2003 年至今）。这一阶段，上海安全生产事故、交通事故数明显下降，但火灾事故数波动较大，尤其 2010 年的 "11 · 15" 火灾再次证明了事故风险的波动性。

2. 从年度来看，上海城市运行风险源具有季节性（如公共卫生风险源、自然灾害风险源）、周期性（如安全生产事故风险源、交通事故风险源）、敏感日的特殊性（如社会安全风险源）以及时间上的叠加性等分布规律

其中，时间上的叠加性表现在：从全年来看，部分风险源（如安全生产事故风险源、公共卫生风险源、台风与高温等自然灾害）的时间分布具有叠加效应（见图 2 - 4），7 ~ 9 月不仅是安全生产事故的高发期，也是传染病、食物中毒、台风灾害、高温中暑等多种灾害事故风险的高发期（见表 2 - 2）。

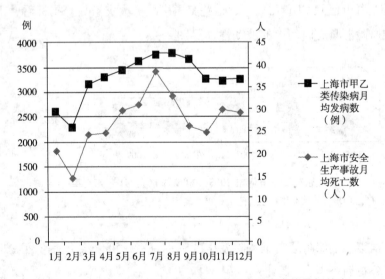

图 2 - 4　2006 ~ 2010 年上海传染病和安全生产事故叠加效应

表 2-2　全年各种风险高发的月份分布情况

风险	1	2	3	4	5	6	7	8	9	10	11	12
安全生产			次高				高	高	高		次高	次高
供水					高		高	高	高			
供电	高	高					高	高	高			
燃气	高	高										
传染病						高		高	高			
食物中毒						高	高	高	高			
职业中暑							高	高	高			
社会治安	高											高
校园踩踏	高	高										高
热带气旋							高	高	高			
暴雨洪涝						高	高	高	高			
寒潮大雪	高											
高温							高	高				
大雾	高										高	高
雷电						次高	高	高	次高			
风暴潮							次高	高	高			
赤潮					高	高						
灾害性海浪	高	高									高	高

　　（1）安全生产事故风险源具有一定周期性分布特征。全年范围内，1～2月低发；3月、7～9月、11月和12月高发（见图2-5）；一天中，早上9：00～10：00，晚上12：00至凌晨2：00事故高发。交通事故集中在上下班高峰、节假日、旅游旺季等，每天17：00～21：00是事故多发时间段；周五、周末及节假日时期多发酒后驾驶等事故；秋冬大雾多发时期和冬季雨雪冰冻天气，突发天气状况易引发重大交通事故。

　　（2）公共卫生风险源具有季节性分布特征。传染病和食品安全事件多发于二、三季度，其中食物中毒事件的最高峰在6～9月；蓝藻和水葫芦爆发期、咸潮时期会威胁到生活饮用水安全。

　　（3）社会安全风险源具有特殊时期分布特征。如群体性事件、民族宗教事件和恐怖袭击事件易发生在重大活动期间、节假日期间、敏感时期；经济安全事件多发于物价、房价高涨或过冷时期；踩踏事件多见于重大活动时期和其他人员聚集时间。

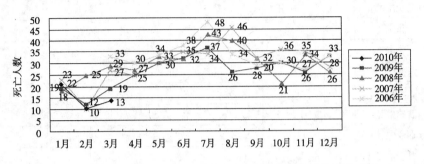

图 2 - 5　2006 年 3 月 ~ 2010 年 2 月上海市安全生产事故死亡人数

（4）自然灾害中的气象灾害风险源具有季节性分布特征。海洋灾害具有季节周期性，夏季多发热带气旋（台风）、暴雨洪涝灾害、高温、雷暴等，风暴潮和灾害性海浪也多出现在夏季；冬春季会出现大雾；冬季主要受寒潮大雪影响。5 ~ 6 月是赤潮高发期。

（四）城市运行风险源的行业分布特征

上海市的高风险行业包括：建筑业、重化工业、交通运输业、餐饮娱乐业、仓储及零售商业、供水供电供气业等。

（1）安全生产事故风险源集中在建筑业和重工业（见图 2 - 6），其中，建筑行业风险主要集中在施工现场、改造现场；重工业风险主要集中在储罐区、作业现场等。轻工业、服务业安全生产风险低，主要集中在使用易燃易爆品的喷涂等行业。供水、供电、供气系统作为上海城市生命线，一旦大范围、长时间发生事故，不仅会影响居民生活，更可能造成恐慌。交通事故风险主体驾驶员和行人并不具备明显的行业分布特征，但仍有一些行业如长途客货运行业、重化工行业的危险品运输环节等，较易发生危险。

（2）食品安全风险源主要分布在餐饮业，尤其是"三无"小餐馆、食品零售和批发业中的违法生产和经营环节。职业安全风险的行业分布存在四种倾向：第一，电焊、干洗等接触有毒有害物质的特殊行业易产生职业病；第二，教师、警察等职业压力较大容易产生职业性心理疾病；第三，建筑工、环卫工等露天工作者易产生职业性中暑；第四，药品和医疗卫生安全风险常在医院和相关医疗单位激化。

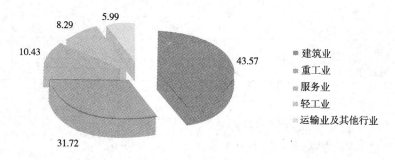

图 2 – 6　2005～2010 年通报的安全生产事故行业占比（%）

（3）社会安全风险多见于涉及动拆迁、城管执法冲突和劳资纠纷的行业和部门。踩踏事件易发于校园和商业活动中。

（4）气象灾害主要影响农业、建筑业、供电、供排水系统、交通和其他户外生产作业。海洋灾害对水产养殖业、航运和防洪设施构成直接威胁。气象或海洋灾害强度过大时，次生灾害会连带和加重地质灾害、生态环境破坏风险，损害各行各业。

（五）城市运行风险源的人群分布特征

总体而言，上海市高风险人群主要为：外来务工人员及其随迁子女、经常接触有毒有害物质的劳动者、驾龄较短的机动车驾驶员、露天工作人群、老弱病残孕等免疫力低下的人群、精神压力大的人群等。

1. 事故灾难的高风险人群主要是外来务工人员、驾龄在 1～5 年的驾驶员等

（1）安全生产事故的高风险人群以男性、外来务工人员为主。统计资料显示，外来务工人员为安全生产事故的高风险人群，占安全生产事故死亡人数的 80% 以上（见表 2 – 3）。男性发生安全生产事故风险明显高于女性，占安全生产事故死亡人数的 98% 以上。年龄在 20～30 周岁务工人员安全生产事故风险最高，50～60 周岁次之，30～40 周岁务工人员安全生产事故风险最低。

表 2 - 3　上海市 2005 ~ 2010 年（5 月）安全生产死亡人数户籍统计

年　份	2005	2006	2007	2008	2009	2010	总计
上海本地（人）	2	28	18	13	17	12	90
外来人口（人）	11	63	106	111	59	62	412
本地占比（%）	15.4	30.8	14.5	10.5	22.4	16.2	17.9
外地占比（%）	84.6	69.2	85.5	89.5	77.6	83.8	82.1

（2）火灾等安全事故的高风险人群为儿童、老人。统计资料显示，儿童、老人火灾事故发生率高于中青年。

（3）城市生命线风险的波及面很广，涉及居民、管路维修人员、重工业、建筑业和其他行业相关从业者。

（4）地下空间风险可能殃及地铁乘客和工作人员、地下场所工作人员和消费者、施工工人和过往行人等。

（5）交通事故的高风险人群为驾龄较短的司机、长途车司机、危险品运输车辆司机、60 岁及以上老人、流动性人口等人群。统计资料表明，驾龄在 1 ~ 5 年的驾驶员是交通事故主要肇事者（见图 2 - 7），60 岁及以上老人发生交通事故的比例不断上升，要予以关注。

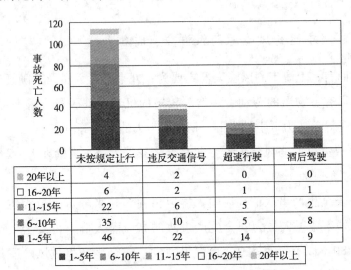

	未按规定让行	违反交通信号	超速行驶	酒后驾驶
20年以上	4	2	0	0
16~20年	6	2	1	1
11~15年	22	6	5	2
6~10年	35	10	5	8
1~5年	46	22	14	9

图 2 - 7　2010 年上半年机动车驾驶人肇事前四类交通违法行为的驾龄分布

数据来源：上海市公安局交警总队事故防范处，2010 年 9 月 25 日。

2. 传染病、药品和医疗卫生安全风险主要波及老弱病残孕等免疫力低下的人群和流动人口及其随迁子女

食品安全风险的高危人群是经常在食堂或小餐馆用餐的工人和学生。职业安全风险多集中于电焊工、干洗行业等接触有毒物质的从业人员；警察、教师等压力人群；建筑工人、环卫工等露天工作者。

3. 社会安全风险的人群分布上，群体性事件多发于动拆迁居民、下岗职工、低收入者、贫困人口和流动摊贩等

民族宗教事件多由民族分裂分子和宗教极端分子挑起。恐怖袭击事件的实施方是恐怖分子。犯罪分子引发社会治安案件风险。

4. 自然灾害风险直接危及从事户外生产作业人员的安全，从业领域主要涉及农业、建筑业、供电、供排水系统、交通系统等（见表2-4）

表2-4　上海城市运行风险源的分布特征

类型分布		空间分布特征	时间分布特征	行业分布特征	人群分布特征
事故灾难风险源	安全生产	郊区（县）明显高于中心城区	周期性分布，3月、7~9月、11月和12月高发；早上9:00~10:00，晚上12:00至凌晨2:00事故高发	建筑业和重工业供水、供电、供气行业	外来务工人员（男性）
	交通事故	浦东新区、宝山区等5个区县，市级危险道路段（点），汽车站点等交通枢纽	上下班高峰、节假日、旅游旺季等，每天17~21时事故多发时段	交通运输业	驾龄较短的司机；长途车司机、危险品运输车辆司机、流动性人口、60岁及以上老人等
公共卫生风险源		传染病区郊高于中心城区；食品中毒事故空间分布均衡	季节性分布，二、三季度，食物中毒最高峰在6~9月	餐饮业、建筑业等	老弱病残孕等免疫力低下的人群；餐饮业、建筑业、重化工业的从业人员
社会安全风险源		人口密集区域、少数民族聚居区和城乡接合部风险源密集分布	特殊时期分布，重大活动日、节假日、敏感时期	涉及动拆迁、城管执法冲突和劳资纠纷的行业和部门	拆迁居民、下岗职工、低收入者、贫困人口和流动摊贩等；民族分裂分子、宗教极端分子、犯罪分子
自然灾害风险源		长江与东海沿线风险源密集分布	季节性分布，夏季多发热带气旋、暴雨、高温、雷暴等，冬春大雾，冬季寒潮大雪等	农业、建筑业、供电、供排水系统、交通系统等	从事户外生产作业人员

第三章　上海城市安全管理模式

目前，上海城市安全管理的突出问题集中表现在"一案三制"问题，即应急预案的缺憾、管理体制的缺憾、运行机制的缺憾、法制建设的缺憾等。本章从"世博"重大事件应急管理、安全生产专项管理和城市风险预警管理三个视角，分析上海城市安全管理模式的现状及其存在的主要问题。

一、上海城市安全管理模式的现状和问题

（一）基于"世博"重大事件的上海城市安全应急管理模式

上海世博会运行安全体系的特点概括为："横向到边、纵向到底"的立体化全程监控模式；"城市安全综合管理与世博会安全专项管理相结合"的管理体制；基于管理流程的八大运行机制，即风险溯源机制、动员保障机制、监测预警机制、分析评估机制、会商决策机制、指挥处置机制、沟通监督机制、反馈审核机制；"柔性政策与刚性法规体系相结合"的政策法制体系；多层面、全方位的应急预案体系。

1. 总体框架："横向到边、纵向到底"的立体化全程监控模式

上海世博会期间全面开展安全管理体系的核心内容可概括为"一案三制"，即应急管理体制、运行机制、法制和应急预案。按照"两级政府、三级管理、四级网络"和"条块结合、属地管理"的要求，上海逐步建立横向到边、纵向到底、网格化、全覆盖的应急预案体系框架、预案数据库和管理平台，使应急管理工作进社区、进农村、进企业。

上海为"世博"筑起"水陆空"立体防线，通过从铁路运输、地铁公

交、地面公交、水运、海运、空运的六方面对运行安全进行管理；对各个企事业进行风险排查；对世博园重点场馆、重点区域、重点部位、重点设施更是实施 24 小时"贴身"监护。

此外，世博会的安保工作还延伸到了外围，世博会期间对进入上海的车辆、船舶分别实行通行证管理和安检签证制度，与上海邻近的江苏和浙江两省也有明确的安检分工，为世博会打造"环沪护城河"。

2. 管理体制："综合管理与专项管理相结合"的管理体制

"综合管理与专项管理相结合"管理体制见图 3 - 1。

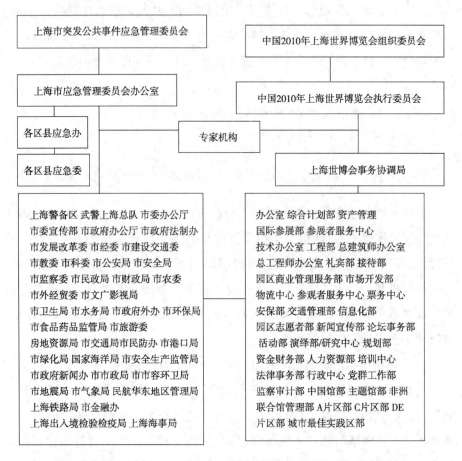

图 3 - 1 "综合管理与专项管理相结合"的管理体制

上海世博会应急管理体制主要涉及综合性应急管理组织、各专项应急管理组织以及各区县、各部门的应急管理组织各自的法律地位、相互间的权力分配关系及其组织形式。从运行现状看，主要是在"中国 2010 年上海世界博览会组织委员会"领导下的"综合管理与专项管理相结合"的管理体制。从图 3 - 1 可以看出，上海世博会应急管理体制是一个由横向体系和纵向体系、政府机构与社会组织相结合的复杂系统，主要包括应急管理的领导指挥机构、专项应急指挥机构、日常办事机构、工作机构、区县应急机构及专家机构等不同层次。

3. 运行机制：世博会运行安全八大机制

中央各委办局与上海市各职能部门，在充分借鉴国内外成功经验（尤其是日本爱知世博会、2008 北京奥运会安全运行机制建设）的基础上，就世博会期间可能出现的各种风险类型，相关职能部门分别建构了八大机制（见表3 -1）。

表 3 -1 上海世博会运行安全八大机制

风险运行机制	自然灾害风险	公共卫生风险	事故灾难风险	社会安全风险
风险溯源机制	对自然风险源、人为风险源、自然因素和人为因素交织在一起形成的风险源进行分析			
动员保障机制	畅通气象信息的公众发布渠道，让广大公众参与气象灾害防范工作	市卫生局定期发布三类"健康提示"；通过多种途径发布参观世博会的八条健康提示，提醒游客在参观世博园时要做到"八个注意"；发行《世博园旅行健康提示》和《上海就医指南》（中英文版）供参观者取阅；上海与WHO共同编发世博期间《旅行者食品安全指南》；对园区内食品服务人员进行系统培训	市安全生产监管局通知各单位开展平安世博安全生产双百日活动；推出世博会期间上海公安机关十项便民利民措施；通过电视、广播、互联网等媒体，及时向群众发布安保工作的有关信息	平安志愿者演练；安保反恐演练；世博防范恐怖袭击宣传活动

风险运行机制	自然灾害风险	公共卫生风险	事故灾难风险	社会安全风险
监测预警机制	信息系统：数字化气象探测系统、灾害性天气预报预警系统	传染病预防接种和监测；世博会期间在沪游客传染病监测；饮用水监测；病媒生物及其传播疾病的监测预警技术支持：食品快速检测技术、食品安全监控系统和进口食品安全电子预警系统食品安全的监测预警就诊异常情况报告和预警	交通：动态监控公共交通服务；对轨道交通、长途客运站、铁路、民航机场出入口开展查疑防控巡检工作；消防："水陆空"立体防线，每日开馆、闭馆前都进行防火巡检	分级（风险等级）、分类（不同人群）、分区（不同区域）实施监测监测技术支持：人脸识别技术、车载系留气球检测系统、智能行为分析监控系统
分析评估机制	上海市气象局——上海综合气象灾害数据库	市卫生局成立世博会医疗保障市级临床专家组，公共卫生风险分析评估	园区内每周开展1次火灾风险评估	专家风险评估组对空防、国际客运中心码头等一线岗位进行逐一专项评估和分类监管，并制订详细的风险评估计划
会商决策机制	国家气象中心首席预报员和气象预报专家	卫生部门提出专业防治建议，有针对性地快速处置	各机构针对各类世博安全相关部门进行会商，讨论相互协作、在各自职权范围内全面有序展开世博安保	
指挥处置机制	首席气象官、现场处置队伍组长、气象灾害应急处置指挥部	"三个同心圆"的世博会医疗救治体系	整合全市各部门各支应急处置力量，加强应急指挥体系建设，完善应急处置预案，并组织开展了一系列实战演练	恐怖袭击：特警部队将快速采取行动加以应对；构建"5分钟"应急反应体系
沟通监督机制	与市应急办建立重大气象灾害早期预警的通气制度。主动融入电力、卫生、交通、药监、农业、绿化等25个城市安全运行关键部门和行业构建科学联动机制	世博会食品安全电子化监管综合平台	各单位按时向市安全监管局报送相关材料，加强信息沟通	各相关部门分别就相关世博会安保措施与世博局沟通和交流、提出意见和建议，确保各种信息真实、及时、准确，并按时间节点向市安监局报送相关材料

风险运行机制	自然灾害风险	公共卫生风险	事故灾难风险	社会安全风险
反馈审核机制	经首席气象官同意后结束现场处置、处置结束后的分析总结制度	采取专群结合、公秘结合、人技结合等方式，加强情报信息收集、研判、反馈和审核		

4. 政策法规：柔性政策与刚性法规体系相结合

国家及市级两个层面应急管理法律法规不断完善和补充，例如针对事故灾难风险，依据《中华人民共和国安全生产法》，上海市出台了《上海市防汛条例》、《上海市建设工程抗震设防管理办法》等地方性法规。为了加强世博会安全，市政府连发 11 道政府令。但在城市安全管理方面，仍存在重柔性政策轻刚性法规体系、重行政命令轻制度建设的问题。

5. 应急预案：多层面、全方位的应急预案体系

应急预案的制定能够提高应对突发事件的处理能力和速度，针对世博会安全，从国家、上海市、各个区县、企事业单位各层面，对总体、专项风险制定了专门的应急预案。但在实际执行过程中，仍存在重预案轻预警、重硬件轻软件、重集中统筹轻分层响应、重单兵作战轻部门联合等体系性漏洞。

（二）基于安全生产的上海城市安全专项管理模式

自 2005 年安全生产监督管理局组建以来，上海市构建的监管责任组织、专家决策咨询、技术支持、应急物资储备、应急救援队伍、信息与通信、政策法规标准、重大风险源辨识预警、宣传教育培训九大体系框架基本成型。

从安全生产的风险管理现状来看，上海城市安全生产综合监督水平大幅提高，各类事故总量得到有效控制并逐年下降，道路交通事故上升的势头得到遏制，危险化学品、建筑、火灾、燃气和小企业等事故多发的状况得到根本扭转。重特大事故和职业危害得到有效控制，城市安全生产的应急预防、指挥、救援三位一体的能力得到明显增强，全市安全生产状况得到进一步好转。

1. 监管责任组织体系

建立了隐患排查治理四级责任和三级督办机制，市、区（县）负有安全

生产监管职责部门和行业主管部门通过建立台账、重点督办、整改销号等措施，强化安全生产责任制的落实情况、安全生产人员的履职情况、隐患排查的"挂销账"情况以及整改措施的落实情况等。建立了由市安全监管局、市建交委、市国资委、相关区（县）安全监管局、"世博"、虹桥综合交通枢纽建设指挥部及其他相关行业（系统）共同参与的联席会议机制，以联席会议的方式构建监管平台及监管网络。形成市、区联动，共同参与，加强属地重点监管的模式。形成企业自查、互查，区（县）安全监管局巡查，市安全监管局和行业主管部门督查的多级监管网络。

2. 专家决策咨询体系

充实专家库，发挥专家作用，参与事故调查处理和安全专项检查。各级监管部门根据建设项目进展情况及企业实际需求，在重要项目或重要时段采取派驻现场监察组或聘请相关专家进行专题检查等方式，突出监管重点，帮助查找问题。如为确保宝钢一号高炉大修安全施工，邀请有关专家，加强技术支持和安全管理。

3. 技术支持体系

①已启动建设上海安全生产综合管理信息系统一期项目。完成上海市安全生产技术支撑中心非矿山安全、职业危害检测与鉴定实验室两个实验室建设。②组织制（修）定安全生产标准。筹备本市安全生产标准化技术委员会，组织全市力量承担18项国家、地方和AQ行业安全生产标准项目。③组织安全生产科技成果征集和推广活动。征集到全市安全生产科技成果20项，组织召开安全生产科技报告会。开展安全生产课题研究。④推进本市危险化学品检测、特种电气防爆检测两个实验室建设。

4. 应急物资储备体系

建立了应急救援设施、设备、救治药品和医疗器械等储备制度。各专业应急救援机构根据实际情况，负责监督应急物资的储备情况，掌握应急物资的生产加工能力储备情况。

5. 应急救援队伍体系

应急救援的专业队伍体系的主体涵盖公安（消防）、民防、医疗卫生、海上搜救、核与辐射、环境污染、危险化学品以及水、电、油、气等工程抢险救援队伍。按照"两级政府、三级管理、四级网络"和"条块结合、属地管理"的要求，逐步建立横向到边、纵向到底、网格化、全覆盖的应急预案体系框架、预案数据库和管理平台，使应急管理工作进社区、进农村、进企业。

6. 信息与通信体系

①推进安全生产信息化工程建设。完成市、区县、乡镇（街镇）三级政务外网网络保障信息系统建设，实现两小时内上报重大事故现场音视频信息的功能。②推进和完善安全生产行政审批"一门式"受理和网上办事的审核程序、电子政务信息管理系统建设，实现 12 项行政许可事项网上受理、内网处理以及局内部网上办公等功能。③建立完成本市应急预案、专家队伍、安全生产专业队伍、装备及应急值守的信息管理系统。④完成危险品储运安全监控管理系统开发并开展试点，探索危险化学品运输、生产、储存企业日常信息和实时业务信息动态监管。⑤深化工业园区和小企业安全监管，建立全市工业园区数据库，研发和启用上海市小企业安全生产信息管理系统。

7. 政策法规标准体系

①立法环节：加快立法进程，增强安全生产立法的针对性、实用性和可操作性。②执法环节：对企业的生产安全事故应急预案体系和社会安全评价、认证、检测、检验机构，以及危险化学品建设项目进行专项执法检查。③技术标准环节：开展职业安全健康管理技术、安全系统工程、事故预防与控制技术、安全评价技术、安全信息技术、重大危险源管理技术等的研究；制定与《安全生产法》和《安全生产许可证条例》等相配套的法规、标准和规范。④安全生产标准化环节：筹建上海市安全生产标准化技术委员会，推进《高处悬挂作业安全规程》（DB31/95 – 2008）地方标准、《危险场所电气防爆安全规范》（AQ3009 –2007）安全标准和《危险货物运输车辆车载监控系统基本技术要求》的应用。

8. 重大风险源辨识预警体系

确定重点监控企业名单。实施严格的"关、停、转、迁、限"措施，实行分类分级监管。推进重大危险源辨识和登记工作，完成全市重大危险源信息数据库建设。

9. 宣传教育培训体系

①加强农民工安全生产培训，将有毒、有害有限空间作业人员，电力、通信高处安装维修作业人员等纳入特种作业培训范围。②完善安全生产新闻发布机制，构建上海安全生产新闻宣传体系。③加大与电视台、市科协等合作，加强安全生产科普宣传。

10. 危险化学品风险管理现状和问题

从危险化学品的管理现状来看，危险化学品事故是指由危险化学品引发的危害人类生命健康、财产安全和环境卫生的事故，具有发生突然性、形式多样性、危害严重性和处理处置艰巨性等特点。对危险化学品的监管，依据《危险化学品安全管理条例》（国务院 344 号令），同一城市内有 10 多个部门直接承担危险化学品安全监管职责，安全监管网络比较复杂（见图 3 - 2）。

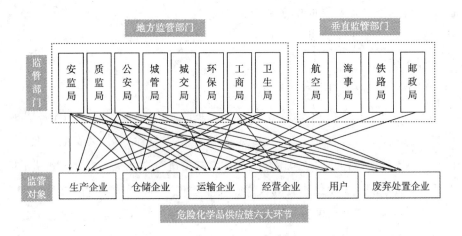

图 3 - 2　同一城市的危险化学品安全监管网络

从横向监管部门来看，包括安全生产监督管理局（简称安监局）、公安局、城市交通管理局（简称城交局）、质量技术监督局（简称质监局）、环保局、工商局、铁路局、民航局、海事局、邮政局 10 多个部门，这些部门又分为地方监管部门和行业垂直监管部门。

从纵向监管对象来看，各监管部门分别监管危险化学品产业链的生产、运输、仓储、经营、使用和废弃处置六大环节的各类从业单位。目前这种监管体系看似分工明细、功能完备、各司其职，实际上存在着比较严重的部门分割、条块分割、职能交叉、各自为政、"信息孤岛"等问题。不同省份之间的危险化学品安全监管合作机制尚未建立，跨区域安全监管网络尚未形成，省际间联动监管存在困难。

从安全生产风险管理的现存问题来看，主要集中在安全生产风险管理九大体系自身的问题以及体系之间的协调、配合等方面（见表3-2）。

表3-2　上海市安全生产管理九大体系

安全生产九大体系	现状评估	突出问题	完善策略
组织机构体系	较完善	多部门之间协调不畅	多部门之间无缝链接
专家决策咨询体系	尚可	专家潜能挖掘不够	尽快完善专家咨询系统
技术支持体系	很好	运行成本居高不下	运用成本与实效相匹配的技术
应急物资储备体系	较完善	"储需"匹配不调	及时查验并补充应急物资储备
应急救援队伍体系	尚可	关口前移不力	应急处置、预警机制并重
信息与通信体系	较完善	技术与内容冷热不均	技术与内容并重
政策法规保障体系	尚可	政策与法规刚柔不济	行之有效的柔性政策制度化
重大风险源辨识预警体系	尚可	分类分级联控监管不足	人防、技防、物防相结合
宣传教育体系	一般	安全意识不强	加强安全生产教育培训、完善安全文化体系

（1）组织机构体系：多部门协调不畅。安全生产风险管理组织机构涉及市、区（县）负有安全生产监管职责部门和行业主管部门，包括公安、消防、交通、安监等各部门和其他相关单位。横向的各部门间的，纵向的市、区（县）、镇三级政府直接的协调配合方面还存在问题，无法把人力、物力和智力等按最优的形式和结构，以最有成效的方式组合起来而达到保障安全生产的目标。

（2）专家决策咨询体系：专家潜能挖掘不够。专家决策咨询体系的主要问题是：专家咨询系统不完善、专家潜能挖掘不充分。在实际操作中，各级领导对专家咨询的重视不够，容易凭借经验和直观感受得出结论。充实专家库、尽快完善专家咨询系统、提高各部门对专家咨询重要性和必要性的认识，才能充分挖掘专家潜能，发挥专家作用。

（3）技术支持体系：运行成本居高不下。上海市安全生产风险管理技术支持体系本身相当完善，主要问题在于成本过高。上海安全生产综合管理信息系统一期项目已于 2010 年 4 月 6 日招标，此外还建立了全市安全生产基础信息数据中心，建成建筑安全远程视频实时监管系统，推进作业现场电子监控。适应政务信息系统扩容、升级的要求，建立重大危险源监控、预警、应急指挥决策信息系统和安全生产信息专网。建设以 GIS、GPS 及地面测控网高新定位技术为基础的危险化学品运输监控及电子签证联网系统。建立和完善华东六省一市实施危险化学品运输动态管理信息系统。在建立技术支持体系时要注意运用成本与实效相匹配的原则，在保障安全运行的前提下尽量降低成本，如可以用招、投标的方法优选成本最低的企业。

（4）应急物资储备体系："储需"匹配不调。应急物资储备应注意储蓄量和需求量的平衡，储蓄量过大，增加仓储、管理等方面的负担；同时也增加因储备不当而导致应急储备物资损坏的风险。而过少则会在发生安全生产事故时无法及时调用足够物资，造成严重后果。如何寻找储蓄量、需求量之间最优的结合点，使两者之间达到动态平衡是应急物资储备体系面临的主要问题。

（5）应急救援队伍体系：关口前移不力。应急救援主要应注意两个方面：应急处置的快速反应机制和预警机制。快速反应机制：在应对突发事件时要建立和完善快速反应机制，提高应急处理能力，确立多渠道的、快捷的、纵横协调的信息报告制度，规定各级责任主体必须在接到突发事件报告后在规定的时间内向上级行政主管部门报告；明确各级责任主体之间、上下级部门之间的信息报告时限。目前，这一管理流程比较完善。预警机制：以预防为主，把问题扼杀在萌芽状态是安全生产监管的最终目标。在对重点行业、重点区域、重点人员、重点设施的风险预防方面还有待加强。建立 24 小时"白加黑"（白天加夜晚），"五加二"（工作日加双休日）实时监控，及时摘除各类火灾隐患苗子，力保安全，应是今后的工作重点。

（6）信息与通信体系：技术与内容冷热不均。信息与通信体系存在重技术轻内容的问题。技术最终要为安全生产的具体工作服务，只注重技术可能会造成技术与相应的安全监管目标不匹配，最终会影响安全生产监控的成果。应技术与内容并重，根据内容选技术。

（7）政策法规保障体系：政策与法规刚柔不济。政策法规体系目前主要是柔性的政策和预案对相关行为主体相应的社会责任予以界定，从城市安全运行机制来看，要通过刚性的法规体系予以规定。明确政府对突发事件的应急管理职责，才能保证有关部门和单位能够切实按照应急预案的规定履行职责，要在法律法规中明确规定突发事件应急管理部门及相关行为主体相应的社会责任。

（8）重大风险源辨识预警体系：分类分级联控监管不足。重大风险源辨识中分类分级联控监管存在不足，应在分级（风险等级）、分类（不同人群）、分区（不同区域）监测方面加强。监测技术：可综合运用人脸识别技术、车载系留气球检测系统、智能行为分析监控系统，做到人防、技防、物防相结合。

（9）宣传教育体系：市民安全意识不强。外来务工人员安全意识淡薄是宣传教育体系中存在的主要问题，应注意加强安全生产教育培训、完善安全文化体系。具体来讲，应注重以下几方面：建立安全生产科普教育基地，逐步建立专业教育、职业教育、企业教育和社会化宣传教育全方位的安全生产宣传教育体系。强化从业人员特别是进城务工人员的安全知识培训。开展"安全生产月"、"5·25"交通安全日、"11·9"消防日等各种活动，倡导以人为本的安全理念，开设电视专栏，提高安全宣传教育普及率。规范与完善安全生产信息发布制度。发挥工会组织、新闻媒体、社区基层组织以及社团组织对安全生产的宣传和舆论监督作用。

（三）基于城市运行风险源的上海城市风险预警管理模式

总体而言，在城市安全管理方面，上海拥有较为先进的信息平台、较为健全的地方性法规和初步完善的应急指挥—保障—防范体系。但是，上海面临着超大型城市"致灾因子庞杂、孕灾环境复杂、承灾主体脆弱"的巨大挑战，亟须加强对城市运行风险源的在线监测与实时分析，降低城市运行的脆弱性，提升上海防范风险、抵御风险及应对风险的能力。

在灾害预防、控制与救援方面，上海有待改进之处为：城市防灾规划与城市发展规划不同步，城市安全风险预警不及时，防灾减灾法律不健全，政府、企业和市民联防机制不到位，人防技防结合不紧密等方面。

从政府层面来看，现行的城市运行风险管理模式与城市规模不相适应；全市范围内各类救灾资源的配置不平衡；对老年人口及年幼人口的安全基础教育和演习方面投入不足；"重救轻防"造成灾害预警能力不足；未能形成以专家为主的现场救灾决策指挥体系。

从企业层面来看，依据现有信息渠道传达安全信息效果不明显，企业和市民间存在着灾害预防信息的非对称性；资源的投入和使用不够科学合理；企业间缺乏信息沟通与共享，施工行为不规范导致人为灾害不断，企业对新型的非传统危险估计不足。

从市民层面来看，社会公众灾害自我保护意识薄弱，未能形成浓厚的上海城市安全文化。

有效监控城市运行风险源的总体思路为：必须坚持以人为本的原则，坚持"预防为主、防控结合"原则，实行"关口前移、重心下移、主体外移、创新内移"的风险管理范式，实现"政府全程管理—企业全行联防—市民全员参与"，优化、细化、强化上海城市运行风险源的管理体系。

二、上海城市安全管理模式的完善策略

（一）世博会期间上海城市安全应急管理模式的完善策略

上海世博会运行平稳，社会评价较高。但在面对世博会期间突发事件处理方面，上海市城市安全应急管理模式还需进一步加强，主要有以下几个方面：总体框架需要进一步完善；应急机制要向长效机制转换；多部门之间安全管理无缝链接平台还需加紧建设；如何在安全管理成本与城市运行效率之间找到均衡点；城市运行安全管理流程尚需优化改进。

1. 完善总体框架

世博会期间上海城市运行体系建设的总体框架概括为"一二三四"，即一套标准、两个中心、三个平台、四个模块。一套标准是指要尽快组织专家制定一套城市运行安全指标体系的评判标准与技术规范；两个中心是指城市运行安全管理决策中心、专项安全管理指挥中心，这两个中心要实现城市安全管理的无缝链接；三个平台是指要完善"世博"安全信息资源平台、网络通信平台、安全管理公共服务平台；四个模块是指城市运行体系的功能模块要包括监测监控与预测预警应用模块、应急准备与规划保障应用模块、指挥决策与应急处置应用模块、调查评估分析与反馈应用模块（见表3-3）。

表3-3　世博会期间城市运行体系建设的总体框架

总体框架	内涵界定	现状评价	完善措施
一套标准	评判标准与技术规范	缺乏城市运行安全评判标准与技术规范	组织专家制定安全评估标准及技术规范
两个中心	城市运行安全管理决策中心	运作良好	城市综合安全管理与"世博"专项安全管理相结合
	"世博"专项安全管理指挥中心	运作良好	
三个平台	"世博"安全信息资源平台	运行安全信息不全面	"世博"官方网站及时披露
	网络通信平台	运作良好	关注网络通信设施安全性
	安全管理公共服务平台	运作良好、服务较好	—
四个模块	监测监控与预测预警应用模块	重监测监控轻预测预警	加强预测预警功能
	应急准备与规划保障应用模块	功能比较完善	关注应急准备的评估
	指挥决策与应急处置应用模块	运作良好	应急功能向长效机制转换
	调查评估分析与反馈应用模块	安全评估功能不强	强化安全评估功能

2. 完善八大体系

从城市运行安全管理要素的角度考虑，城市运行安全体系具体包括组织机构体系、专家决策咨询体系、技术支持体系、应急物资储备体系、应急救援队伍体系、信息与通信体系、政策法规保障体系、宣传教育体系等（见表3-4）。

表3-4　世博会运行安全的八大体系

世博会城市运行安全体系	现状评估	突出问题	完善策略
组织机构体系	较完善	多部门之间协调问题	多部门之间无缝链接
专家决策咨询体系	尚可	没有挖掘专家潜能	尽快完善专家咨询系统
技术支持体系	很好	成本较高	运用成本与实效相匹配的技术
应急物资储备体系	较完善	储备量与需求量的平衡	及时查验并补充应急物资储备
应急救援队伍体系	较完善	园区内外应急处置速度呈现内外差异	强化园区外定点医院及专业队伍的快速处置能力
信息与通信体系	较完善	重技术轻内容	技术与内容并重
政策法规保障体系	尚可	重柔性政策轻刚性法规	行之有效的柔性政策制度化
宣传教育体系	安全教育一般	游客安全意识淡薄	加强游客安全知识教育以及风险防范和逃生技能的培训

3. 优化管理流程：8R 原则

世博会运行安全管理的"8R"原则，包括：运行风险识别（Recognition）、快速反应机制（Rapid）、相关社会责任（Responsibility）、事件核心关系（Relation ship）、风险信息披露（Reach）、风险控制预案（Rehearsal）、新闻发言人（Representative）、城市价值重构（Reconstruction）。

（1）运行风险识别。运行风险源是影响城市安全与社会稳定的根源，是冲击城市安全系统的基础要素，识别风险源一直是风险预警管理领域关注的焦点。实际工作中，不仅要识别风险的种类，预测其危害大小，界定其当前的影响范围，还要识别其潜在的影响区域和波及效应。目前，由于专家决策咨询体系还不够完善，导致风险识别流程还没有达到优化状态。

（2）快速反应机制。在应对突发事件时要建立和完善快速反应机制，提高应急处理能力，确立多渠道的、快捷的、纵横协调的信息报告制度，规定各级责任主体必须在接到突发事件报告后在规定的时间内向上级行政主管部门报告；明确各级责任主体之间、上下级部门之间的信息报告时限。目前，这一管理流程比较完善，尤其世博园区内应急处置能力较强。

（3）相关社会责任。北京奥运会期间，安保工作由中央牵头，上海片区根据中央方案执行。上海世博会期间，安全工作由上海市政府牵头，但要协调市委和公安部"世博"安全协调小组的意见，容易出现责任真空地带。世博局安全指挥部和上海市世博园区安保工作部在指挥关系上并驾齐驱，容易形成责任模糊地带。职责不清会引起协调不畅，协调不畅就难以快速反应。在世博局专题会议工作纪要的执行过程中，个别部门不配合，需要不断地"协调—开会—再协调—再开会"。领导多头、政策多变，给基层执行频添困难。

为了强化处理突发事件的指挥系统，明确政府对突发事件的应急管理职责，保证有关部门和单位能够切实按照应急预案的规定履行职责，要在法律法规中明确规定突发事件应急管理部门及相关行为主体相应的社会责任。目前，主要是柔性的政策和预案对相关行为主体相应的社会责任予以界定，从城市安全运行机制来看，还要通过刚性的法规体系予以规定。

（4）事件核心关系。为了抓住突发事件处理的关键，必须迅速理顺突发事件的核心关系。如突发事件一旦发生，要立即调查清楚：事件的性质是什么？受害群体的构成是什么？事件的核心是什么？原因何在？负面影响有多大？潜在和衍生风险有多大？目前，这一流程较薄弱，要组织专家强化迅速理顺突发事件核心关系的能力。

（5）风险信息披露。相关责任主体要建立信息披露制度，履行及时披露信息的义务，避免以讹传讹而带来更大的社会秩序混乱。目前，对于世博园区入园人数的即时发布就起到了有效疏导客流、缓解部分展区压力的作用。风险信息内容包括事件发生、发展、控制全过程信息，根据进程分为初次报告、进程报告、结案报告。它具体包括事件名称、事件类别、发生时间、涉及的地域范围、人数、主要特征、可能的原因、已经采取的措施、事件的发展趋势、下步工作计划等。

应对突发事件，首先要强化志愿者尤其是安保志愿者的应急处置能力，加强岗位技能培训和模拟演练。根据国庆60周年天安门安保经验，安保人员和安保人员的疏导声音始终出现在人群中，是稳定群体情绪最直接、最有效的方法。要加强志愿者的风险敏感性，发现情况要及时汇报。在工作中保持"理性、平和、规范"，防止有人故意寻衅滋事，寻找新闻卖点。

（6）风险控制预案。各责任主体根据"平安世博"应急预案，结合本地或单位实际情况，深入研究已经制定的应急预案是否切实可行，尤其要重点检查以下几个方面内容：突发事件应急指挥部的组成和相关部门的职责是否明确？突发事件信息的报告与通报是否畅通？突发事件的分级是否科学？应急处理工作方案是否切实可行？应急储备是否足够？应急预案的启动程序是否健全？

世博局安全指挥部针对园区大客流、贵重展品、火灾以及雷电、暴雨、台风等恶劣天气制定了相应的预案。然而，预案不是保险箱。预案的执行效果如何，与临场处置能力密切相关，与现场指挥员对事件初始性质判定密切相关。归根结底，与处置人员的素质密切相关。在预案制定后，对临场处置人员进行培训。针对各项突发事件应对工作，突出重点、提炼要点、强调应急人员的现场把控。

（7）新闻发言人。健全"新闻发言人"制度，完善新闻发布机制，实行分级分类分期管理，采取必要的形式及时发布准确、权威的信息，对因蓄意封锁消息导致突发事件报道和舆论引导不力而造成重大消极影响和严重后果的，要严肃追究责任。目前，对主流媒体的管理比较有效，但对非主流媒体以及非媒体个人的管理比较薄弱，下一阶段要重点研究如何加强引导。例如，一些社会不安定因素试图利用世博会扩大影响，到世博园区上访、滋事，同时园区内有3万~4万注册记者，可能引起境外媒体炒作，影响上海乃至中国的形象。此类事件需要现场的适当处理，避免个别媒体炒作。

（8）城市价值重构。全世界都在关注世博会，期间发生的城市风险（尤其是负面影响较大的突发事件）必然会具有一种放大效应。风险一旦爆发，必然对上海城市品牌形成巨大冲击。城市价值重构过程，就是对上述城市风险进行积极有效回应的过程。目前，还没有对城市价值重构的应急预案，建议尽快制定（见图3-3）。

图3-3 世博会运行安全管理"8R"法则

（二）上海安全生产专项管理模式的完善策略

基于上海安全生产的现状特点、风险类型和阶段性目标，"十二五"期间安全生产管理的总体思想概括为：围绕一条主线、实施两大战略、遵循三个原则、推行"四位一体"运行模式、完善八大机制。

1. 围绕一条主线即以构建"平安城市"为主线，充分发挥安全生产监督

管理的基础性、保障性和公益性功能

构建平安城市是安全生产管理的主旨，其具体内涵包括平安社区、平安园区（即工业园区、开发区）、平安校区、平安楼宇（即商务楼宇）等。"十二五"期间，基于安全生产事故的区域分布、时间分布、类型分布和人群分布特点，实施分区、分级、分类、分阶段的管理模式，降低事故的发生频率和影响程度，防止风险的累积和扩散，从而在源头上防止重大安全事故，保障城市的长治久安。

2. 实施两大战略：聚集战略和联动战略

①聚焦战略是指聚焦重点行业、重点企业、重点区域、重点人群、重点时间段。安全生产事故多发行业主要是建筑业、重化工业；重点企业是这些行业里面的中小民营企业，重点区域包括事故多发城区和工业园区；重点人群主要是业务素质偏低的外来农民工；重点时间段主要集中在夏季高温天气。"十二五"期间，要集中力量缓解重点行业、重点区域、重点企业的安全生产事故高发问题。②联动战略即联防联控战略，要求各部门、各区域、各企业建立联动机制，以监测联动、执行联动和应急救援联动为抓手，群策群力降低事故的发生概率和人员财产损失。在监测联动过程中，相关部门共享风险预警信息，有利于安监部门有重点地开展工作。在重点时段，安监部门可以获取气象部门的预警信息，有重点地开展事故防范普查，重点时段停工等措施，杜绝或减少事故发生。对于重点危险化学品企业，安监部门可以和运管部门共享危险品运输信息，加强监管联动。执行联动指通过制度的安排，明确规定发生过重大安全生产事故的企业或安全生产工作不到位企业不得参与相关项目投标，不得进行资质评级等联动措施。应急救援联动是指包括安监、公安、消防、卫生、气象等部门在内的应急救援组织体系，平时要建立联动机制，定期地共同参与事故演练以提高应急救援体系的运行效率，一旦事件突发，则协同参与应急救援，更好地控制事态发展，防止衍生灾害造成更大的损失。以上海市危险化学品运输管理为例，联动体系可由以下部分构成（见图3-4①）。

---

① 高强，高晖．危险化学品运输安全统一监控平台的探讨和设想［J］．中国安全科学学报，2006（2）．

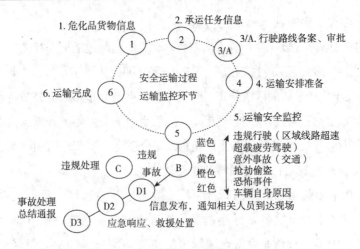

图 3 - 4　上海市危险化学品运输联动体系

其中，1~3 阶段由交通运管、公安消防、质检及安监部门联动组成，负责制定安全运输路线、运输设备检查以及安全隐患排查等工作；4~D3 阶段由公安消防、医疗求助、安监和环保部门组成，负责运输过程监管、紧急情况处置和风险防扩散等工作；5~6 阶段由安监、交通运管、公安消防、质检和环保部门组成，负责事故责任评定、环境影响评估以及相关资质评定措施等工作。

以上联动体系构想来自于上海已有行政职责体系。原有那种分区分块的管理方式在信息共享方面不够充分，协调运转较为困难，因此从长期来看并不适应上海市危化品运输的长效管理。

上海市可以在已有联动平台上整合危险品运输管理系统。这套系统可以借助于"物联网"技术，实现危险化学品联动监管。"物联网"的感知层可由全球定位系统（GPS）、自动监测系统组成，网络层可由移动通信网络和上海市联动平台通信网络组成，运用层可由地理信息系统（GIS）、专家系统（ES）等组成。因此，可以把危险化学品管理相关职能部门整合到管理系统。在运行中，首先，该套系统基于 GPS 技术对运输车辆进行定位管理；其次，系统基于自动监测技术对发生事故车辆进行自动报警；最后，系统基于扩散数学模型和 GIS 技术对泄漏情况进行模拟分析并可结合专家系统对事故应急救援提供支持，同时通过基于 Web 技术分享事故信息。通过各个子系统集成运行，实现危险化学品运输管理的自动化、智能化，在事故发生的第一时间自动报警，避免因人为因素而贻误救援时间，同时通过现场信息数据分析做出最有效的救援安排①。

3. 遵循三个原则：即综合管理与专项整治相结合原则、应急处置与长效机制相结合原则、"人防、物防、技防"相结合原则

①综合管理与专项整治相结合原则是指在坚持综合管理的基础上，针对部分行业的特点采用专项整治进行补充。在重工业企业中应加强设备检修，杜绝或减少事故隐患。在建筑业企业中就应加强防护到位和现场作业的管理；②应急处置与长效机制相结合原则是指安监部门在指导企业制定生产事故处理预案的过程中，加强事故预防机制的作用，在识别相关风险后还应及时调整预防机制，更好服务于安全生产。③"人防、物防、技防"相结合原则是指企业在安全生产过程中重视以人为本，以人的参与和配合为重点，在此过程中，重视安全生产投入的重要性，及时更新防护设施和防护用品。同时，跟踪科技创新和科技进步，革新旧的生产工艺，取得安全生产和企业效益的平衡。

4. 推行"四位一体"运行模式：是指要构建政府、企业、协会、公众"四位一体"的安全生产运行模式

①政府作为监管部门，对于整个安全体系运行至为关键，要完善其规划引导、监督检查、组织协调功能；②企业作为安全生产微观主体，是重要的执行者和参与者，要加强机器设备的安全运行检测，强化职工的业务技能培训和安全生产教育；③协会功能则主要定位于"规范行业、服务企业、发展产业"，督促企业进行必要的安全生产投入，改进不合理的管理措施，提高安全生产工作水平；④公众包括企业经济活动的主体和社会大众。作为企业活动主体需加强安全保护意识，积极配合企业安全生产管理工作，同时也应对企业不合理的管理行为提出建议，并在必要情况下进行举报，保护自己和他人的安全工作权利。社会大众应具有一定的安全生产意识，关注企业的安全生产工作。同时，积极参与力所能及的工作，支持和参与平安志愿工作。

在传统安全生产管理工作中，安全生产管理工作主要由政府一方推动。然而重要的安全生产主体企业却对安全生产管理工作重视不够。面对上海

---

① 李定邦，程真．危险化学品运输管理及事故应急系统探讨[J]．中国安全科学学报，2006 (9)．

150 余万计的企业总数，安监部门在工作中难免会出现"监管不了"和"监管不好"的情况。因此，应广泛发动多方力量，形成一个自我循环的运行体系，这样可以显著减少政府部门的工作压力，取得更好监管实效。在工作实践中，应重视行业协会的发展，以此来协助政府部门的管理工作。通过行业协会可以对企业安全生产工作进行监督和指导，提高企业的安全生产管理水平。此外，政府部门还应发动公众参与到安全生产管理工作中来，积极招募志愿者，通过志愿者加入到宣传、培训、巡查及救助等工作中来，充分发挥志愿者的作用，同时让一批具有相当专业知识储备的人员参与到安全生产工作一线，提高防控安全生产事故水平。同时，政府应建立相关安全生产问题举报制度，从社会参与的角度全面提升整体的管理水平。在整个体系中，各主体各行其职，相互补充，从而保证企业生产活动有序、安全地进行。

5. 完善八大机制：城市安全生产运行机制由风险溯源机制、动员保障机制、监测预警机制、分析评估机制、会商决策机制、指挥处置机制、沟通监督机制、反馈审核机制组成

①风险溯源机制主要是指对安全生产事故进行风险源分析和规律总结，为政府部门、企业实体开展有针对性的预防工作提供风险源信息；②动员保障机制主要指为职工的必要教育、企业管理人员的日常培训，此外安全生产的公众宣传和教育也是必要组成部分之一，形成全社会重视安全生产的舆论环境；③监测预警机制主要指密切跟踪和在线监测不利于安全生产的各种风险要素，实时发布重点监测对象的风险预警信息；④分析评估机制指定期评估企业、园区、校区、社区、楼宇的安全生产现状、安全生产规程的制定和执行情况，对其不足和存在风险进行及时评估，督促改正；⑤会商决策机制指强化突发事件应急反应能力，防范事故扩散、衍生及更大的人员财产损失；⑥指挥处置机制主要指联动处理，各救援部门间的协调，如消防、医疗救护、公安等相互间的协同工作；⑦沟通监督机制主要指事故发生后的及时汇报、及时处理，保持对事故的现场掌控；⑧反馈审核机制主要用于事故后的总结，发现管理中存在的问题，进而及时调整工作方法或提出更高要求，降低此类事故的发生概率。

（三）上海城市运行风险预警管理模式的完善策略

传统的以牺牲城市运行效率为代价、以高成本和人海战术为抓手的单项撞击式被动应急反应模式，不能适应上海建设和国际化大都市的需要，亟须向综合性风险预警、预报、预控全程管理模式的转变，亟待构筑常态化的城市运行安全体系，亟盼规划规范"管理—人—机—料—法—环"前瞻性、纵深化、一体式的风险源监控体系（见表3-5）。

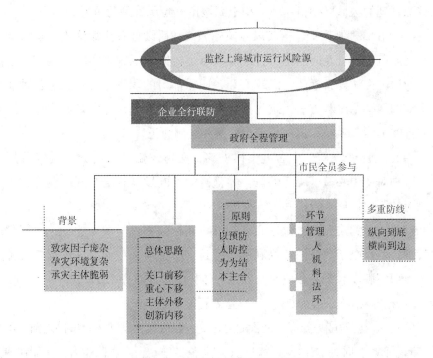

图3-5　监控上海城市运行风险源

1. 转变被动应急管理模式，有机衔接常态与非常态的风险应急机制，实行"关口前移、重心下移、主体外移、创新内移"的风险管理范式，构筑"横向到边、纵向到底"的多重查险排险防范系统

（1）在管理模式上，突出风险预警的关口前移，实行汇集民智的主动管理。根据风险源的类型分布特征，主动调整可能承载城市运行风险源的社会生态架构；依据风险源的行业和人群分布特征，主动调解城市社会中各种组

织、群体之间的关系，规范潜在的风险行为；凭据风险源的时空分布特征，根据城市运行风险源的长期走势，调整现行管理方式，预应性地改善管理措施的覆盖范围、实际效用及协调程度，调整管理切入点和落脚点。

（2）在管理效能上，改善公共服务同时重心下移，实行彰显民意的综合管理。发挥市场优势，提供专业服务和充足财力，协助居民规避风险和应对危机；发挥社会组织优势，整合安全管理资源，规范敏感对象行为，提供社会诉求渠道，促进社会自我管理；发挥上海的区位优势，建立长三角城市群风险源管理的区域联动机制，分担上海城市风险源管理的压力。

（3）在管理制度上，落实风险预先惩戒和后续处置法律法规，实行顺应民心的规范管理。及时制定符合上海城市运行风险源管理实际并具有一定前瞻性的地方性法规，规范各级政府和各职能部门的职责分工，界定各种非官方组织的活动范围和方式，预先处置和后续处置并重，把触及城市运行风险源的各类因素、人员、组织、机构均纳入法制轨道。

（4）在管理流程上，通过主体外移，实行体恤民情的分类分级分层管理。区别对待中心城区、近郊区、远郊区的不同发展状况，理性定位城市运行风险的不同性质、规模和危害程度。

（5）在管理方法上，通过创新内移，实行改善民生的专业化、智能化风险管理。依靠电子政务网和物联网，搭建一个针对大型城市，体现多灾种综合、多部门联动、多环节应对及处置一体化的预警业务系统。

2. 增加风险防范意识，提升应急处置能力

（1）风险防范能力与应急处置能力并重。在遭遇突发性风险事件之前，不能存在侥幸心理，时刻增加防范意识，采取防范措施，提高防范能力，才能在遇到突发性风险事件时做到从容面对。在遇到突发性风险事件时，应急处置能力尤为重要，在危难时刻，冷静思考，细观形势，迅速找出自救、他救及互救的方法。

（2）意识与知识并重。综观上海市各类风险的成因分析，很多风险事件都是由于市民缺乏风险防范意识造成的。因此增强风险防范意识是根本。其次，增加救助知识是保障，市民应该多渠道学习处理危机事件的方法，认真学习政府及相关单位的宣传知识和救助知识。

（3）自律与他律并重。平安的城市环境、良好的社会秩序，需要自律和他律并重。市民应提高自律意识，从自身出发，决不做威胁本市公共安全的

行为，并影响周围的人。由此，从总体上提升全市市民的自律意识。城市的安全还要依靠法律的约束、社会的监督等外部因素。因此，自觉接受他人的约束、检查和监督是保障城市安全的必要条件。

3. 加强设备监查和维护，及时排查风险隐患

（1）安全生产：定期检查厂房、机械设备安全状况，包括厂房机械设备保养状况、是否得到定期维修、及时更新、各种辅助设施是否完备；电线、开关、消防设备安全状况、楼层安全设施情况、居民区公共场所的灭火器材等消防设施数量是否足够和是否已过使用期限，重点关注各高校、中小学宿舍冬季用电安全；定期检查输气、电、水的管道等城市生命线和油气储运设备的正常运行；加大防汛设施维护；定期检查高层建筑的安全出口的通畅性。

（2）交通安全：定期检查各种交通工具的性能，加强保养和维护；严查报废汽车上路；加快交通信号灯突发失灵状况的处理速度；在未设置隔离带、减速带的事故多发路段做好道路设施完善工作；定期检查道路交通标志牌的完整性，及时解决交通标志牌过时问题。

（3）地下空间：加大地铁设备的检测、更新和维护；加强对地下空间的人员密集部位以及出入口、应急疏散通道、配电间、换气风道口等重点部位的巡查。在地下空间使用期间，地下空间的安全出口、疏散通道应当保持畅通，不得被封闭或者堵塞，地下空间安全出口、疏散通道应设置疏散指示标志，配备应急照明。

（4）公共卫生：定期检查净水设备、输送设备的卫生状况；定期检测食品加工机器设备的卫生状况；及时更新各种食品、药品制造设备和检验设备、医疗设备、检测设备。

4. 加强材料安全质量管理，保障安全生产

构建政府、企业、协会、媒体"四位一体"的生产材料安全性能监督管理保障模式。

（1）政府作为监管部门，对于整个监督管理体系运行至为关键，对重要生产资料应建立"厂家—供货商—施工单位"全程监督信息系统。完善政府的规划引导、监督检查、组织协调等功能。

（2）企业是生产过程中重要的执行者和参与者，要加强自身管理。①建立原材料、半成品、购配件进场安全质量检验制度。②建立进场主要材料抽

样复检、审查制度。③生产机器设备安全运行定期检测制度，并强化职工的业务技能培训和安全生产教育。

（3）协会功能则主要定位于"规范行业、服务企业、发展产业"，督促企业进行必要的安全生产投入，进一步规范行业材料安全标准，改进不合理的管理措施，提高安全生产工作水平。

（4）媒体是对政府、企业、协会进行舆论监督的重要力量，在加强内部自我管理、自我监督的基础上，在工作中积极配合政府、企业、协会的监管工作，同时也对企业不合理的行为提出批评，在必要情况下进行举报，通过第三方监督保护居民和施工人员的安全状况，并进行正确的社会舆论引导。

在"四位一体"模式中，各主体各行其职、相互补充，从而对生产活动中所用材料质量进行监督，保障生产有序、安全地进行，最终实现企业、职工和社会的总体最优。

5. 加强法律法规体系建设，完善城市风险管理的制度体系

针对现存安全生产基本法权威性不强，市区（县）安全生产法律法规、条例规范重叠，立法针对性不强，地方特色不突出，衔接不合理，重点行业安全生产规范操作性差等诸多问题，着重做到：

（1）提升安全生产基本法的权威性。向全国人大建议提高安全生产基本法的立法位阶，确立其权威性，明确其与消防安全法、铁路安全法、民航安全法、道路交通安全法等的从属关系。扩大安全生产法的覆盖范围，安全生产基本法不应只适用于从事生产经营活动的单位，仅限于生产系统，应兼顾非生产系统的安全问题。

（2）增强基层法律、法规的适用性。加强市、区（县）的安全生产立法工作，基于基层安全生产实际，突出地方特色，在地方立法中针对上海市重化工时代已经结束、服务经济时代开启的产业特征，注重增强上海基本的法律制度适用性问题。例如，更注重上海大都市安全生产社会化服务制度、劳动者权益保障制度和安全生产责任体系缺位或者不够完善等问题。

（3）注重安全生产法律、法规、规范性文件的衔接性。注重解决安全生产法律与法律之间、法律与法规之间及法律与规范性文件之间衔接不顺、缺乏技术法规的支撑的问题；依法规范明确各级政府、企业、市民在城市安全体系中的权利、义务。解决地方法规实际操作中原则范围较大，无法兼具基

层安全生产监督管理实际等问题。

（4）完善重点行业安全生产规范的可操作性。重点行业的安全规范着重解决以下三个问题：①解决规范的面太窄问题，尽快形成全面规范安全生产监督管理的、与地方安全监管实际相结合的综合性地方法规；②解决规范的内容比较单一问题，尽快形成覆盖全行业的地方性法规体系；③解决规范性文件的法律效力问题，要上升为位阶相对较高的地方性法律。

（5）不断提高城市安全规章制度的匹配性和协调性。①提高制度的纵向匹配度。提升市与中央各部委制度的衔接性、市与区县制度的兼容性以及上级主管部门与下级部门制度的衔接性。②提高制度的横向匹配度。提升各部门之间制度的协调性，推进"平安城市"的相关制度有效衔接，从而形成制度合力。③提高过程与目标的制度匹配度。为了实现创建平安城市的目标，要提高过程与目标的制度匹配度。

6. 加快经济结构调整，完善城市风险源管理的环境格局

上海市的经济产出仍有较大比重来自于重化工业，钢铁制造业、石油化工业、汽车制造业等仍在上海市 GDP 中占有较大份额。重化工业带来的不仅是资源环境压力，还有对公共安全的巨大威胁，它已经成为一个巨大的风险源头。当前，重化工行业成为高危行业，已经是不争的事实，不断发生的事故一次次敲响了安全警钟。要降低上海城市运行的风险度，必须要加快走出重化工业时代，加快转变经济增长方式，加快调整经济结构，加快迈进服务经济时代。

（1）在经济结构方面，加快"转方式、调结构"的步伐。促进经济增长方式向集约型转变，形成以服务经济为主的经济结构，大力发展现代服务业、先进制造业和战略性新兴产业，降低第二产业比重（尤其是重化工业和建筑业），提高第三产业比重。围绕打造全球经济、金融、贸易、航运"四个中心"的工作任务，提升和发展金融业、航运业、信息服务业和中介服务业等现代服务业，继续扩大对外开放。加大科研发投入，促进高新技术产业的发展，推动制造业升级，促进产业结构的合理化和高级化。淘汰落后生产能力，采取不同措施缩减那些对公共安全具有极大威胁的传统重化工业。只有将重化工等高危行业的规模控制在最小，才能从根本上控制安全生产事故的发生。

（2）在产业政策方面，扶持高新技术生产企业和现代服务业的成长，关停并转"三高一低"产业。"三高"（高风险、高污染、高能耗）"一低"（低效益）的企业对环境保护及公共安全造成很大威胁，要根据具体情况，

重点推进重化工企业的调整，制定促进重化工企业逐步退出的政策和机制，实施关停、合并或者向其他地方转移，扶持清洁、安全的高新技术产业和现代服务业的成长。

（3）在产业布局方面，实行重化工企业退城入园，合理优化重化工业区的布局。上海市部分危险化学品生产储存企业的分布缺少合理规划，一些早期的生产企业零散地分布于各个区域，形成不安全因素。建议对重化工企业的布局进行合理优化，如将外环线以内的危化生产、储存企业逐步迁入专用区域，进行异地技改重建等，并且在重建过程中提升企业技术装备水平，强化企业的安全性能。重化工业专用区域要远离居民区和水源地等，将可能造成的危害降到最低。

三、上海城市安全管理模式的总体框架

由于城市安全运行体系是多重的、系统的，城市安全体系建设要考虑的问题必须是总体性、系统性、联动性的，必须嵌入城市各个细微建设过程要考虑的环节中，既讲究城市细节的系统，又关注城市整体的系统。城市公共安全的具体事件可以将众多行业、领域以及不同的主体都牵连在一起。从城市安全涉及的不同主体上来看，既包括决策层、执行层，也包括基层。决策层指上海市安全管理委员会、上海市应急管理委员会；执行层指安全管理委员会办公室、应急管理委员会办公室、应急联动中心、公安局、安监局、卫生局等；基层指社区、校区、开发区、工业园区、商务楼宇、企业等，即"纵向到底"，将城市安全的建立深入最基层。基于不同行业、领域的角度，主要有社会安全子系统、生产安全子系统、公共卫生安全子系统和生态环境安全子系统，即"横向到边"，城市安全的范围要涵盖各个领域、各个行业。

结合上海城市安全运行应急管理模式、专项管理模式和风险预警管理模式的现状和特点，本书构建了城市安全运行"三层四维四重"总体框架的"弓弦箭"模型（见图3-6）。其中：弓弦为功能性指标，由决策层、执行层、基层及其相应的指标体系构成，是保障城市运行安全的基础；箭为城市运行安全的标志性指标，包括社会安全、生产安全、公共卫生安全、生态环境安全等子系统，是表征城市运行安全的显示性指标。由"弓弦箭模型"中的功能性和标志性指标体系可以给出城市运行安全体系的具体指标和未来着力点。

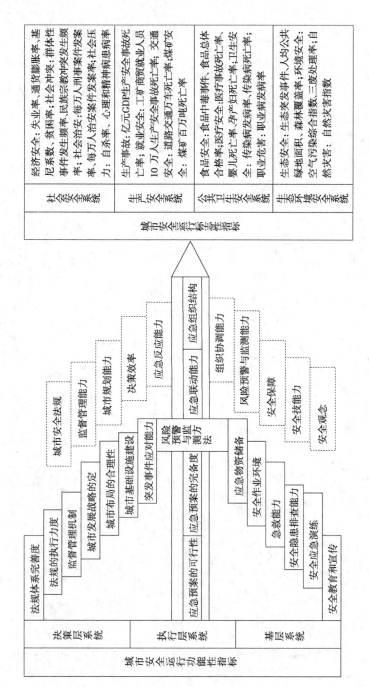

城市安全运行标准性指标	社会安全系统	经济安全:失业率、通货膨胀率、基尼系数、贫困率;社会冲突:群体性事件发生频率、民族宗教冲突发生频率、社会治安:每万人刑事案件发案率、每万人治安案件发案率;社会压力:自杀率、心理和精神病患病率
	生产安全系统	生产事故:亿元GDP生产安全事故死亡率、就业安全:工矿商贸就业人员10万人生产安全事故死亡率;交通安全:道路交通万车死亡率、煤矿百万吨死亡率
	公共卫生安全系统	食品安全:食品中毒事件、食品总体合格率;医疗安全:医疗事故死亡率、卫生安全:婴儿死亡率、孕产妇死亡率、传染病死亡率;职业危害:传染病发病率、职业病发病率
	生态环境安全系统	生态安全:生态突发事件、人均公共绿地面积、森林覆盖率、环境安全:自空气污染综合指数、三废处理率;自然灾害:自然灾害指数

图3—6 城市安全体系总体框架的"弓弦箭"模型

分论篇

第四章 上海安全生产评估及管理体系

总体而言，上海市安全生产整体状况逐年改善，但多年来"高楼＋高铁＋高GDP"的非均衡、跨越式增长、大量外来务工人员的涌入以及安全生产管理体系与经济发展不配套等问题，使上海安全生产状况日益复杂化、系统化和高风险化。近年来，"11·15"火灾事故、"莲花河畔景苑"倒楼事故、上海农药厂300公斤除草剂泄漏事故等生产安全事件的发生，都暴露出上海市安全生产存在的问题和隐患。

第一节 上海安全生产风险评估

安全生产风险评估是以"预防为主"为原则，以控制事故发生为目的，根据历史与现实、数据、资料等，运用科学的、先进的手段，评估安全生产风险程度，找出原因，提出对策的一种活动、过程和方法。

一、评估指标体系的设定

本章在总结已有研究的基础上，采用主成分分析法、聚类分析法对上海安全生产风险进行评估，结合指标设计四大原则，利用鱼骨图模型将上海安全生产风险源划分为经济源、社会源、自然源、技术源与混合源，从而系统地对我国近年来食品质量安全状况进行分析。

（一）指标设计原则

（1）全面性原则：即指标的设计应尽量涵盖所有上海安全生产风险的因素。全面性也要相对而言，由于安全生产风险评估系统的制度建设及机制运行也需要不断加以完善，此外监测的技术水平和数据的积累都是动态发展，因此有些指标对于评估的贡献程度也会发生变化，所以需要适时调整。

（2）灵敏性原则：即所选指标具有较强的灵敏性，能准确、科学地反映安全生产的风险状况。这不仅要求概念清晰，而且要有特性，能够反映上海安全生产的基本内涵，使其成为反映安全生产风险状况的"晴雨表"。

（3）实用性和可操作性原则：由于所选指标及模型最终要在实际中运用，指标体系必须考虑可获得性及其量化的难易程度。统计数据尽可能利用现有统计资料，特别是上海各区（县）统计年鉴或统计公报及安全生产监督管理局等有关部门发布的数据。

（4）动态性原则：即安全生产风险评估应该是一种动态的分析与监测，而不仅仅是一种静态的反映，所选取指标应根据上海实际情况的变动而调整，要求能反映风险波动的趋势，最好能在分析过去的基础上把握未来的发展趋势。

（二）指标体系框架

对上海市进行城市安全生产风险评测时，不仅要关注直接反映城市安全生产水平的代表性指标，还应该关注侧面反映和影响安全生产情况的自然指标和经济指标。本节遵循指标体系设计的原则，结合相关研究成果，以及参考头脑风暴法所得到的结果，确定上海安全生产风险的客观指标共分成 3 个一级指标（包括自然指标、社会经济指标、技术混合因素指标），11 个二级指标（高温天气日数、大雾天气日数、台风天气日数、各区县人均 GDP 数额、GDP 总量、户籍人口数、工矿商贸死亡人数、道路交通死亡人数、火灾死亡人数、铁路交通死亡人数、农业机械死亡人数）来反映上海安全生产水平。

采用层次分析法（AHP）对上海城市安全生产水平评价指标体系进行设计（见图4－1）。

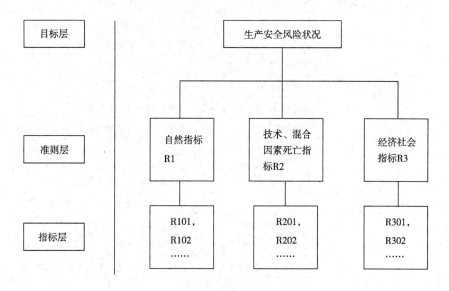

图4－1 指标体系评价内容与设计架构

目标层（X）——指标体系设置的总体目标，即安全生产总体状况水平。

准则层（R）——一级指标，包括安全生产经济社会因素指标R1、安全生产自然因素指标R2、安全生产技术等混合因素指标R3三个子系统。

指标层（C）——二级指标，由反映城市安全生产资源配置水平状况的具体指标构成，全部指标都是定量性指标。具体指标的选择会根据实际情况的不同而有所变化。

根据指标体系内容与设计构建图，结合上海安全生产的特点以及综合各区（县）安全生产年鉴已有指标的内容，结合相关研究成果设计出测度上海市安全生产评估的指标体系（见表4－1）。

表 4－1　上海市安全生产评估的指标体系

目标层	准则层	操作层	指数层
生产安全风险状况	自然指标	高温天气日数（天）	高温天气施工量，生产事故数
		大雾天气日数（天）	大雾天气安全生产事故数
		台风天气日数（天）	台风天气生产施工死亡人数
	经济社会指标	区域面积（平方公里）	各区（县）区域面积
		地方财政收入（亿元）	各区（县）财政收入
		人口密度（人/平方公里）	各区（县）人口密度
		其中外来人口（万人）	各区（县）外来人口数
		常住人口数（万人）	各区（县）年末常住人口数
	技术、混合因素死亡指标	工矿商贸死亡人数（人）	各区（县）工矿商贸事故导致的死亡人数，包括高处坠落、物体打击、触电、坍塌等多种生产安全事故
		道路交通死亡人数（人）	各区（县）交通事故导致的死亡人数
		火灾死亡人数（人）	各区（县）火灾事故导致的死亡人数
		铁路交通死亡人数（人）	各区（县）因铁路交通导致的死亡人数
		农业机械死亡人数（人）	各区（县）因农业机械导致的死亡人数

二、上海市安全生产评估

本部分内容主要运用 SPSS 统计分析软件 Factor 过程对上海市 18 个区（县）安全生产指标进行主成分分析和聚类分析，以分析上海各区（县）安全生产水平差异。之所以选择这种方法，主要基于以下两点原因：一是各指标的权重从已有研究文献中无法获得，如果通过主观赋权则可能会出现主观因素制约，而主成分分析法可以客观赋权；二是样本量有 18 个，基本符合此方法对样本量的要求。

（一）各区（县）数据收集

选择上海市 18 个区（县）为研究对象，利用统计年鉴、公报或上海市安监局公开的数据进行实证分析、主成分分析。我们依照以下标准对原始数据进行处理：①考虑到台风、高温等因素影响范围是全市，对各个区（县）没有差别，故本书不对这个指标进行分析；②对个别区（县）的个别数据、个别年份统计年鉴（公报）公布的明显可疑的数据，本书采用公认的回归模型预测值进行替代；③高危险行业（危险化学品）中的从业人员安全生产事故数在统计年鉴中没有，故本书不对这个指标进行分析。根据这些标准筛选后，我们共获得以下数据（见表4－2）。

表4－2　2010年上海各区（县）安全生产指标①

区县	工矿商贸	道路交通	火灾	铁路交通	农业机械	合计	土地面积（平方公里）	常住人口（万人）	其中外来人口（万人）	人口密度（人/平方公里）	地方财政收入（亿元）
卢湾	4	5	0	0	0	9	8.05	26.94	4.61	33465.83851	46.62
黄浦	1	10	0	0	0	11	12.41	53.2	8.95	42868.65431	55.85
虹口	7	11	0	0	0	18	23.48	77.08	8.63	32827.93867	42.05
闸北	5	13	1	0	0	19	29.26	76.03	12	25984.27888	36.26
长宁	6	14	1	0	0	21	38.3	64.4	9.29	16814.62141	62.95
杨浦	7	14	2	0	0	23	60.73	120.62	14.33	19861.68286	44.05
徐汇	8	21	0	0	0	29	54.76	96.27	14.11	17580.35062	78.56
普陀	7	29	6	0	0	42	54.83	113.59	22.7	20716.7609	44.26
金山	14	43	0	0	0	58	586.05	69.1	16.35	1179.080283	23.95
崇明	15	42	2	0	1	60	1185.49	69.24	11.35	584.0622865	23.41
静安	3	4	59	0	0	66	7.62	24.84	3.05	32598.4252	56.33
青浦	15	62	5	0	0	82	670.14	81.55	35.28	1216.909899	48.68
奉贤	20	67	4	0	0	91	687.39	81.9	29.59	1191.463361	31.96
嘉定	16	93	4	1	0	114	464.2	110.54	51.34	2381.301163	67.98
松江	26	99	4	0	0	129	605.64	118.99	60.69	1964.698501	67.3
闵行	26	103	4	4	0	137	370.75	181.43	74.61	4893.594066	110.35
宝山	21	120	1	0	0	142	270.99	136.26	36.26	5038.931326	62.7
浦东	75	244	8	0	0	327	1210.41	419.05	128.79	3462.050049	379.99

资料来源：安检局网站和各区（县）统计年鉴。

---

① 卢湾区数据为合并前的原卢湾区数据（以下同）。上海2011年6月8日召开会议，宣布上海市卢湾、黄浦两区行政区划调整方案已获国务院正式批复，黄浦区、卢湾区两区建制撤销，设立新的黄浦区。目前"撤二并一"相关程序仍在进行中。

（二）主成分分析与聚类分析

1. 主成分分析

在计算方法上，本书基于主成分分析法对上海各区（县）安全生产风险进行测度。首先对指标的原始数据进行标准化处理，其中，负向指标的处理为$\dfrac{\max (x_j) - x_{i,j}}{\max (x_j) - \min (x_j)}$，正向指标的处理为$\dfrac{x_{i,j} - \min (x_j)}{\max (x_j) - \min (x_j)}$。然后，采用主成分分析法对指标体系进行了测算，确定了不同类别指标的权重（见表4-3）以及2010年上海市安全生产风险主成分分值与排名（见表4-4）。

表4-3　公因子对应特征值方差贡献率

主成分	总计	方差贡献率%	累计贡献率%
1	6.462	58.747	58.747
2	1.689	15.356	74.102
3	1.144	10.402	84.505

表4-4　上海市各区（县）2010年安全生产风险主成分分值与排名

区县	第一主成分	第二主成分	第三主成分	安全生产综合指数	全市排名
卢湾	0.89501	-0.42999	0.00922	0.4607213	1
黄浦	0.89134	-0.72093	-0.12525	0.399901	2
虹口	0.73175	-0.48804	0.00368	0.3553205	5
闸北	0.68969	-0.32731	0.09804	0.3651086	3
长宁	0.59464	-0.15288	0.15554	0.3420362	6
杨浦	0.51206	-0.26956	0.10767	0.2706261	7
徐汇	0.4415	-0.25484	0.13356	0.2341277	9
普陀	0.42058	-0.38831	-0.03538	0.183769	10
金山	0.09042	0.72152	0.91026	0.2586009	8
崇明	-0.03935	3.35678	-1.28801	0.3583714	4
静安	0.83561	-1.35366	-2.18588	0.0556525	11
青浦	-0.14353	0.56759	-0.00231	0.0025993	12
奉贤	-0.17129	0.64048	0.01019	-0.001216	13

续表

区县	第一主成分	第二主成分	第三主成分	安全生产综合指数	全市排名
嘉定	-0.42136	0.18842	0.75188	-0.140392	14
松江	-0.61734	0.26622	-0.01086	-0.322918	16
闵行	-0.95512	-0.30482	2.69278	-0.32781	17
宝山	-0.44058	-0.00874	0.12468	-0.2472	15
浦东	-3.31403	-1.04193	-1.3498	-2.247298	18

2. 各区（县）生产安全风险的聚类分析结果

以上海各区（县）安全生产主要指标为基准，对其进行聚类分析，运用 SPSS 对各个区（县）2010 年的安全生产风险进行系统聚类分析，得出各省区市安全生产风险类型（见表 4-5）。

表 4-5　各区（县）生产安全风险的聚类分析结果

第一类：生产安全低风险区	卢湾、黄浦、虹口、闸北、长宁、杨浦、徐汇、普陀
第二类：生产安全中等风险区	金山、宝山、青浦、奉贤、嘉定、松江
第三类：生产安全较高风险区	崇明
第四类：生产安全高风险区	浦东、静安、闵行

3. 安全生产风险的危害总体评估（见表 4-6）

表 4-6　上海市城市安全度测定和预警等级判断（2000~2009 年）

年份	工矿商贸风险	火灾风险	交通事故风险
2005	轻度风险	中度风险	重度风险
2006	轻度风险	中度风险	中度风险
2007	轻度风险	中度风险	中度风险
2008	轻度风险	重度风险	轻度风险
2009	轻度风险	中度风险	轻度风险

（三）风险分析及评估结果

结论 1：通过以上的分析可以发现，上海市不同区（县）的安全生产状况存在较大的差异，呈现出区域的不平衡性。

首先，卢湾、黄浦、虹口、闸北、长宁、杨浦、徐汇、普陀八个中心城区的安全生产状况优于其他区县。这八个区都是上海的中心城区，一直以来安全生产管理体系比较完善，同时以现代服务业为主，孕灾安全生产风险的环境最弱。但这些区域高层建筑、地下管网和地下公共空间相对集中，潜在的风险较大，要密切关注。

其次，金山、宝山、青浦、奉贤、嘉定、松江这些区域产业结构特征以轻工业为主，存在一些重工业和化工工业，但并不集中，使得事故发生数相对要少，这些区县近年来工业化进程在加快，安全生产事故发生也在同步增加。如金山区以化工、轻工机械、纺织服装、电子、医药、汽车配件、暖通设备、建材、食品等行业为主，中国石化上海石油化工股份有限公司和上海化学工业区一部分坐落于境内。

最后，崇明、浦东、静安、闵行等区（县）的安全生产状况亟待改善。崇明经济发展水平在上海相对落后，不利于该地区吸引人才，而且区内情况相对比较复杂。闵行区集聚闵行经济技术开发区、莘庄工业区、漕河泾开发区、浦江高科技园等。由于工业企业较多，且大多是事故发生率相对高的重工业，使得事故发生的绝对值较高。2010 年 11 月 15 日 14 时，静安区胶州路一栋高层公寓起火，造成 59 人遇难，70 余人受伤。事故是由无证电焊工违章操作引起的，还因装修工程违法违规、层层多次分包；施工作业现场管理混乱，存在明显抢工行为；事故现场违规使用大量尼龙网、聚氨酯泡沫等易燃材料；以及有关部门安全监管不力等问题。因此，上海政府需要进一步加强监管，加大对其配置公共资源，以改善安全生产状况。

结论 2：通过主成分分析，主成分 1 上载荷较大的变量统计指标是工矿商贸死亡人数、总死亡人数、常住人口、外来人口数、道路交通死亡人数。主成分 2 上载荷较大的变量统计指标是区域面积、区域人口密度、户籍人口、财政收入。而在主成分 3 上，载荷较大的变量统计指标是铁路交通死亡人数、农业机械死亡人数。由于主成分 1 和主成分 2 对公共卫生安全的贡献率超过 74%，可以得出，在所有指标中，工矿商贸死亡人数、总死亡人数、常住人口、道路交通死亡人数、外来人口数、人口密度等因子对安全生产的影响较大。简而言之，提高这些指标可以有效地减少上海安全生产的风险（见表 4 - 7）。

表4-7 主成分矩阵

指 标	主成分1	主成分2	主成分3
工矿商贸死亡人数	0.986	0.048	0.094
道路交通死亡人数	0.980	0.039	-0.014
总死亡人数	0.974	0.099	0.099
外来人口人数	0.966	0.149	-0.124
常住人口	0.930	0.215	0.017
财政收入	-0.860	-0.356	-0.198
区域面积	-0.751	0.589	-0.183
户籍人口	-0.639	0.561	0.234
区域人口密度	0.010	-0.838	0.321
农业机械死亡人数	0.252	0.019	-0.754
铁路交通死亡人数	-0.077	0.343	0.557
火灾死亡人数	0.986	0.048	0.094

第二节 上海安全生产管理体系

"生产优先、生活靠边、生态牺牲"的发展理念和运行模式，导致发达国家上百年工业化过程中的城市问题在上海近30年就集中出现，且呈现结构型、复合型、压缩型特点。城市快速发展进程中的风险隐患日积月累，导致安全生产事故的负面效应放大，亟待构筑长效化、动态化的安全生产管理体系，实施全过程、纵深化的安全管理模式。

一、上海市安全生产管理九大体系

（一）监管责任组织体系

建立了隐患排查治理四级责任和三级督办机制（见图4-2）。市、区（县）安全生产监管职责部门和行业主管部门通过建立台账、重点督办、整改销号等措施，强化安全生产责任制的落实情况、安全生产人员的履职情况、隐患排查"挂销账"情况以及整改措施的落实情况等。设置安全生产机构，完善安全生产制度，确保安全生产投入，改善安全生产条件。

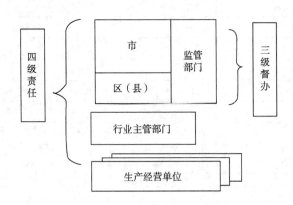

图 4 - 2　安全生产监管责任组织体系

建立了由市安全监管局、市建交委、市国资委、相关区（县）安全监管局、世博、虹桥综合交通枢纽建设指挥部及其他相关行业（系统）共同参与的联席会议机制，以联席会议的方式构建监管平台及监管网络。形成市、区联动，共同参与，加强属地重点监管的模式。形成生产经营企业自查、互查，区（县）安全监管局巡查，市安全监管局和行业主管部门督查的多级监管网络。

落实政府、行业监管主体责任。把亿元 GDP 安全生产死亡率作为各区县党政领导班子绩效考核的重要指标之一，推动乡镇、街道等基层组织安全生产监管职能的逐步到位；推动行政首长领导责任的落实。

加强区县安全生产监管工作的联系、指导和服务，总结和推广区县安全监管的先进经验和做法，完善动态沟通交流体系和分类指导方法。

（二）专家决策咨询体系

充实专家库，发挥专家作用，参与事故调查处理和安全专项检查。各级监管部门根据建设项目进展情况及企业实际需求，在重要项目或重要时段采取派驻现场监察组或聘请相关专家进行专题检查等方式，突出监管重点，帮助查找问题。如为确保宝钢一号高炉大修安全施工，邀请有关专家，加强技术支持和安全管理。

定期或不定期开展各类综合检查、专项检查、"交叉对口"等多种形式的检查，对各类隐患、事故整改落实情况及时复查。对安全工作持续稳定、现场管理较好的单位及时总结推广。搭建企业安全管理交流平台，加强安全管理服务和指导。组织市直接监管单位召开企业安全干部管理、班组建设、外协单位安全管理推进会。加强安全生产中介机构管理。建立安全生产中介机构工作例会制度，督促评价机构对存在问题落实整改、规范管理，科学、客观和公正地开展安全评价。

（三）技术支持体系

快速推进城市化和工业化，刺激城市管网系统、交通系统、电网系统、特种设备大幅扩容，导致安全生产风险源种类增多、危害叠加；生产经营多元化，导致安全生产管理难度提高和复杂性加大。需要建设安全生产科技支撑平台，形成安全科技自主创新能力，为安全生产及其监管监察提供更有力的科技支撑；需要进行安全生产高新技术的转化与推广，为事故防治和应急救援提供更有效的技术装备；需要开展安全示范工程建设，为安全科技支持体系提供更有机的模拟联动平台；需要提升本市现有专业实验室的效能，为安全生产监察、预测、管理服务，为企业提高安全度提供更有益的技术保障服务。

（1）已启动建设上海安全生产综合管理信息系统一期项目。完成上海市安全生产技术支撑中心非矿山安全、职业危害检测与鉴定两个实验室建设。

（2）组织制（修）定安全生产标准。筹备本市安全生产标准化技术委员会，组织全市力量承担 18 项国家、地方和 AQ 行业安全生产标准项目。

（3）组织安全生产科技成果征集和推广活动。征集到全市安全生产科技成果 20 项，组织召开安全生产科技报告会。开展安全生产课题研究。

（4）推进本市危险化学品检测、特种电气防爆检测 2 个实验室建设。结合"迎世博 600 天行动计划"和本市有关反恐工作要求，启动具有对不明疑似危险化学品物质进行检测检验分析功能的"上海市危险化学品检测检验鉴定分析实验室"立项工作。

（四）应急物资储备体系

上海市建立了应急救援设施、设备、救治药品和医疗器械等储备制度。各专业应急救援机构根据实际，负责监督应急物资的储备情况，掌握应急物资的生产加工能力储备情况。在城市应急物流网络中，紧急救援物资储备库的设置和优化主要以储备库最少、储备量最低和覆盖范围最大为目标，并结合信息传递的效率、应急配送网络通畅的程度和重大危险源的分布特性，综合考虑紧急救援物资配送的速度和效率。因此，紧急救援物资储备库的分布和应急配送路线决策是一个以时间为焦点的复杂的决策过程。

（五）应急救援队伍体系

应急救援的专业队伍体系的主体涵盖公安（消防）、民防、医疗卫生、海上搜救、核与辐射、环境污染、危险化学品以及水、电、油、气等工程抢险救援队伍。按照"两级政府、三级管理、四级网络"和"条块结合、属地管理"的要求，逐步建立横向到边、纵向到底、网格化、全覆盖的应急预案体系框架、预案数据库和管理平台，使应急管理工作进社区、进农村、进企业（见图4-3）。

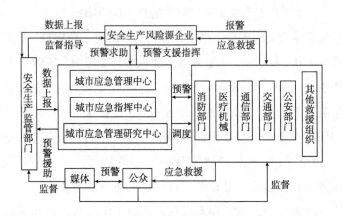

图4-3　安全生产应急救援体系

从源头上减少发生事故的各类诱因，制定完善的应急预案，展开应急抢险演练，提高抢险处置的能力，确保在险情发生时，能在第一时间进行妥善处理，防止次生灾害的发生。

（1）组建安全生产应急救援机构。市安全生产应急救援指挥部办公室设在市安全生产监督管理局，艾宝俊副市长兼任总指挥长。

（2）强化安全生产应急预案编制与管理。采取分级管理、属地为主的原则。

（3）编印《上海市安全生产应急手册》，对应急分级响应等14项内容制定了实用操作规程。

（4）印发《上海市安全生产应急救援队管理办法》。建立季度工作例会制度，及时掌握17支市安全生产应急救援队伍人员与装备等变化情况，检查指导值班备勤和业务训练工作。

（5）加快市安全生产应急信息平台建设。使企业应急管理与隐患排查和监测监控相结合。构建安全生产应急预案数据库基本框架，不断充实安全生产应急预案数据库。

（6）加强应急管理宣传教育，完善《安全生产应急手册》，提高企业职工和社会公众的应急意识和能力。按类别、分层次开展安全生产应急培训，建立安全生产应急管理培训体系。

（六）信息与通信体系

推进安全生产信息化工程建设。按照《上海市安全生产综合信息系统项目建议书（一期）实施方案》，①完成市、区县、乡镇（街镇）三级政务外网网络保障信息系统建设，实现两小时内上报重大事故现场音视频信息的功能。②开发完成局内部协同办公、网上办事等系统，实现12项行政许可事项网上受理、内网处理以及局内部网上办公等功能。③建立完成本市应急预案、专家队伍、安全生产专业队伍、装备及应急值守的信息管理系统，做好与总局相关信息应用系统的衔接和配套、应用工作。推进和完善本局行政审批"一门式"受理和网上办事的审核程序、电子政务信息管理系统建设。

完成危险品储运安全监控管理系统开发并开展试点，探索危险化学品运输、生产、储存企业日常信息和实时业务信息动态监管。

深化工业园区和小企业安全监管。摸清全市各类工业园区底数，建立全市工业园区数据库，开展《上海市工业园区安全生产管理暂行办法》实施情况调研。

研发和启用上海市小企业安全生产信息管理系统，完成《小企业安全生产评估导则》修订。

（七）政策法规标准体系

从立法环节来看，在《上海市安全生产"十一五"立法规划》总体框架下，加快立法进程，增强立法的针对性、实用性和可操作性。开展《上海市安全生产条例》修订准备工作。开展《上海市危险化学品安全管理办法》的修订调研。开展本市商场、餐馆、文化娱乐等人员密集场所的立法研究。

从执法环节来看，对企业的生产安全事故应急预案体系和社会安全评价、认证、检测、检验机构，以及危险化学品建设项目进行专项执法检查。以行政许可、行政检查和行政处罚（事前监管和事故处理）等执法活动为重点，分层监督各区县的安全生产执法水平，提高季度执法统计分析报告的准确性、指导性和科学性。理顺行政复议会办制度。

从技术标准环节来看，开展适合中国实际的职业安全健康管理技术、安全系统工程、事故预防与控制技术、安全评价技术、安全信息技术、重大危险源管理技术等的研究；制定与《安全生产法》和《安全生产许可证条例》等相配套的法规、标准和规范。开展机械制造企业安全质量标准化考核评级。共受理 47 家企业二级安全质量标准化企业的复评申请并完成核准工作。开展安全生产诚信企业试点。制定《上海市危险化学品生产单位安全诚信评估导则》，启动 5 家企业单位开展安全生产诚信企业试点工作。

从安全生产标准化环节来看，筹建上海市安全生产标准化技术委员会，推进《高处悬挂作业安全规程》（DB31/95 - 2008）地方标准、《危险场所电气防爆安全规范》（AQ3009 - 2007）安全标准和《危险货物运输车辆车载监控系统基本技术要求》的应用。

（八）重大风险源辨识预警体系

确定重点监控企业名单。实施严格的"关、停、转、迁、限"措施，实施分类分级监管。配合本市经济信息部门积极推动化工企业布局调整，从源头上解决危险化学品生产储存企业布局不合理的现状；对必须保留的生产、储存企业，督促企业制定限量生产、储存的操作方案，从严审批剧毒化学品、非药品类易制毒化学品生产、经营企业资质。组织开发、整合网上监管平台，启动剧毒、易制毒和易燃、易爆等重点危险化学品网上实时登记备案措施。

推进重大危险源辨识和登记工作，完成全市重大危险源信息数据库建设。

（1）推进本市重大危险源视频图像监控系统开发，年内完成上海化工区、华谊集团以及8个成品油油库已建视频监控系统整合，完成信号对接，推进18家易燃、易爆重大危险源生产企业视频监控系统安装，初步建成本市重大危险源重点单位视频图像预警平台。

（2）推进高危化工艺生产装置本质安全改造，完成19套没有采用自控技术和3套自控系统未能满足需要的高危工艺生产装置改造工作。继续加大加油（气）站阻隔防爆和油气回收技术推广力度，对世博会场馆及涉外宾馆周边300米内60座加油（气）站全部安装阻隔防爆装置（包括安装油气回收技术安全距离仍不符合条件的）。加强油库储罐区和剧毒化学品安全防护。建立巡检制度，推广安装视频图像监控系统及报警设备。

（3）推进苏浙沪危险化学品道路运输安全监管联控机制建设。规范设置省（市）境危险化学品道路运输进出道口，建立城市危险化学品道路运输的基础查验防线；完善危险化学品单位基础信息平台及车辆实时监控平台，对出现超载、超速、换人、不按规定路线行驶等违法违规行为提供报警、提醒等安全技术保障；落实危险化学品生产、储存企业责任倒查制度，建立区域间通报、协查、反馈机制，形成"基本信息共享、动态监控通报、联合执法同步、查处意见反馈"的联合监管工作机制。

（九）宣传教育培训体系

加强了农民工安全生产培训，将有毒、有害、有限空间作业人员，电力、通信高处安装维修作业人员等纳入特种作业培训范围，组织编写和更新商业、饮食、娱乐等行业安全生产管理人员读本等教材。提高每月事故统计报告水平，加大对区县生产安全事故案卷的抽查力度，汇编年度典型事故案例，打造精品案例。

完善安全生产新闻发布机制，实时通报事故处理情况和重点工作进展情况。构建以《上海安全生产》、《职业卫生与应急救援》、《中国安全生产报》上海记者站、上海安全生产信息网等为骨干的安全生产新闻宣传体系。

拓展与电视台的合作，制作防触电等两个公益性广告和政风行风建设宣传片，继续播放防硫化氢中毒、防高处坠落等公益性广告，开展专题性、访谈性、案例展示性等节目的编播工作。

拓展与市科协的合作，拓展社区挂图项目深度，使安全生产科普宣传覆盖全市居民小区。拓展安全文化产业发展空间，完善《劳动报》"安康"专版宣传，与《上海日报》联合启动外向型网络宣传，摄制和发行"反三违"事故警示教育系列片。

二、上海安全生产管理九大体系评估

从安全生产管理要素的角度考虑，上海市安全生产管理体系具体包括组织机构体系、专家决策咨询体系、技术支持体系、应急物资储备体系、应急救援队伍体系、信息与通信体系、政策法规保障体系、重大风险源辨识预警体系、宣传教育体系，九大体系的运行现状评估见表 3 - 2。

三、上海安全生产管理的对策建议

（一）规划保障：依托中长期规划保障安全生产长效管理

根据上海市安全生产状况，结合国内外同等经济发展水平，制订切实可行的安全生产中长期规划。通过规划确定中长期目标、具体指标以及长效运行机制，并由各区县分解落实。中长期目标明确，有利于各区县统筹安排，取得监管实效。

（二）体制保障：完善城市安全生产监管体制

从目前上海市安全生产管理体制来看，它是"两级政府、三级管理"的体制。这种体制现状不利于城市层面的安全生产规划与政策落实，需要在现有管理体制上，将管理重心下沉、关口前移，逐步完善"两级政府、三级管理、四级网络"的安全生产监管体制，其中四级网络主要指由开发区、工业园区（尤其化工区）、商务楼宇、学校、社区、建筑工地等重点区域所构成的安全生产监管网络。

（三）制度保障：依靠制度创新保障安全生产

（1）一票否决制：在市场准入、行业评级、项目招投标等方面引入"生产事故一票否决制"。一旦企业、工业园区、开发区、社区、学校等由于管理不当导致事故产生，或事故发生后处置不及时导致损失扩大等，均要严格实施"一票否决制"。

（2）强行淘汰制：在安全生产领域内，大量推广普及新技术、新设备、新工艺、新材料的"四新"工程，强制淘汰技术落后、安全保障程度低、存在潜在危险的技术装备。对存在重大事故隐患的技术装备，予以限时、强制性淘汰。

（3）安全年检制：针对高危行业、重点企业和重点区域，推行安全生产年检制，要对易引发事故风险的机器设备、安保设备、易燃易爆物质等进行年检。

（4）安全承诺制：将世博会"安全承诺制"的成功经验长效化，各级、各行业的安全生产责任主体要与监管部门签订安全生产承诺书。

（四）资金保障：增加安保投入保障安全生产

（1）企业要加强安保投入（尤其高危行业），增加必要的安保设备并定期检查，定期对机器设备安全性能进行检测，以降低生产事故的发生；要增加应急物质储备的投入，以保证事故发生后得以及时救援；增加对员工的安全教育投入。

（2）政府要加大在安全生产公共信息平台、培训教育平台、应急救援平台、监测预警平台、安全科技平台等方面建设的投入。例如政府应增加必要资金投入，加强公众在高层建筑中的逃生教育和演练；针对重大化学品的泄漏风险，政府应引导必要的资金投入于生产事故风险防范的科技创新和灾后控制设备的创新等。

（五）科技保障：依托科技创新保障安全生产

（1）安全生产监管部门：依托高新技术提升安全生产监管水平，充分利用数字技术、信息技术等高新技术，提升安全生产监管的科技水平。加大GIS、GPS 和网络技术在安全生产中的推广应用力度，建立完善安全生产基本信息库、信息管理系统和灾害事故监控预警网络；应用先进的探测、传感技术，提高对灾变因素的监控能力和特大型城市安全保障水平。

（2）安全生产的科技研发部门：以重点工业领域的共性、关键性的安全科技开发为重点，加强重点项目攻关，强化责任主体对灾害事故的控制能力、对重大危险源的辨识监控和重大安全隐患排查能力、应急救援水平和事故分析处理能力，为城市安全生产监管监察提供技术支撑。

（3）安全生产高风险的重点企业：应用新材料，提高安全装备的质量和安全性能，提高设备安全可靠性；充分利用各种功能性新材料，提高安全防护用品的科技含量；应用新技术，强化企业内部风险隐患的排查和预警、预测、预示的能力。

（4）安全生产中介服务机构：要加强科技成果转化工作，推动安全生产科技产业化。重点领域是安全生产信息化、网络化技术，功能性新材料，故障快速诊断、无损探伤技术，非接触式、高精度、高可靠性、综合集成安全检测技术与装备，安全专用装备，劳动保护用品，危险化学品安全保障技术，先进救援救助技术装备等方面。

第五章 上海市地下空间及城市管网安全研究

随着上海城市的不断发展，作为城市重要组成部分的地下空间和城市管网系统的建设规模也在不断扩大，这些有效地促进了城市功能的提升和完善。城市地下空间是指城市规划区内处于地表以下的空间，主要包括地下交通设施、地下商业场所、地下车库、地下仓储设施、民防工程等（本章内容不含地下交通设施）；城市管网系统主要包括供排水管网、供电管网、通信管网、能源（天然气、石油等）输送管网等及其附属设施，其中，很大部分城市管线都布局在地下。

现代城市的不断膨胀、人口激增和城市用地规模快速增长，导致人地矛盾越发明显，城市的可持续发展受到土地资源的极大制约。现代城市的进一步发展很大程度上要开发和利用好地下这一潜力区域。上海市作为一个人地矛盾突出的国际化大都市，城市建设用地严重不足，在很大程度上制约着上海市的进一步发展。有效地开发利用地下空间，把上海建设成为现代化和立体化的城市已经成为社会各界的广泛共识。地下空间的开发利用不仅可以缓解土地资源对上海城市发展的制约，而且对于提高城市环境质量、缓和交通压力等也有一定的积极作用。城市管网系统是城市赖以生存和发展的重要基础设施，被称为"城市生命线"，兼有为生产和生活服务的职能，保障着城市的正常运行和社会经济的发展。上海城市管网系统的建设在不断完善的同时也暴露了许多问题，成为政府和民众关注的焦点。因此，开发利用好上海市地下区域，加强和完善地下空间和城市管网系统的建设在上海城市建设和管理中占有重要地位。

由于地下空间具有空间情况复杂、较为封闭等特点，安全问题尤为突出，需要引起高度重视。自然或人为的突发性事故灾难在地下的危害远比在地面时要严重，防御和控制也更为困难。随着上海市地下空间和城市管网建设规模的不断扩大，形势越来越复杂、系统越来越脆弱，安全问题面对新情况、新挑战。所以加强对上海市地下空间和城市管网系统安全问题的研究势在必行。这对于更好地认识和了解城市安全现状、维持城市的正常运转、完善城市功能和提高人民生活水平具有非常重要的意义。

　　本章主要从上海市地下空间和城市管网系统的建设和管理现状、风险溯源、事故危害及原因等方面来研究城市安全问题，并且提出加强和改进地下空间和城市管网系统的对策思路和相关措施。

第一节　上海市地下空间及城市管网现状及管理体系分析

一、地下空间的现状分析

（一）基本情况及特点

　　地下空间的开发利用是城市发展的产物，是与城市社会经济的发展相一致的。城市越发展，地下空间越发达。上海市地下空间的开发利用现状，既与上海城市发展历程一致，又与我国地下空间开发利用的三个历史阶段密切联系。20 世纪 80 年代以前，上海市的地下空间的建设主要以人防工程为主；80 年代以后逐渐开始走上平战结合的发展道路，民防建设和城市建设相结合，建成了许多大型的平战结合工程，在城市的发展过程中发挥了一定的作用①。后来，随着城市社会经济发展的需要，上海市的地下空间的建设主要

---

　　① 王璇，陆海平，叶光新. 论上海城市地下空间的开发利用 [J]. 上海建设科技，2001 (4).

围绕地下交通枢纽和线路建设、地下商业场所、地下车库、地下仓储、民防工程等展开。这些都极大地开拓了上海市的发展空间，促进了社会经济发展，缓和了上海市土地资源的紧张状况。在日常生活中，人们已经习惯了去地下车库停车取车，去地下商场购物等，地下空间已经成为人们生活中不可或缺的部分。

总体来说，上海市地下空间具有以下几个特点：

一是数量多、面积大，并且规模仍在不断扩展。截至 2010 年底，上海市已经建成地下工程约 3 万个，总建筑面积超过 5200 万平方米（不包括地下管线和地下军事设施），广泛分布于各个城区。同时，上海市正在致力于打造一个"地下城市"，地下空间的建设规模仍在扩大。

二是分布较为分散，呈现块状分布，且被四通八达的通道网络连接起来。上海市地下空间分布较为密集的区域有：东面地下空间（主要位于龙阳路、世纪大道及花木地区、世博园区），西面地下空间（主要位于静安寺、徐家汇、真如及虹桥枢纽地区），南面地下空间（主要位于上海南站），北面地下空间（主要位于虹口足球场、江湾五角场、北外滩），以及人民广场核心地下空间。这几个地区的空间分布使得上海市地下空间呈现出一种块状分布，各自成为一个中心。但这些地下空间并不是相互孤立的，而是被发达的地上及地下通道网络连接起来，人流和物流迅速流动，各区域形成一个紧密的整体。上海市便利的地铁系统正是连接这些区域的最好交通工具。

三是用途较为广泛，集聚了大量的人流和物流。这些大型的地下空间中，有内外交通枢纽、城市副中心、轨道交通换乘枢纽、大型商业场所、大型仓储场所、大型停车场所等多种类型，它们为人们的生活提供各种便利的服务，平时集聚了大量的人流和物流，成为了城市社会经济和人民生活的重要组成部分。

四是和国际其他大都市相比，上海市地下空间的开发和利用起步晚，但发展迅速。上海市地下空间的大规模开发利用是从 20 世纪 90 年代开始的，和纽约、伦敦、东京等国际大都市相比，起步较晚。但是上海市地下空间的开发利用在短短 20 多年间，就已经达到了相当大的规模，步入先进行列。这与上海市社会经济近几十年的飞速发展是密切相关的。尤其是以世博会为契机，上海市开展了大规模地下空间规划建设，推进了城市功能的地下化。

五是地下空间的规划利用以及管理等方面还存在一些问题，安全隐患不容忽视。上海市地下空间的规划仍有不合理之处，相关法律法规等仍不完善，存在一些亟须排查和改正的安全隐患。

（二）地下空间的管理体系分析

1. 地下空间的行政管理体系

随着上海市地下空间建设的发展，与地下空间相应的行政管理体系也在不断地构建和完善。经过多年的不断探索，现在上海市已经形成了综合管理和专业管理相结合、统筹协调与合理分工相结合、集中管理和分散管理相结合的行政管理架构，较为有效地保障了地下空间的安全运营。

（1）综合管理和专业管理相结合。根据《中共中央办公厅　国务院办公厅关于印发〈上海市人民政府机构改革方案〉的通知》的规定，上海市设立了民防办公室，为市政府直属机构。市民防办根据国家及上海市现行的法律法规，贯彻落实上海市委、市政府的工作要求，承担地下空间的综合管理职责，统筹协调本市地下空间规划、建设和管理工作。

具体来说，上海市民防办的主要工作有：负责本市地下空间开发利用的综合协调管理工作；会同市有关部门，组织编制地下空间综合开发利用和重点地区地下空间开发利用规划；参与各类地下空间开发利用规划的审查、综合协调和平衡；负责地下空间综合开发建设项目的管理，协调推进地下空间重点项目建设，参与地下空间建设项目的审核；会同市有关部门，负责组织地下工程信息系统建设管理；负责协调推进本市地下空间开发利用的兼顾设防；负责本市地下空间安全使用的综合协调管理；协调推进地下空间管理的科学技术研究、学术交流、重大技术攻关[①]。

在市民防办实行综合管理的同时，其他各个专业职能部门，紧密配合民

---

① http：//www. mfb. sh. cn/mfbinfoplat/platformData/infoplat/pub/shmf_ 104/docs/200705/d_ 48246. html，上海市民防办公室主要职责内设机构和人员编制规定，上海市民防办公室.

防办，对地下空间的安全实施专业管理。例如，消防部门对地下空间的火灾隐患进行排查管理；卫生部门负责公共卫生防疫工作，安监部门负责地下空间工程安全监察工作；等等。综合管理和专业管理相结合，共同提高了地下空间的安全系数。

（2）统筹协调与合理分工相结合。由于地下空间的管理工作需要多个部门的紧密配合来完成，因此，由上海市民防办带头，并联合消防、公安、安监、质监、工商、卫生、城市规划等多个部门共同建立了地下空间管理联席会议制度，成立了地下空间管理联席会议办公室。它作为一个协调机构，负责地下空间管理的各部门之间的统筹协调工作。地下空间管理联席会议办公室按照"统揽不包揽，牵头不替代"的原则，统筹全局，协调其余各部门，使其各司其职、分工协作，合理构建地下空间综合管理的长效机制，以此来进一步加强地下空间的安全管理工作。

管理联席会议办公室的运行机制包括：工作例会制度，定期召开例会报告安全管理工作情况；日常检查制度，定期或不定期开展联合检查和执法工作；安全风险评估制度，对地下空间的安全风险进行评估，并提出预防措施[①]。

（3）集中管理和分散管理相结合。上海市民防办是地下空间安全使用管理的综合协调部门，对全市地下空间进行集中统一管理。同时，安全管理工作又分散开来，具体落实到每个区、县民防办，让其负责各自区域范围内的地下空间安全管理。同时，街道办事处和乡镇人民政府等要协助有关行政管理部门的地下空间安全使用的监督管理工作。

2. 法律制度管理体系

我国针对城市地下空间安全问题的法律法规体系已经初步建立，并且在国家层面和地方政府层面都有所涉及。上海市地下空间安全管理法律法规已初步形成了综合性管理法规和专业性管理法规相结合、机构管理和全民动员相结合、常规管理法律法规与应急管理法律法规相结合的模式，基本实现了

---

① http://www.mfb.sh.cn/mfbinfoplat/platformData/infoplat/pub/shmf_104/docs/200708/d_50945.html, 市地下空间管理联席会议办公室关于进一步加强本市地下空间安全管理工作的意见, 上海市民防办公室.

安全工作有法可依。

（1）综合性管理法规和专业性管理法规相结合。上海市政府部门专门针对地下空间的开发利用管理制定的综合性法律法规主要有：

市政府颁发的《上海市地下空间安全使用管理办法》，这是上海市地下空间管理的指导性法律法规，明确了地下空间的管理机制以及各相关单位及人员的义务和责任，并且对于地下空间的安全要求做了全面明确的说明。

市地下空间综合管理联席会议办公室制定的《关于进一步加强本市地下空间安全管理工作的意见》，对于地下空间安全管理的指导思想、工作机制、职责分工以及工作要求做了明确说明。

市民防办制定的《上海市地下空间安全使用监督检查管理规定》，明确了各级政府及相关部门对地下空间安全管理的具体监督管理职责，要求加强对地下空间安全的监督检查，切实保障人民群众的生命财产安全。

关于地下空间安全管理的其他专业性法律法规主要有：

地下建筑具有特殊性，采取积极的安全措施非常重要，因而国家在这些方面已有相应的技术规范和技术标准，具体的规定有：《地下工程设计规范》、《地下工程防火规范》、《地下工程防水技术规范》、《地下工程验收规范》；还有专业工程规范，如《地下铁道设计规范》、《地下车库消防规范》、《地下工程消防安全治理标准》等①。为了抓好地下空间防台防汛工作，上海市地下空间管理联席会议办公室与防汛指挥部办公室联合下发《关于进一步做好本市地下工程防汛防台工作的通知》，进一步落实专项整治，确保地下空间安全。

其他关系地下空间安全问题的部门性法律法规主要有：《中华人民共和国消防法》、《中华人民共和国安全生产法》、《上海市规划条例》、《上海市民防条例》、《上海市民防工程建设和使用管理办法》、《上海市城市地下空间建设用地审批和房地产登记试行规定》等。

（2）机构管理和全民动员相结合。地下空间的安全保障不仅需要各种管理机构的监管，而且尤其需要社会民众的广泛参与。在上海市多个地下空间

---

① 上海市行政法制研究所. 上海市城市地下空间开发利用管理立法研究［J］. 政府法制研究，2001（1）.

安全管理法规制度中，都有关于强化民众的安全意识共同维护地下空间安全的规定。出于这个目的考虑，上海市民防办、市地下空间联席会议办公室联合编制印发了《城市地下空间安全手册》，在全市范围内发放，以此强化市民特别是从事地下空间的经营和管理的有关人员的安全意识，使其掌握一定的安全使用知识，增强地下空间安全事故的防范能力，全民合作共同保障城市安全。

（3）常规管理法律法规与应急管理法律法规相结合。除了上述地下空间安全常规性管理的法律法规外，上海市地下空间法规制度管理体系还涵盖了应急管理法律法规。为了切实提高上海市地下空间突发公共事件的应急处置能力，市地下空间管理联席会议办公室编制了《上海市地下空间突发公共事件应急预案》，按照组织体系健全、应急预案完善、保障措施到位、运作机制顺畅、响应平台共享的要求，进一步明确了本市各级地下空间应急管理工作机构、有关责任单位和责任人以及相应职责，规范了地下空间突发公共事件的应急处置程序和预案措施，为有效应对突发公共事件提供了基本依据①。

3. 管理体系分析

综合上述地下空间行政管理体系和法律制度管理体系可以看出，上海市地下空间的安全管理已经形成了相对成熟的体制机制，众多部门能在地下空间管理联席会议办公室的统一协调和各种安全管理法规预案的指导下相对有效地处置各种常规或突发事件，维护地下空间的安全。但是现存管理体系并不是完美无缺的，仍有各种顽疾和风险因素存在，如管理职能部门之间的统一协调和科学决策不足，现行管理法律法规的层次较低等具体问题将在本章下文内容分析。

二、城市管网系统的现状分析

城市管网系统是一个城市赖以生存的重要基础设施，被称作"城市生命

---

① http://www.mfb.sh.cn/mfbinfoplat/platformData/infoplat/pub/shmf_104/docs/200807/d_59012.html. 上海市地下空间综合管理 2007 年工作情况. 上海市民防办公室.

线"，保障着城市的正常运行和社会经济的发展。"城市生命线"系统一旦损坏就会对城市社会经济和人民生活造成重大影响和损失，任何环节滞后或失灵都会导致局部甚至整个城市瘫痪，因此其完好率是衡量一个城市基础设施水平及安全的重要指标。

（一）基本情况与特点

一是管线种类繁多，情况复杂。上海市城市管线的具体类型主要有给水、排水、燃气、电力、信息通信、热力、航油管道七个大类（见图 5 - 1），每个大类下面又包含多个小类，种类繁多，多种管线或并行，或互相穿越，情况相当复杂。

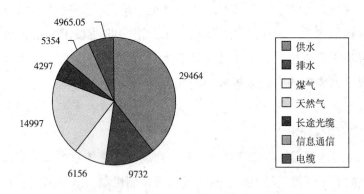

图 5 - 1　2009 年底上海市主要管线长度（公里）

二是管网系统初具规模，管线总里程较长。经过多年建设发展，上海市城市管网系统已经初具规模，根据上海市 2010 年统计年鉴数据显示，截至2009 年底，上海市供水管道 29464 公里，排水管道 9732 公里，煤气管线6156 公里，天然气管线 14997 公里，长途光缆线路 4297 公里，信息通信管线5354 沟公里，电缆长度 4965.05 公里。另外还有若干航油管线、热力管线和军用信息管线（见图 5 - 1）。

三是布局不是十分合理，存在较多问题。由于地理和历史等多种因素影响，上海市现有的管线布局不是十分合理，存在较大安全隐患，还有多种问题需要解决。最主要的表现是管线分布密疏不均，内环线以内的中心城区管线分布较为密集，管线和管位都接近饱和，在其他地区管线则较为稀疏；此外，不同种类的管线相互穿越的情况较多，增加了管理困难。

四是地下管网的建设和地面工程建设多存在不协调，经常发生冲突。上海市已经发生了多起挖断或损坏地下管线的事故，不仅阻碍了建筑施工的正常进行，也给人民的生活带来诸多不便。

（二）城市管网系统管理体系分析

1. 综合管理和专业管理相结合、从规划建设到运营管理的全过程多层次行政管理体系

上海市城市管网系统的行政管理体系架构也已经相对完善，基本上形成了综合管理和专业管理相结合、从规划建设到运营管理的全程多层行政管理体系，维护了城市管网系统的正常运转。这个体系主要包括综合规划部门、建设管理部门和行政管理部门。

（1）综合规划部门。上海市规划和国土资源管理局负责地下管网的综合规划工作。其具体职能主要有：贯彻执行有关城市规划的法律法规，编制城市规划政策，综合协调各种地下管线的系统规划和综合平衡，审批地下管线建设项目的选址和工程建设规划许可，组织进行地下管线工程竣工后的验收工作。

（2）建设管理部门。上海市城乡建设和交通委员会负责地下管网的建设和综合管理。其具体职能主要有：协调平衡综合管线规划，负责道路范围内各类综合管线项目的监督管理，参与城市发展的总体规划，综合协调供排水等市政公用设施，组织协调处理综合管线突发性事故，以及道路管线建设行政执法工作。

（3）行政管理部门。根据管线的类型和政府各部门的职能分工，上海市地下管网的行政管理部门主要包括：市水务局、市文广局、市经济和信息化委员会、市燃气管理处、市发展改革委员会等部门。各部门紧密配合地下管线综合规划和建设管理机构，负责各自的专业管线的行政管理，维护其正常运营。

2. 综合性法规和专业性法规相结合的法律制度管理体系

（1）综合性法律法规。上海市关于城市管网建设和管理的法律法规和规

章制度主要有：

《上海市管线工程规划管理办法》，由上海市规划局负责实施，其中规定了管线与道路建设的协调平衡和管线的具体铺设要求、管线规划编制和控制要求、管位规划安排以及管线工程执照的申领等具体操作办法等。

《上海市城市道路管理条例》，由上海市城乡建设和交通管理委员会负责实施，该条例明确了城市道路和管线的规划建设管理以及养护和维修管理工作的具体要求，包括道路交叉口处地下管线的穿越、掘路工程地下管网保护、损坏管线的赔偿办法等。

《上海市城市道路与地下管线施工管理暂行办法》及《上海市城市道路与地下管线施工管理暂行办法的补充规定》，由上海市建设交通管理部门组织协调实施，它从施工准备、施工阶段和竣工验收三个方面对地下管线的建设提出了明确要求。

（2）专业性法律法规。一些行业专业性管理法规也涉及了城市管线的建设和保护，如《石油天然气管道保护条例》、《上海市燃气管道设施保护办法》、《上海市邮政设施管理办法》等。这些法规主要针对某一种类型的管线进行制度的安排和保护。

3. 管理体系分析

综上所述，上海市对城市管网系统的管理也已经受到政府的重视，有了具体明确的职能部门，从规划、建设及日常运行等多方面对管网系统进行协调、有序管理；也从监管、规划、设计、施工、探测、竣工测量、运行等多方面对其进行规章制度保障。可以说，现有管理体系比较有效地维护了上海市管网系统的正常运营，减少了事故的发生。

由于城市管线大部分深埋于地下，民众对其影响相对较小，所以管线事故的发生多归因于管理的因素。"三分建设，七分管理"，维护城市管线的安全最主要是靠提高管理水平，所以，上海市城市管网系统的管理、运行及保障机制仍需要很大程度的提高，例如推进管线信息化建设等，才能真正地做到万无一失。

第二节　地下空间的风险及风险源成因分析

一、地下空间的风险分析

上海市地下空间的开发利用迅速、面积大、情况复杂，安全隐患不容忽视。截至 2010 年底，上海市已经建成地下工程 3 万个左右，总建筑面积超过 5200 万平方米，相当部分用做地铁线路及站点、地下商场、餐饮娱乐场所、仓库、停车库等公共活动场所，平时聚集了大量的人流和物流。由于地下空间相对封闭，一旦事故发生，避险、逃生和疏散过程都具有较大难度，所以对于地下空间的安全要格外注意。

（一）地下空间风险源分布特征分析

对地下空间的安全风险进行溯源，找出风险发生的分布特征，对于我们正确地认识风险、防患于未然具有重要意义。按照地下空间事故出现的不同原因和事故特点，可以将地下空间风险分为以下类型：火灾、水灾、恐怖袭击、地质灾害、工程事故、空气污染、拥挤踩踏等。这几种灾害的风险源分布特征如表 5－1 所示。

表 5－1　地下空间风险源分布特征

类型分布	空间分布特征	时间分布特征	行业分布特征	人群分布特征
火灾	地下停车场，餐饮、娱乐场所，旅馆，仓库等	夏季高温时期；秋季天气干燥时期	餐饮业、仓储业等	消费者、餐饮业等从业人员、仓库管理人员
水灾	城市低洼地区的地下空间	雨季时期，大暴雨或台风	地下商业、仓储业	各类从业人员、消费者

续表

类型分布	空间分布特征	时间分布特征	行业分布特征	人群分布特征
恐怖袭击	地下商场、餐饮娱乐场所等人流密集区	社会环境敏感时期；重大活动时期	—	国际恐怖组织、国内极端组织、有预谋的破坏者
地质灾害	沙层、软土层等特殊地质环境地带	无明显的时间分布特征	—	—
工程事故	施工工地	地下空间修建时期	建筑公司企业	施工工人、过往行人
空气污染	地下易挥发品储存仓库，通风条件较差地段，地铁站等人流密集区	无明显的时间分布特征	地下易挥发品仓储业	长期在地下场所工作的人员、易挥发品仓储业人员
拥挤踩踏	地铁站、商场餐饮等人流密集区、疏散通道	上下班高峰、节假日、有突发事故发生时	轨道交通运输业、地下商业娱乐餐饮业	地铁乘客、消费者、地下场所工作人员

1. 空间分布特征：地下商场、地下车库、仓库、施工工地等地点

地下商场和餐饮娱乐场所等人员密集区要严防火灾、拥挤踩踏和恐怖袭击事件的发生。由于地下空间较为封闭，需要注意保障空气的质量，尤其是在仓库、通风条件较差地段、人流密集区等。城市低洼地区的地下空间，如地下车库、地铁站点、地下商场等地方容易发生水灾。地下空间的施工工地，要防范工程事故的发生。上海市多沙层、软土层等特殊地质，需要注意防范边坡失稳、地基变形等地质灾害。

2. 时间分布特征：人流量较大时期，高温、多雨季节，国际及国内政治经济环境敏感时期

人流量较大时期，如节假日、举办全国性或国际性重大活动时期、旅游旺季时期，要着重防范地下空间火灾、拥挤踩踏事故和恐怖袭击事件的发生。夏季高温和秋季干燥时期较易发生地下空间的火灾事故。夏秋季节多雨时期需注意防范地下空间水灾隐患。在地下空间工程进行期间，特别需要避免工程事故的发生，国内已经发生多起地铁站施工工地塌陷事故，需要引起相关部门的高度重视。

3. 行业分布特征：地下仓储及零售商业、娱乐餐饮业等行业为风险源的主要分布行业

地下空间的风险分布行业主要是在其中进行生产经营的各行业，尤其是地下餐饮业和仓储业需要防范火灾事故，零售、娱乐、餐饮业等人群集中的行业要注意避免拥挤踩踏事故等。地下空间工程建设单位的施工资质和管理水平与工程事故的发生有很大关系。

4. 人群分布特征：工作人员、各类消费者、施工工人

长期在地下各行业工作的从业人员以及各类消费者也构成了地下空间风险源的主要人群分布，面临着地下空间各种风险源的威胁，尤其是长期在地下空间里工作的人员，其风险更大。此外，地下空间的施工工人也面临一定的工程事故风险等。

（二）地下空间风险的危害分析

地下空间风险和灾害的造成的危害有很多种，如人员伤亡、财产损失、民众心理恐慌等。其危害程度（见表5-2）也要比地面上的灾害更大，这表现在以下几个方面：

（1）危险性更大：地下空间是一个相对比较封闭的系统，发生灾害时比地面有更大的危险性，容易造成更大的伤亡和损失。

（2）现场更为混乱：地下空间的封闭性容易使人们丧失方向感，在灾害来临时心理上的惊恐程度和行动上的混乱程度要比在地面大得多。

（3）疏散逃离更难：地下空间处于城市地面高程以下，从地下空间脱险有一个垂直上行的过程，会消耗受灾人员的体力，影响疏散和逃离速度。

（4）衍生灾害更易叠加：疏散过程一旦受阻，发生拥挤踩踏的事故的可能性大；如发生火灾，空气质量难以保证，大量烟尘对人员疏散和救灾都极为不利；如发生水灾，地下电路进水引发触电伤亡事故；如有危险化学品违规存放在地下，遇水则有可能造成环境污染、化学事故，长期积水不能排除，可能造成传染病滋生。

（5）空气污染问题更严重：地下空间的空气污染一般高于地上5倍以上，对于长期在地下空间工作的人员来说，是一个很大的安全风险源。相关部门必须重点关注地下空间风险源的控制，防止灾害的发生。

表 5 - 2　地下空间风险源的危害程度

风险源类型	主要危害	次生灾害
火灾	人员伤亡，财产损失，心理恐慌	地下空气恶化，引起窒息中毒等；疏散逃离过程中拥挤踩踏事件
水灾	人员伤亡，财产损失	疏散逃离过程中拥挤踩踏；触电事故；危险化学品环境污染甚至化学事故；传染病滋生
恐怖袭击	重大人员伤亡和财产损失，民众心理恐慌	社会负面影响，人民心理压力，社会公众秩序和公共安全感下降；民众对治安环境的不满
地质灾害	重大人员伤亡和财产损失，民众心理恐慌	人民心理压力；公共安全感下降
工程事故	人员伤亡和财产损失	引发气体泄漏和火灾
空气污染	人员缺氧、中毒、伤亡	化学气体挥发，引发爆炸、火灾
拥挤踩踏	人员伤亡，财产损失，民众心理问题	恶劣社会影响，民众不满

　　地下空间事故灾害的事例发生过很多，国内外较为严重的有：2000 年 10 月，北京协和医院地下停车场发生火灾，导致 3 人窒息死亡，30 多人受伤；2010 年 7 月，德国音乐节发生的地下通道踩踏事故，导致 19 人死亡，342 人受伤。上海市地下空间也曾经发生过触目惊心的事故，如 1999 年 3 月，虹口区海底皇宫娱乐总汇地下建筑火灾，11 人死亡，13 人受伤；2003 年 7 月，地铁 4 号线发生渗水事故，导致严重的地面沉降和楼房倾斜。这些都为城市地下空间的安全敲响了警钟。

（三）地下空间风险源成因分析

　　由于多种原因，一些正在运营使用的地下公共活动场所，尚未完全符合国家、本市和行业标准规定的安全使用要求。一些经营性地下仓库、地下停车库中，易燃、易爆物品等危险物品被有意或者无意带入，安全隐患问题十分突出。地下空间安全风险是多种因素共同作用的结果，风险累积到一定程度，就会以灾害事故的形式突现。本部分内容从管理、人、机、料、法、环等角度来分析地下空间风险源的成因，见表 5 - 3。

表5-3　地下空间风险源成因分析

风险源 事故类型	管理	人	机	料	法	环
火灾	管理漏洞，排查不力，疏散通道，设施维护不到位	安全意识薄弱，带违禁品进入	1.灭火器材问题；2.电线、管道老化；3.配电房机器故障等	1.防火材料使用不足；2.使用燃点过低的液体作为燃料	法规缺失，监管处罚力度不够	天气干燥时期易发生
水灾	防汛管理问题，设施维护不到位	重视不够	防汛设备器材不到位，维护不够		法律法规对地下空间水灾重视不够	雨季，暴雨天气等
恐怖袭击	管理漏洞，安检疏忽等	民众对身边可疑分子的注意不够	—	—	—	社会环境动荡，国际性或宗教性问题突出
工程事故	管理不严；违规工程外包	偷工减料，以次充好，疏于管理	所使用机器设备不合格	建筑材料的合格性能	法规缺失，监管处罚力度不够	恶劣天气情况下
空气污染	管道、化学品储存仓库安全检查不到位	操作失误；不使用环保建材	设备故障导致泄漏等问题	高污染建材的使用	法规缺失，处罚力度不够	周边环境状况
拥挤踩踏	应急管理预案不完善，引导、疏散等工作不到位	自我防范和保护能力较差	疏散通道不畅	—	应急管理预案和制度的不完善	

1. 管理因素：管理技术水平不足

管理技术水平不足、漏洞和疏忽仍会是不容忽视的风险源成因。上海市地下空间的开发利用在近几十年得到飞速发展，短时间内其利用水平就达到了先进行列，这也导致管理技术水平稍显滞后，风险呈现压缩性积聚，安全隐患十分突出。现有职能部门的多头管理，在一定程度上存在沟通协调不畅的情况；管理疏漏，没有完善的综合管理模式和运作机制，应急管理水平有待提高；对权属管理的重视不够等。

2. 人的因素：安全意识薄弱，违反安全规章制度

没有较强的安全防范意识，违反安全规章制度仍是地下空间风险源的最大成因。例如，带违禁品进入地下空间，不按规定采取防火措施，自我防范和自我保护的意识和能力较差等；此外，对于地下空间防范水灾的意识还不够，没有认识到地下空间也应该成为抗击水灾的第一线，导致了城市地下空间的水灾隐患突出。

3. 设备和材料因素：设备故障，材料达不到防灾标准

设备自身故障，地下空间的灭火器材配置不到位或者过期，电线、管道等老化，防火耐燃材料达不到防灾标准等，都会在一定条件下产生安全风险，造成意想不到的后果。

4. 法律法规因素：法律法规滞后，产权不清，责任不明晰

法律法规的完善仍然滞后于地下空间建设进程，法律法规不完善，尤其是关系到地下空间所有权的法规还不成熟，导致产权不清，不利于更好地划分和落实安全责任，发生安全事故的概率也就会加大，追究和处罚的实施也会有相当难度。

5. 环境因素：人口压力增加，自然环境的变化易引发灾害

近年来，上海市常住人口不断增加，据统计 2010 年已经超过 2300 万人，而且还在迅速增加，这给在地下空间生产经营的各行业带来很大的安全保障压力。天气状况对地下空间的安全也有一定影响，如天气炎热干燥时期易发火灾，雨季需防范水灾的发生，恶劣的天气状况可能会引发工程事故等；此外，国际及国内不安的政治经济环境也会对恐怖袭击事件产生一定的诱发作用。

二、城市管网系统的安全风险分析

随着上海市城市建设的不断发展，城市管网系统，尤其是地下管网，新建或者改建规模越来越大。在我们的地下世界里，管线越来越错综复杂。有人把这些地下管网称作"炸弹"或"地雷"，对其充满了不安全感。停电停水、管道爆裂、地面塌陷、有毒气体泄漏，甚至爆炸等，无不严重影响人们

日常生活，对人身财产安全形成巨大威胁。"三分建设七分管理"，我们必须从建设和管理两方面着手，加大对城市地下管网的重视程度，合理规划，及时排查安全隐患，减少地下管网安全事故的发生。

（一）地下管网建设和管理中存在的问题

1. 地下管网维护不规范

由于地下管网的种类繁多，不同管线产权归属不同专业单位所有，缺乏信息上的交流合作。在维护施工中，不规范施工时有发生。如每家单位并不清楚当地地下有无地下管线或者其具体情况，施工经常遇到阻碍；更有一些施工单位随意开挖，造成地下管线的损坏。据统计，2009 年上海市地下管网事故共发生 133 起，造成直接经济损失达 1155.4 万元。

2. 规划建设不同步

城市道路与各类地下管网的规划建设应该是同步进行的。而现实情况下，城市道路在新建过程中，地下管网的配套工作没有及时同步实施，结果道路竣工之后，在此地铺设地下管线的时候，对道路进行重复挖掘。道路被反反复复挖开，这次埋自来水管，下次埋通信电缆，出现"马路拉链"现象。由于上海市城市建设规模较大，因此地下管线的建设很难一步到位，临时需求多、变化大。据统计，上海市 2009 年实际挖掘道路的数量是年初预计掘路的数量的 1.5 倍。

3. 地下管线的管位不足

地下管网的位置和走向多与城市道路并行，但是上海市城市人口密集，道路人均占有面积相对较小，所以能够用于铺设地下管线的道路面积不足，导致地下管线的管位明显不足。中心城区特别是交通干道的交叉口处地下管线十分拥挤，杂乱无章。

4. 地下管网的管理不到位

首先，对于地下管网的系统化勘测不够，这阻碍了对地下管线进行良好的管理。其次，对地下管网的管理多为多头管理，市政、建设、广电、电力、水务、通信等各个部门对各自的地下管线都负有一定的监管责任，部门之间配合不畅，导致管理不力。

（二）城市管网系统风险的危害分析

城市生命线的事故危害具有影响范围大、事故影响直接、伴生次生灾害、易引发民众不安等特点。城市管线发生事故，轻则停水停电，重则发生毒气泄漏甚至爆炸等，对城市社会经济和市民生活造成很大影响（见表 5－4）。据不完全统计，全国每年因施工造成的管线故障和事故造成的直接损失多达 50 亿元，间接经济损失更是高达 400 亿元。加强对城市管网系统的维护和管理刻不容缓。

表 5－4　城市管线风险源的危害程度

类型	主要危害	次生灾害
给水	停水事故；水污染	积水导致疾病滋生，交通受阻
排水	污水外泄	污染环境，疾病滋生，交通受阻
油气	居民和企业能源供应中断，影响生产生活；爆炸；火灾	空气污染，爆炸和火灾会危及人民生命财产安全
电力	停电事故影响生产生活；触电事故	若长时间停电则对生产生活造成很大影响
信息通信	通信中断	若长时间停电则对生产生活造成很大影响
热力	供热中断，烫伤	交通受阻

上海市也曾经发生过多起城市管线的安全故障。例如，2007 年 10 月，徐家汇 220 千伏变电站故障，徐家汇、田林、龙华等地区停电，地铁 1、2、4 号线部分区段也因此断电；2009 年 1 月，松江第二水厂送水泵房设备故障，造成松江城区 60 平方公里区域停水，对约 30 万居民、企事业单位正常用水造成影响；2009 年 10 月，宝山大场地区路面塌陷，自来水和煤气地下管线破裂，导致超过 5000 户居民煤气供应中断。

（三）城市管网系统风险源成因分析

1. 职能部门间的沟通合作不够

城市管网系统的建设和运营需要多个部门的通力合作，但是当下各部门之间大部分时间却是在各自为政，缺乏有效的沟通合作和有机衔接。规划、建设和管理机构存在职能交叉，职责不明确，多头管理，存在多种不一致性。

一是城市管线的规划和建设管理之间不一致。上海市城市管线的规划由市规划和国土资源管理局负责，建设管理由市城乡建设和交通委员会负责，二者分属于不同的政府部门，在管线的规划建设上缺乏综合协调。

二是各专业管线之间的建设管理不一致。上海市燃气、供排水、电力、通信等管线分属不同的权属部门，各专业管线的施工要求也不一样，它们的建设和管理基本上是由各管线专业单位自行实施，涉及多个行业的行政部门。部门与部门之间，行业与行业之间，缺少有效的沟通合作机制和信息共享平台。

三是道路建设和管线建设不一致。地下管网的建设一般要和城市道路路网相一致，城市道路和地下管网的规划和建设应当是紧密联系的，地下管网以城市路网为主要依托。而上海市路网建设和地下管网建设的负责单位之间缺乏综合计划和协调平衡，导致道路建设和管线建设不一致，为了管线建设而开挖道路的现象时有发生，"马路拉链"情况严重。

2. 城市管网信息管理系统的建设滞后

由于地下管网的复杂性和隐蔽性，其勘测工作具有较大困难，所以上海市地下管线的具体资料还不够全面，数据也还不十分准确，这无疑阻碍了地下管网的信息化建设。据初步统计，上海市各类地下管线的总长度在 10 万公里左右，但是这其中经过具体测绘的仅约为 4.5 万公里，可见对地下管网的信息管理还远远没有到位。此外，即使部分管网经过了测绘，但是其信息平台建设仍未形成。根据目前的管理现状，上海市具有信息平台建设和管理的部门有：市测绘管理办公室、市城市建设档案馆、市城乡建设和交通管理委员会信息中心。三家部门各自对上海市地下管网的信息进行勘测汇总，分工尚不明确，没有形成信息平台建设的合作机制。

上海市地下管网信息管理系统建设的不足，为管线的信息共享和应用带来了很大困难，导致地下管线的安全管理和统筹协调工作不能很好地开展。

3. 城市管网系统监管的法制不健全

一是有关城市管网的法规制度不健全，对城市管网的建设和管理缺乏明确性的规范和约束，而且法规制度的层级不高。上海市关于城市管网的综合性监管法规仅有几部，体系还不够健全，而且多为地方政府规章，由政府下辖各部门负责实施，法律位阶较低，管理和处罚的力度不足，难以从法律根源上确保管网系统的安全问题。

二是存在有法不依、执法不严的现象。从施工单位来看，法律意识淡薄，不按规划和程序施工，随意性较大，临时更改线路的状况经常发生。在有些管位不足的地方，将管线硬塞进去，造成很大的安全隐患。从执法部门来看，由于法规中所明确的职责和权限相对有限，处罚力度较轻；而且之间存在职能错乱，影响了各部门有效地开展执法工作。因此，受各种主客观因素的影响，执法部门对违法单位的处罚多存在"重起轻落"的现象，造成很大程度上执法不严状况的存在。

4. 管线经营企业与政府的利益不一致

负责专业管线运行的企业，如电信企业、燃气公司等做出的管线建设及管理决定，是出于自身企业利益考虑，自主立项，大部分资金自筹，自行建设。而政府的利益目标是要达到全体市民的利益最大化，二者往往会出现利益的不一致性。而且，由于政府的管理大多数以备案管理为主，在建设前期及建设中对其指导和约束相对不足，导致政府难以做到让管线经营企业的利益与人民的利益目标相一致。

第三节　上海市地下空间及城市管网安全管理对策及模式探讨

经过改革开放 30 余年来的高速发展，上海城市经济已经达到了一个前所未有的顶峰。与此伴生的是各种资源（尤其是土地资源）相对短缺，城市功能的集聚导致地面空间资源的相对不足，城市的发展必须逐渐向下延伸才能满足城市日益发展的需要。

城市越向地下发展，地下空间和地下管网的安全问题就越需要引起社会各界的广泛重视。任何风险的产生和突发都必须经过一个生成、潜移、演化和作用的过程，在这个过程中，风险是积累各方面的因素，再经过相互间的影响和作用而最终爆发，并形成不同程度的破坏。上海城市地下空间和地下管网的安全问题的解决，需要建立一个系统完善的防控和应急处理体系，从风险源头、运行过程全方位来防范安全事故的发生。上海市作为一个特大型城市，亟须加强对地下空间和地下管网运行风险的实时监测与分析，提高其防范风险、抵御及应对风险的能力，积极维护上海城市安全。

一、加强地下空间安全的对策

地下空间是人们日常活动的场所，影响其安全的因素有很多。强化地下空间的安全，必须从多个因素入手。

（一）进一步强化地下空间安全意识，提升地下空间安全在城市安全战略中的地位

上海市地下空间开发利用的发展，使得地下空间的安全监管工作更为重要和复杂，风险控制的难度更大，事故爆发的可能性大大增加，不仅阻碍经济发展，更会对社会稳定造成不利影响。虽然上海市地下空间发生的安全事故数量较少，但是我们仍然不能掉以轻心。由于地下空间的特殊性，事故一旦发生，后果不堪设想。国际上其他地区的地下空间安全事故给了我们很好的警示。随着上海市地下空间的发展，社会各界必须进一步强化安全意识。民众要自觉提高安全意识，减少威胁地下空间安全的行为；政府部门要提高地下空间安全在整个城市安全战略中的地位，强化"没有地下空间的安全，就没有整个城市的安全"的城市安全管理理念。市、区两级政府在确定城市安全战略和制定政策时，要更加密切地关注地下空间的安全问题，将其作为城市安全战略的重要组成部分，出台切实可行的政策办法，把防范地下空间安全事故作为关系城市安全全局的大事来抓。

（二）建立和完善地下空间安全预警和协调机制

1. 建立和完善地下空间安全预警机制

建立和完善的地下空间安全预警机制，从源头上杜绝地下空间安全事故的发生，这有助于尽可能早地发现安全隐患，并有针对性地进行改进，防患于未然，提高城市地下空间安全水平。建立安全预警机制，最重要的是要建立一套科学完善的预警指标体系。这套体系必须结合城市地下空间的特点，能够对城市地下空间安全现状及未来变化趋势进行准确的监控和预测，对不安全因子可能影响的时空范围和危害程度做出预报，对即将出现的灾害事故发出警报并给出防范措施，对已经出现的灾害提出应急处理方案①。

2. 完善地下空间管理联席会议制，构建一元管理模式②

一元管理有两种形式：一种是将原来各个相关部门所具有的权力赋予其中的一个部门，这种形式下，如果欠缺极为完善的监管，很容易造成权力滥用，进而影响地下空间建设的安全隐患。另一种是在相关组织上设置级别更高的“委员会”组织。这个组织由各个部门共同组建，共同协商建设，虽然效率相对低下，但是能很好地发挥统筹功能。

上海市已经建立了联席会议制度来对地下空间进行管理，在体系建设上走在了前列。但是由于各种原因，联席会议委员会并没有发挥其最大的作用，各个部门之间的联系合作并不是特别顺畅。因此，必须要完善地下空间安全综合管理联席会议制度，组织信息资源的整合和共享，协调地下空间安全事故应急处理工作并进行统一指导。

（三）加强和完善监管措施

1. 明确地下空间产权归属和管理主体

随着地下空间大规模开发利用和用途的日益广泛，其产权归属和管理责任主体呈现出多元化和复杂化。当实施一个城市地下工程时，牵扯的面往往很广。在中国目前的行政管理体制下，各个部门各司其职，各管一方，但是由于很多

---

① 沈国明. 城市安全学［M］. 上海：华东师范大学出版社，2008.

② 肖军. 城市地下空间利用法律制度研究［M］. 北京：知识产权出版社，2008.

的建设管理往往相互重叠，很容易造成"九龙治水"的情况。这在一定程度上造成了地下空间管理的紊乱不一致，带来很大安全隐患。所以，为了加强地下空间的安全，必须明确地下空间的产权归属和管理主体，落实各个责任单位和人员，明确其职责和权限。发现地下空间有安全隐患的，责令相关责任人和管理者尽快排查改进；如果一旦有事故发生，要切实追究相关责任人的责任，只有这样才能督促管理者提高安全意识，增大地下空间的安全系数。

2. 形成政府和人民共同管理的共识和合力

城市地下空间安全的保障不仅要靠政府投入大力气，还特别需要社会民众的紧密配合、共同监管。由于地下空间的复杂性，政府的管理要做到面面俱到是很难的，这就需要民众来填补政府监管的疏忽和漏洞，形成保障安全的共识，应对灾害对整个社会的挑战。

第一，政府要鼓励和发动民众参与地下空间安全的监督工作，进行良好的防灾宣传。民众在日常生活中经常出入地下空间，对于其安全方面存在的问题容易有较早的察觉，具有行政管理部门所不具备的优势。因此，政府部门要加大地下空间安全防范知识的宣传，制订地下空间防灾教育计划，普及安全常识，提高民众安全防护和自觉监督的意识。

第二，政府要经常组织民众开展灾害应急演练。地下空间灾害事故应急演练，不仅可以锻炼民众的灾害处理、逃生技能以及自救互救的能力，还可以考察和提高政府灾害管理组织协调机构在事故突发时的应急处置能力和协调作战能力，一举多得。

二、加强地下管网安全的对策

城市地下管网是城市得以正常运行的血脉，地下管网的安全与城市的生产生活息息相关。一次地下管网的安全事故，不仅有可能给人们的生活带来极大的不便，更有可能导致整个城市陷入混乱之中。当前城市地下管网系统极为混乱，各个利益部门各自为政，随意开挖，导致地下层叠铺设，极易发生安全事故，且很不容易排查。加强地下管网安全建设，最为重要的是加强地下管线的信息建设，再进行科学规划，才能尽量减少事故发生的可能性。

（一）加强城市地下管网的信息建设

1. 开展全面普查，把握城市地下管网现状

当前工作的难题之一就是城市规划不合理。早期地下管线铺设具有盲目性，缺乏统一的指导和安排。为了占据有限的地下空间，各个相关利益部门盲目扩张。与此同时，作为承载整个社会规划与指导的政府，却没有一个专门的机构进行指导，这导致城市地下管线管理基本处于空白阶段。重复开挖与拉链式城市道路建设屡见不鲜，开展全面普查至关重要。城市地下管线普查工作是一项涉及面广，技术性强，并且需要投入大量的人力、物力、财力的系统工程。必须建立一支专门的清查队伍，在保证效率的同时也能保证数据的质量，为以后的城市规划打下坚实的基础。

2. 建立地下管网信息平台，实现动态管理和信息共享

合理规划地下管网的前提是具有一个专门的信息系统，通过该系统，任何地下管线的信息都可以查到，同时任何一次管线的变动都能及时地反馈到系统中。只有这样，有关规划部门才能根据实际情况，选择最优的路线，以最小的工程量进行建设和维修，这样可以大大地减少成本，同时也为事故排查与维修提供依据。

（二）完善城市管网系统监管的法制和部门建设

城市管网的建设管理过程中涉及诸多政府部门，在没有完整的立法约束前提下，如何界定相关政府机构之间在建设和管理城市管网过程中的地位和作用以及妥善处理它们之间错综复杂的关系显然是至关重要和相当棘手的。市政、建设、广电、电力、水务、通信等各个部门表面上看起来各负其责，但是由于地下管线纵横交错，一旦出了问题很难判断责任的归属，最后只能不了了之。完整的立法和统一管理是城市管网系统安全有序运行的保证。

1. 建设独立的地下管网部门负责统一管理

多头管理的主要缺陷之一在于各个部门之间的利益不统一，而地下空间的有限造成管理体系的混乱，为此，有必要建立一个独立的部门能站在城市

可持续发展的角度，秉承科学发展的城市规划原则对城市地下管网统一管理。该部门的主要职责应包括：制定相关的标准尺度；协调各方利益；建立城市地下管网动态数据库；制定城市管线的规划管理，城市管线工程的施工管理具体条款以及其他涉及城市管线的相关政策。

2. 完善相关的法律法规，使城市管网管理有法可依

一方面，在市场经济背景下，各种管线的敷设方基本上都是自由企业，它们可以在法律范围内获取合理的利益；另一方面，政府相关部门也想在管线的治理过程中获取更多管理利益。这时没有完善的法律体系为依托，独立的管理部门在城市管线的管理过程中很难做到有效和公正。目前上海市关于城市地下管线的管理主要依据有《上海市管线工程规划管理办法》，《上海市城市道路管理条例》等有限的法规，可以看出这些法规的层级不高，法律效力不够，很难保证城市管线的有序安全管理。

（三）有节奏地推进共同沟建设

共同沟是城市经济发展到一定阶段的产物。当一个城市的资源过度集中时，地下管网的无序建设将会使城市的发展速度开始减慢，并且管线的频繁维修和建设也会大大地增加管线事故的风险。目前世界上主要发达国家的城市都在建设共同沟。共同沟是指深埋在地下，且上水管、中水管、下水管、煤气管、电力缆、通信电缆、空调冷热管、垃圾收集管等多种城市基础设施合理分布在其中的地下管道，它与直埋铺设比具有更大优势。共同沟最早发源于欧洲。早在19世纪，法国就开始兴建共同沟。世界上共同沟系统最为发达的是日本，日本所有的特大城市以及一些中小城市几乎都有修建共同沟。共同沟的修建，对于日本这个处于地震高发地带的国家的灾后秩序稳定起着重要的作用。

如表5-5所示，直埋铺设和共同沟两种管线建设方式都各有其各自的优缺点。相比之下，共同沟在防灾、抗震以及地下空间的合理利用方面优势更加明显。随着经济的不断发展以及城市化的进程加快，共同沟的推广应用成为必然。

表 5 – 5　直埋铺设和共同沟的优、缺点比较

	优　点	缺　点
直埋铺设	1. 施工周期短，一次性投入低 2. 具有较高的灵活性 3. 权责明确，各单位单独管理	1. 露天作业会影响公共交通，居民出行，并损害市容市貌 2. 占用空间大，空间浪费比较严重 3. 易导致道路使用寿命降低 4. 容易受到外界影响，易因地面因素导致漏水、漏气等事故发生 5. 维修成本高昂，不便于管理
共同沟	1. 有利于在特殊时期保持正常的供给能力，防灾、防水性能良好，且能抵抗一定程度地震的袭击 2. 可有效地避免由于道路的反复挖掘给居民带来不便以及对路面的损害 3. 有利于地下空间资源的充分利用 4. 延长了管道的使用寿命	1. 初始投资比较大，需一次完成 2. 费用管理机制比较复杂 3. 对城市的长远规划要求比较高

　　早在 1994 年，上海浦东新区张杨路就修建了共同沟。然而直到今天，投资巨大且本应该为城市管线服务的共同沟仍然还有部分闲置。深入分析发现，共同沟在上海的发展障碍主要表现在资金、技术、政策方面。共同沟的前期投入很高，如果不是政府部门承办，其他的单位很难独立支付这笔开支。如 2003 年松江新城示范性地下共同沟工程，就是由于开发商资金不足而不得不在开发 323 米后停止修建。又如浦东张杨路共同沟的闲置，主要原因是当前私自埋设地下管线成本低廉，而共同沟作为基础工程，最终只有通过收费才能收回成本。正是这个原因，才会使得很多的单位特意避开共同沟自己埋设管线。只有政府在开发的前期就制定好相关的政策目标，引导利益相关者选择使用共同沟，才能保证项目的顺利实行，而不是政府单方面的"独角戏工程"。上海世博园区共同沟建设的成功案例即充分说明了这一点。2010 年上海世博会筹备期间，在世博园区修建了长达 6 公里的共同沟，并且完美地投入了使用，主要原因就是政府基于城市可持续发展的战略高度，积极地调节了各方面的利益集体，完善了相关的利益分配机制。世博园区的共同沟建设是政府集中全力、特事特办。上海要延续世博效应，稳步推进共同沟的建设。

第六章　上海城市交通安全

一、引言

　　城市交通系统①是以道路轨道网为基本交通载体、多种公共交通线路覆盖其上、各种运动单元在同一平面上交叉运行的动态网络系统，它是城市运行总系统的一个重要子系统。与其他子系统相比，城市交通系统具有点多、面广、线长、内部关联性强的明显特点，其人机耦合程度较高，孕灾环境非常复杂。城市交通系统一旦出现安全事故，轻则造成人员伤亡（交通事故是人类非正常死亡的第一位原因）、财产损失，重则可能引起广泛的交通系统瘫痪及火灾、环境污染等其他次生灾害。近年来，随着上海道路交通环境变化和城市公共交通的快速发展，上海城市交通的系统环境日趋复杂，系统的不安全性日益增加。在上海城市道路交通环境和公共交通环境都有较大变化的状况下，需要我们进一步对上海城市交通安全的现状进行评估，对交通事故发生的主要因素进行分析、给出结论，以利风险的控制和防范。本章将首先对相关理论进行回顾总结，进而从城市道路交通系统和轨道交通系统两大方面展开，分别梳理剖析其安全现状表现、规律以及导致安全事故的因素，在此基础上，有针对性地提出加强和改善城市交通安全的相关对策建议。

---

　　① 本研究所指城市交通系统，仅包括城市道路交通系统和城市轨道交通系统，不包括城市水路交通系统、城市铁路系统及城市民航系统。

二、城市交通安全事故的致因理论回顾

20 世纪以来，随着城市化速度的加快，国内外关于城市交通安全事故致因的研究日益增加。这一领域的理论大体可分为三个基本类型：

（一）人的差错致因论

这一理论具有代表性的主要论点有三个，即事故频发倾向论、事故因果连锁论、人失误论。尽管这些事故致因理论最初并非为专门研究交通事故而提出，但目前这些理论已为交通问题研究者广泛借鉴。

1939 年，英国的法默（Farmer）等人在格林伍德和伍兹的研究基础上，提出了事故频发倾向的概念。他认为事故频发倾向者的存在是工业事故发生的主要原因。当发生事故的概率不存在着个体差异时，即不存在着事故频发倾向者时，一定时期内事故发生次数服从泊松分布。目前在交通事故研究中，这一理论为人们所重视。日本曾经运用这一理论，通过心理学测试和对人的行为观察，来发现事故频发倾向者，从而最大限度避免事故的发生。

1936 年，美国人海因里希（W. H. Heinrich）首次提出事故因果连锁论观点。他认为，人的不安全行为和物的不安全状态是导致事故的直接原因。事故的发生不是一个孤立的事件，而是一系列互为因果的原因事件相继发生的结果，中断事故连锁关系可以达到预防事故的目的。尽管海因里希的理论具有一定的局限性（例如：将事故的致因主要归于人的缺点），但该理论对事故因果链的分析具有较强的现实指导意义，目前这一理论已被人们广泛地应用于交通事故致因的相关研究中。

1972 年，美国人威格里斯沃思提出人的失误论，将人的失误定义为人错误地或不适应地响应一个外界刺激。这一理论目前被我国民航等国内交通领域研究者所大量应用。

（二）环境因素致因论

环境因素致因论的主要观点是将道路交通事故的引发归于不完善的道路

环境系统。其主要代表是美国和前苏联的交通专家。

美国交通事故专家海特（Hight. F）教授认为，"不管各方面的意见如何，只是驾驶员一方面的错误，绝不会造成最严重后果的交通事故。事故的原因往往是不安全的、危险的道路条件引起的"。

前苏联的学者通过对 13000 个道路交通事故的分析认为，不良道路条件的影响是 70% 的交通事故的直接或间接原因。同时，导致驾驶员产生疏忽大意或导致其采取了不正当的驾驶措施的主要原因之一是不良的道路几何设计。他认为，只有揭示道路交通事故表面现象所掩盖的实质，才能有效地减少交通事故。

近年来，随着我国城市机动化进程加快，交通事故呈增长趋势。国内也有研究者认为，不完善的道路系统和激增的车辆导致了交通事故率的增长。

（三）综合因素致因论

国外交通事故综合致因理论中最有影响、最具代表性的莫过于"哈顿矩阵"。20 世纪 70 年代，美国人威廉·哈顿（William Haddon）提出了著名的"哈顿矩阵"模型。根据该模型，交通事故受多种因素综合作用，"人"、"车"、"环境"是矩阵中的三个主要要素，车辆在碰撞前、碰撞中和碰撞后三个阶段，矩阵中每一个矩形的有效干预，都能减少道路交通危害。"哈顿矩阵"模型（见表 6 - 1）十分明确地提出了人、车、环境三个因素在交通事故中的相互影响，为人们研究交通事故防范提供了良好的思路。

表 6 - 1　哈顿矩阵模型

阶段	防范重点	事故因素		
		人员	车辆和设备	环境
碰撞前	防止碰撞	信息、态度、预防、执法力度	车辆性能、照明、制动、速度管理	道路设计和布局、速度限制
碰撞时	防止伤害	固定装置的使用	乘员固定系统、防碰撞设计	道路防撞物体
碰撞后	生命支持	救援、医疗救助	易进入车内起火危险	救援设施、交通阻塞

目前，国内大多研究者应用这一理论模型，从人的不安全行为（车辆驾驶者、行人、乘客的不安全行为）、物的不安全状态（车辆因素）、环境因素（道路因素）三方面对交通事故的致因进行分析，以减少城市交通事故。

（四）小结

国内外关于道路交通事故致因理论，从不同角度对人、车、环境（主要指物理环境）三个因素在事故中的作用进行了研究，并且都较为重视人的行为差错对引发事故的影响，为揭示道路交通事故的本质提供了理论模型。从实际情况来看，据美国、英国、澳大利亚交通专家对交通事故致因研究表明，目前在世界各国所发生的交通事故中，每年由人的因素引起的事故占93%～94%，由车辆因素引起的事故占8%～12%，由环境引起的事故占28%～30%。

我们研究认为，城市交通安全事故的致因是一个综合因素，事故的直接原因涉及人、车、环境等因素，深层原因则涉及交通管理体制机制、法律法规及自然条件等因素。因此，城市交通安全具有社会自然双重属性、系统模糊交叉性、事故致因多源性等特点。根据不同交通体系的不同情况和不同要素，对潜在的安全事故致因（即风险点）进行合理、深入的分析，归纳其一般规律，是城市交通安全研究的重要课题。

三、上海道路交通安全评估

截至2009年底，上海全市道路总长16400公里，其中城市道路4400公里，公路12000公里，高速公路776公里；越江桥梁11座，越江隧道12条；注册机动车总量达到243.4万辆，其中汽车保有量150.3万辆，全市出行总量达4540万人次/日[①]。

---

① 上海市城市综合交通规划研究所．上海市综合交通2010年度报告（摘要上）.

（一）上海道路交通安全的现状表现

城市交通安全事故从单起具体的表现形式上看，具有偶发性的特点。但从总量、结构等维度上看，具有有别于个体事故的鲜明特点。通过对这些特点进行分析，找出其中存在的规律，对于事故预防具有很重要的意义。根据近年来的统计资料及调研情况，上海的道路交通安全状况表现出以下几大特征：

1. 从事故发生总量来看，呈现总体下降趋势

从 2005 年以来，上海一般以上道路交通事故的发生数量逐年递减（除2009 年有微小幅度上升以外），呈现出良好的改善趋势。2010 年全年，上海一般以上道路交通事故仅发生 2176 起，与 2005 年相比，降幅高达 76.4%，年均下降幅度为 33.5%（见图 6 -1）。

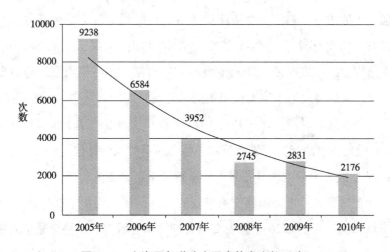

图 6 -1　上海历年道路交通事故发生数（次）

2. 从事故伤亡程度来看，呈现愈演愈烈之势

尽管从事故总量来看，上海道路交通安全状况呈现较好态势，但从事故造成的人员伤亡情况来看，情况正在逐步恶化。2005 ~ 2010 年，上海道路交通安全事故引发的死亡人员虽有一定程度的下降，但每百起事故的平均死亡人数从 15.1 人跃升至 46.5 人，六年间增加了 207.9%，反映出上海道路交通事故的恶性程度日益严重（见图 6 -2）。

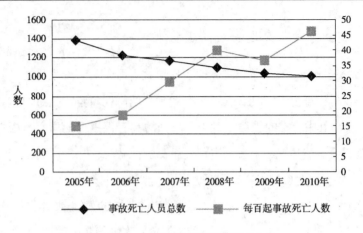

图 6 - 2 上海道路交通事故死亡人数

3. 从事故发生的时间分布来看，呈现不均衡规律特征

根据事故统计资料，上海道路交通事故在时间维度上呈现离散、不均衡分布状态。从全年来看，事故多发于以下时期：①周五、周末、节假日；②夏季暴雨台风多发时期；③秋冬大雾多发时期；④冬季雨雪冰冻时期。从全天来看，事故多发于车流人流密集的早晚高峰时段。其中，8:00 ~ 10:00 是货车交通肇事高发时段，18:00 ~ 20:00 是客车交通肇事高发时段。19:00 ~ 20:00 时段发生事故起数和导致死亡人数占所有时段的首位。

4. 从事故发生的空间分布来看，呈现区域集聚特征

统计资料显示，上海道路交通事故的危险区域主要集中在郊区。以 2010 年上半年为例，在上海 26 个公安交通管理管辖区域内，道路交通事故主要发生在浦东、宝山、松江、闵行、嘉定等郊区地域，上述五区域内的交通事故死亡人数占全部死亡人数的 67%（见表 6 - 2）。

表 6 - 2 **2010 年上半年上海 26 个公安交通管理管辖区域道路交通事故情况**①

区域	2010 年上半年道路交通事故死亡人数	2009 年上半年道路交通事故死亡人数
浦东	117	116

① 数据来源：上海市公安局交警总队事故防范处。

续表

区域	2010 年上半年道路交通事故死亡人数	2009 年上半年道路交通事故死亡人数
嘉定	50	44
宝山	48	55
闵行	45	36
松江	42	46
青浦	35	30
奉贤	20	28
崇明	20	20
金山	15	20
普陀	12	12
长宁	7	12
徐汇	7	9
高架	7	3
闸北	7	7
杨浦	5	6
机场	5	0
虹口	5	5
黄浦	2	5
静安	1	1
卢湾	1	1
轨道	0	0
海港	0	0
铁路	0	0
外高桥	0	0
水上	0	0
化工	0	0
合计	451	456

另外，根据上海市公安局交警总队资料，市级危险道路（交通事故多发道路）段点主要有：宝安公路（沪太路至陈广路段）、农南路、新镇路口、南六公路（全段）、江东路（港城路至 S20 跨线桥段）、曹安公路（全段）、奉新公路（头桥段）、浦卫公路（全段）、潘园公路（全段）、荣乐路（全

段）、崧泽大道（全段）、纪鹤路·鹤星路路口。上述市级危险路段全部位于上海郊区。

5. 从事故涉及的人群对象来看，主要集中于四大高危人群

调查显示，上海道路交通安全的高危人群主要有四类：①私车车主及乘客。近年来，随着交通运输行业的战略性改组、资产优化和逐步建立起现代企业管理制度，经济效益和交通运输安全的关联越来越密切，公交、出租、货运等专业运输单位交通事故肇事的概率有所下降，而私车、散户肇事的概率则逐渐上升。2010 年上半年，上海道路交通事故涉及的肇事车辆主要是私车（见表 6－3）。②特种车辆司机，包括长途车司机、危险品运输车辆司机等。③流动性人口。近年来，上海经济持续稳定发展，城市范围不断扩大，道路不断延伸，外地来沪人员、本地进城务工农民以及本地农村人口的出行大幅度增长，其交通参与活动日趋频繁，但由于这部分人口受教育程度相对较低，交通安全意识薄弱，往往容易发生交通事故并造成伤亡。④60 岁以上老人群体。随着上海城市老龄化程度的提高和社区活动的日益丰富，老年人的户外活动增多，其引发或卷入的交通事故相应呈上升趋势。

表 6－3　2010 年上半年上海主要肇事车辆使用性质情况①

车辆使用性质	事故起数	死亡人数	受伤人数
私车	415	150	426
货运车	156	96	111
企事业单位车	61	28	48
出租客运	57	17	59
公交客运	31	8	31

（二）上海道路交通安全事故的致因分析

根据现代交通工程和事故风险理论，道路交通是人、车、路、环境等要素所构成的一个复杂的动态系统，而道路交通安全事故则是这些要素间

————————

① 数据来源：上海市公安局交警总队事故防范处。

协调失败、在时间和空间上发生冲突所产生的结果。我们根据研究发现，上海道路交通安全事故的致因（或称风险源）突出表现在人员因素、物件因素、环境因素及管理因素四大方面。需要注意的是，这些因素并不是彼此孤立的，单起的道路交通安全事故往往是这四大因素相互作用、叠加放大而引致的。

1. 人员因素

人员因素是道路交通事故最为重要的致因。据有关统计资料显示，95%以上的一般交通事故是由人的交通违法行为造成的[①]。从上海目前的情况来看，人员因素主要表现在两个方面：

（1）公众的交通安全意识。所谓交通安全意识，是指出行者和其他有关人群对待人的交通行为及其后果与现代交通运行之间关系的认知程度和基本态度，并依此对遵守或违反交通规则法规与本人交通行为后果作出预先判断之后所进行的交通行为选择。如果这种意识强烈，就足以使可能发生的交通违章行为降至最低限度。目前，上海公众的现代交通意识和国外发达城市相比，仍有不小差距。出行者总体上具有贪图个人一时方便、节省出行时间的意识和侥幸心理，在行为上则突出表现为：机动车驾驶者在晚间闯红灯、酒后驾车、超载行驶；非机动车驾驶者在设置中央硬隔离的道路上逆行；步行者不走过街立交桥、任意横穿马路等。更为严重的是，公众单薄的安全意识会进一步通过"群体效应"得到扩散、放大。在高峰时段、没有交通警察监管和自动监视记录手段的情况下，当多数同类出行者不遵守交通规则和法规的时候，其他出行者往往也做出同样的交通行为选择，从而形成"法不责众"的局面和交通无序运行的恶性循环。

（2）驾乘主体的技能素质。调研显示，准驾驶员、新驾驶员，以及驾龄在 1~5 年的驾驶员，由于驾驶经验少，应对突发意外情况的驾驶技能及心理素质普遍不高。特别是，近年来，由于驾驶员心理素质不强、心理状态不佳（包括紧张、急躁、侥幸、称雄等情绪）而引发的交通事故屡见不鲜。根据上海一些驾校（如上海五汽驾校）反映，多数驾驶学员在遇到意外状况时不

---

① 王绍玉，冯百侠. 城市灾害应急与管理. 重庆：重庆出版社，2005.

知如何应对，或是违反交通行为规范，并不是由于基本的驾驶技能没学好，而是学员心理素质太差。

2. 物件因素

从上海的情况来看，可能导致道路交通安全事故的物件因素主要有车辆、道路、道路延伸及附属设施三大方面：

（1）车辆性能情况。从肇事车辆的情况来看，不少车辆存在超龄使用，且安全性能较差。一些车辆缺乏定期保养和维护，轮胎磨损严重，摩擦系数降低，从而使得交通事故发生的概率大大提升。同时，一些特种运输工具存在较大安全隐患。例如，一些危险品运输车辆（如液氯、液化石油气运输车）的槽罐车、钢瓶不符合安全要求，却仍然在继续使用。由于特种运输工具加载的运输品具有易燃、易爆、腐蚀、放射性等危险性质，一旦其发生道路交通事故，所引发的后果将比普通车辆严重得多，其运输风险极大。

（2）道路状况。目前，上海道路状况方面可能导致交通安全事故的因素集中在三方面，这些因素相互影响，使得不少路段成为交通事故的高危路段。一是部分路面平整状况不佳。2009 年，根据上海市市政工程管理处与同济大学共同开展的技术检测，在 12 个中心城区的 4915 个检测路段（包括内环以内道路、高架地面及周边 500 米内道路、中环地面道路）中，有 5.43% 的道路平整度处于不合格水平①。二是路面结构承载能力存在缺陷。2009 年的技术检测显示，有 7.89% 的道路结构承载能力不足。从空间分布上看，各区均有一定数量结构承载力不足的道路，其中长宁区结构承载力不足的道路达 13.60%，比例最高，虹口区结构承载力不足的道路面积最大（见表 6 - 4、图 6 - 3）。近年来，由于全市交通量的不断增加，加之货运车辆超载情况严重，全市道路结构承载能力不足的矛盾愈加严重。三是路面几何设计存在缺陷。调研显示，全市有部分公路存在急弯、陡坡、视距不良等情况，存在很大的安全隐患。在农村地区，部分公路设计等级低、设施不完善，安全状况较差。

---

① 数据来源：上海市城市道路路面技术状况分析报告（2009）.（下同）

表6-4 检测道路路面结构承载能力分区情况（2009年） 单位：万m²、%

区属	检测面积	足够		临界		不足		临界以上比例
		面积	百分比	面积	百分比	面积	百分比	
黄浦	127.50	100.69	78.97	11.95	9.37	14.86	11.65	88.35
卢湾	101.07	88.29	87.36	6.29	6.22	6.49	6.42	93.58
徐汇	179.40	144.83	80.73	16.27	9.07	18.30	10.20	89.80
虹口	252.00	202.76	80.46	25.08	9.95	24.16	9.59	90.41
闸北	153.03	118.95	77.73	15.40	10.06	18.68	12.21	87.79
杨浦	195.89	171.28	87.44	12.67	6.47	11.94	6.10	93.90
长宁	151.28	107.57	71.11	23.13	15.29	20.58	13.60	86.40
静安	84.39	64.39	76.30	12.19	14.44	7.81	9.25	90.75
普陀	106.49	90.30	84.80	10.04	9.43	6.15	5.78	94.22
宝山	94.67	88.79	93.79	4.82	5.09	1.06	1.12	98.88
闵行	15.17	9.85	64.93	3.32	21.89	2.00	13.18	86.82
浦东	437.68	405.55	92.66	14.39	3.29	17.74	4.05	95.95
合计	1898.63	1593.29	83.92	155.57	8.19	149.77	7.89	92.11

图6-3 2009年度上海市中心城检测道路结构状况分布

（3）道路延伸设施及附属设施状况。从上海的情况来看，这方面的致因突出表现在三个方面：一是隧道结构安全状况堪忧。由于上海特殊地质条件、隧道逐渐老化等多种因素影响，当前上海几乎每条隧道都面临较为严重的渗透侵害。特别是人民路隧道和新建路隧道的渗透比较明显。同时，由于近年来上海地下施工工程大量推进，强力的外界施工进一步加重了隧道的载荷，如果处理不慎，将加速隧道渗漏直至引发结构变形，从而诱发严重交通事故。二是郊区桥梁安全状况不容乐观。由于设计起点较低，加之长期以来的维护保养不到位，郊区农村的桥梁安全存在着一定风险。目前，上海郊区农村仍有 245 座危桥。三是附属设施配置不足。以道路隧道内的消防设施为例，目前上海大型道路隧道都配备了自动喷淋系统，设备技术水平较高，但其中起关键灭火作用的泡沫装备相当不足（即使在最长的长江隧道内，泡沫也只够喷射 30 分钟）。同时，目前上海大多数隧道内缺乏足够、有效的消防专用通道，一旦发生交通事故引发的火情，在隧道内积压大量车辆的条件下，消防车辆进入隧道非常困难，后果将十分严重。

3. 环境因素

现代公路运输体系所追求的"高速、高效、安全、舒适"，在很大程度上受到环境因素，尤其是大气环境因素的影响和制约。就上海而言，上海异常活跃的降雨、降雪、雾、大风、异常温湿等大气环境因素常常成为道路交通事故的诱因。

（1）降雨。根据气象和路况统计，影响道路交通最大的天气因素是降雨。据英、美、澳等国研究，雨日公路事故发生率比平日增加约 30%。这主要由于降雨使路面附着系数降低，从而容易诱发车辆侧滑、控制失灵、刹车失阻（打滑）。同时，雨日的能见度较低，司机视线模糊不清，容易导致驾驶失误。此外，雨日容易造成道路积水，从而造成交通堵塞，增加交通系统的紊乱。例如，2008 年 8 月 25 日，上海遭遇了百年一遇的特大暴雨。据不完全统计，从上午 7 时至下午 2 时 30 分，全市（含高架、地面道路）共发生各类交通事故 3165 起，车辆抛锚 694 起。就上海而言，日雨量在 10 毫米以上时，路面一般就会有积水，此时发生道路交通事故的概率较高[①]（见图 6－4）。在初雨日（连续三天以上无雨转雨的第一天），发生道路交通事故的概率比雨日更高，这主要是由于久晴转雨后的道路特别湿滑，驾驶员、骑车人、

---

① 贺芳芳等. 上海地区不良天气条件与交通事故之关系研究［J］. 应用气象学报，2004.

行人思想容易麻痹大意，导致交通事故飙然上升。

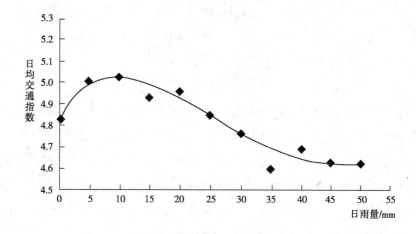

图6-4 日雨量与日均交通事故指数之关系

（2）降雪。据调查，中国历年冬季冰雪道路引起的重、特大交通事故约占全年交通事故的30%。虽然上海地区近5年冬季气温连续偏高，但冰雪天气还时有出现。在下雪天，因低温影响，汽车燃料黏度增大，燃料难以汽化雾化，致使汽缸内混合气难以点燃、汽车难以启动。同时，冰雪天气也易引起汽车轮胎冻裂和路面打滑，从而容易诱发侧滑、横滑和翻车等事故。从上海地区逐日交通事故资料和气象资料分析来看，在上海冬季的下雪初日，由于降雪量一般较小，路面扫雪措施采取较好，积雪现象并不常见。但在下雪次日，经过下雪第一夜的冰冻，冰封大地，路面打滑，扫雪措施还没有及时到位，日均交通事故次数反而较高（高于冬季平均水平）。

（3）雾。雾对道路交通的危害较大，表现在以下三个方面：一是雾天大气能见度降低，司机可视距离缩短，造成对车辆控制困难，判断距离和速度不准，从而引致交通事故。二是大雾天气时路面极易形成薄霜，在合适的温湿条件下，容易产生车辆打滑，引发翻车、追尾等事故。三是大雾天气时会造成车窗内侧水汽凝结，使司机视线受损，难以分辨路况，增加了事故发生的概率。从上海的情况来看，根据上海嘉定站1971～2000年29年间的气象资料，上海大雾天气出现日数最多的月份分别是12月（平均6.2天）、11月（平均5.5天）、1月和10月（平均都为4.3天）。值得注意的是，在上海全年时间内，轻雾（水平能见度大于或等于 1km 且小于 10km）天的日均交通事故次数不仅比无雾天高，而且高于雾天平均水平。造成这一现象的主要原因是：轻雾往往容易被司机所忽略，出车率比雾天多，车速比雾天快（接近正常天），在能见度略差的情况下容易形成车祸。

（4）大风。大风（瞬时风速≥17.0m/s）对道路交通系统的影响主要表现为使车辆突然减速、偏离行驶方向，尤其是在隧道口处或高架桥上，当强风袭来时，风力侧面作用在车辆上，会使车辆突然偏离行驶方向，从而引发碰撞事故。同时，大风也可能卷走或破坏接触网、供电设备等道路附属设施以及路边绿化，对正常的道路交通系统环境造成较大的干扰。此外，大风可以吹起路上的沙尘，从而影响能见度。就上海而言，春末到夏末是上海市大风发生最多的时期。特别是在盛夏，受对流性天气和热带系统影响，平均风力较大，对道路交通系统的安全影响较为严重。

（5）异常湿温。异常湿温天气在一年四季均有可能发生，但在上海地区，对道路交通安全影响较大的异常湿温天气主要集中在夏季。根据近 5 年以来的气象资料和交通事故资料，上海地区最高气温 ≥35℃的高温酷暑天里，汽车轮胎爆胎、驾驶员中暑等易引起交通事故的因素明显增加。在夏季更为常见的高温高湿日（最高气温 ≥28°且小于 35℃、日平均相对湿度≥85%），由于天气较为闷热，驾驶员在行车中会觉得体力不支、头脑不清，容易产生高速驾驶、盲目超车等错误行为，引发道路交通安全事故。

4. 管理因素

从目前情况来看，影响上海道路交通安全的管理因素主要集中在管理体制、执法力度、应急水平和法律保障四个方面：

（1）管理体制。道路交通是一项系统工程，需要全过程、多方位、多部门共同治理。但目前，道路交通安全管理主要偏重于末端治理，对于源头治理重视不足。反映在管理体制上，公安、运管等多部门联合治理、统筹协调、紧密联动的体制尚未形成，存在一定的管理分隔现象。在抓防范道路交通安全事故工作的环节上，主要是由末端的公安交警部门"唱独角戏"；在日常监管中，或多或少存在部门之间职责不清、推诿扯皮。例如，目前危险化学品安全监管涉及各城市安全生产监督管理局、公安局、交通运输和港口管理局、质检局、经济与信息委员会等十多个地方政府监管部门和海事、铁路、航空等多个行业垂直监管部门。由于监管部门太多导致责任不清、监管不力，致使很多不符合安全要求的危险品运输车辆在上海畅行无阻，极易引发道路交通安全事故。

（2）执法力度。目前，上海对于一般交通违法行为只是一般处罚，缺乏较强的约束力。同时，对于酒驾、超载等行为的查处大多表现出区域性和阶段性特征，缺乏长效管理机制。在超速驾驶、超载等方面，还存在监管盲区和漏洞，缺乏有效监管手段。

（3）应急水平。道路交通安全事故发生后应急管理水平不足是目前国内普遍存在的情况。从上海的情况来看，事故发生后的紧急救援工作还存在一定的"短板"，突出表现在两个方面：一是应急救援力量分散。道路交通事故紧急救援工作，涉及诸多的业务部门，如交通警察部门、医务部门、消防部门、特殊物品处置部门等，这些救援力量往往缺乏协调和统一的工作机制，造成资源的分散，影响了救援力量作为统一整体作用的发挥。二是救援反应迟滞。由于救援信息网络化建设的落后，救援车辆有时候不能及时出发和选择最佳的救援路径，从而延误了事故的救援时间，导致救援效率不高。

（4）法律保障。法律保障是城市道路交通安全的基础支撑。目前，上海在这方面还存在一些明显滞后之处，表现为：交通安全法律法规不健全；有些法规缺乏强制约束力；对驾驶员的交通安全普法教育不到位，再教育体制不完善；交通法律法规的普及宣传不到位；应急预案法规制度不完善等。

四、上海轨道交通安全评估

轨道交通是现代城市交通体系中最重要的公共交通系统。由于轨道交通系统的精确化运行要求，其发生技术故障和人为操作失误的概率较高。鉴于轨道交通系统的密闭式构造、大容量运量、高频度往返等特点，一旦发生安全事故，将会因涉及人员众多、救援难度大等问题，造成广泛、严重的破坏性和危害性。这是轨道交通系统与道路交通系统的最大区别。目前，上海已开通运营 11 条轨道交通线路，运营总长度（超过 400 公里）位居世界第一，轨道交通占公共交通出行的比重日益增加，其给总体交通运行安全带来的压力不容小视。

（一）上海轨道交通安全的现状表现

目前，轨道交通事故的统计与信息公开制度尚未完全建立。因此，我们无法获取其总量信息，仅能凭借公开的事故报道资料和不完全统计资料进行梳理，从中试图分析研究出上海轨道交通安全的现状表现。到目前为止，上海的轨道交通安全事故从表现形式上大致可以分为人车冲突、故障停驶、列车相撞、站区意外四大类型，事故发生较为频繁，整体安全形势不容乐观。

1. 人车冲突事故

人车冲突主要指乘客与轨道列车车轨、车体或其他部位发生碰撞而引发的事故。近年来，人车冲突是上海轨道交通运行过程中发生频率最高的一类安全事故，基本上每年都会发生。从事故表现来看，有两种类型：

（1）乘客落轨。乘客落轨事故在轨道 1 号、2 号、3 号等线路均有发生，其中尤以 2 号线居多。2007 年春节期间，2 号接连发生乘客落轨事件。2 月 21 日 19 时 40 分许，一名 30 岁左右男子在地铁 2 号线威宁路站跳轨自杀，该跳轨男子因受伤严重当场身亡，地铁 2 号线从张江高科站到淞虹路站方向的列车受到了一定影响。2 月 23 日下午，一名男子突然跳下 2 号线陆家嘴站站台，导致由淞虹路往张江高科方向的地铁正常运营受阻 10 分钟。同年 4 月 3 日 7 点半左右，一名 22 岁男青年在地铁 1 号线延长路站候车时，突然坠入地铁轨道，被由共富新村开往莘庄方向的列车撞伤。2009 年 8 月 28 日上午，2 号线又有一中年男子跌落铁轨。2011 年 5 月 10 日，3 号线曹杨路往宝山路方向区间，上海南站方向开来的列车进入上海火车站站时，司机突然发现轨道上有人行走，立即采取紧急制动，但由于列车惯性所致，还是撞上了行人，导致该行人当场死亡，影响运营时间 10 分钟以上。

（2）车门夹住、破坏。2010 年 7 月 6 日 18 时 16 分许，上海轨交 2 号线中山公园站一列列车正在关门作业时，一名中年女性乘客强行上车手腕被夹，在列车启动后其又与安全护栏撞击并跌落在站台上，当场不幸身亡。2009 年5 月 13 日 8 时 40 分许，地铁 1 号线一开往莘庄的列车行驶至中山北路站时，乘客蜂拥上车，致使列车一扇车门损坏无法关闭，滞留站台近 10 分钟。

2. 故障停驶事故

近年来，上海轨道交通在运营过程中故障频频，导致列车停驶、延误等情况时有发生。常见的故障集中在三个方面：

（1）信号系统故障。2008 年 6 月 20 日，2 号线部分区段突发信号系统故障，导致部分列车最长晚点达 20 分钟。2009 年 2 月 26 日，地铁 8 号线信号设备发生故障，列车长达 1 个小时无法正常运行，事故导致大量乘客滞留车站。2010 年 9 月 16 日，地铁 3 号线于 15 时 21 分在上海南站因信号故障造成列车晚点，影响时间达 10 分钟以上。

（2）供电系统故障。2009 年 7 月 15 日早 8 点 13 分，上海轨道交通 2 号线陆家嘴站至世纪大道站上行（往张江方向）发生触网供电故障，造成列车运营受阻，由于故障正值上班高峰期间，造成数千名乘客滞留积压多个站台，现场秩序一度混乱不堪（见图 6-5），近一个小时后才逐步恢复。

（3）制动系统故障。2009 年 5 月 14 日早高峰 8 点半左右，地铁 3 号线一辆从长江南路开往上海南站的列车运营到金沙江路时突发制动故障，延误了其后列车的正常运营。

图 6-5　上海地铁 2 号线故障导致大量乘客滞留（2009 年 7 月 15 日 8：20）

3. 列车相撞事故

列车相撞是轨道交通运营中性质最为严重的事故之一。2009 年，上海曾发生过类似事件，这是上海轨道交通运行史上影响最大的一起事故。2009 年 12 月 22 日 5 点 50 分，上海轨道交通 1 号线陕西南路至人民广场区间突发供电触网跳闸故障。在运营调整恢复中，7 点左右，由中山北路至火车站下行的 1 号线 150 号车，运行至上海火车站折返站时，由于该车冒进信号，与正在折返的 117 号车发生侧面碰撞，被撞车辆车头发生严重损坏。所幸当时两车速度较慢，且 150 号车司机已立即采取紧急制动措施，被撞的 117 号车为空车，因此 150 号车上的乘客无人受伤，但由此造成全线停止运营 4 小时以上，轨道交通系统陷入长时间瘫痪。

4. 站区意外事故

从上海轨道交通近年来的实际运营情况来看，常见的站区意外事故主要有地质塌陷、站区进水、站厅停电、踩踏滚落等。

（1）地质塌陷。2008 年 3 月 11 日 19 点左右，位于 4 号线地铁宜山路站站区外围一处地面发生塌陷，豁口长约 1 米宽约 30 厘米。经勘察后认为，塌陷的部位在地铁 9 号线的施工区域内，由于地下施工后泥土松散泥沙流失而造成地面发生塌陷。

（2）站区进水。2005 年 8 月 7 日 5 时，上海因台风造成 6 小时高强度降雨，部分路面积水倒灌入地铁 1 号线常熟路站至徐家汇站之间的隧道，导致地铁列车因大量积水无法正常运行。2008 年 3 月 31 日 15 点多，地铁 2 号线人民广场站内正在施工的换乘通道内发生污水管堵塞，导致换乘大厅地面出现大面积积水，2 号线多部电梯停运。2010 年，地铁 10 号线四平路站出现四周和顶部大面积渗水。

（3）站厅停电。2011 年，位于华山路、淮海西路处的一条电缆发生故障，致使周边电网瞬间波动。受此影响，2 号线南京东路、南京西路和静安寺等多个站点停电，大批乘客滞留，上述站点不得不采取限流措施。

（4）踩踏滚落。2009 年 12 月 22 日，上海地铁 2 号线往淞虹路方向的列车发生临时性故障，致使沿线旅客大量滞留。上午 9 时左右，大量旅客从江苏路站下车，当时 4 号出入口向上的自动扶梯出现故障，维修人员正打开上机仓盖板进行检修，一名乘客乘至上平台时反应不及掉落踏板下的机仓（约1.2米深）。由于该乘客身后有多名乘客跟随，致使滚落事故接连发生，加之人流巨大，现场几乎酿成踩踏惨祸。

（二）上海轨道交通安全事故的致因分析

与道路交通系统类似，轨道交通也是人、轨道、车辆与环境等要素所构成的一个复杂的动态系统。因此，上海轨道交通安全事故的致因（或称风险源）也可以归结为人员因素、物件因素、环境因素及管理因素四大方面。鉴于轨道交通运行具有高度密闭、线路固定、运量庞大、往复性强等与道路交通系统相区别的固有特征，上述因素的表现、作用机理与道路交通系统不完全相同。同样，这些因素也会彼此作用，造成事故放大或连锁反应。

1. 人员因素

人员因素是轨道交通事故重要的致因之一。美国安全工程师海因里希经过大量研究，认为轨道交通安全存在着"88∶10∶2"的规律，即在100起事故中，有88起纯属人为，有10起是人和物的不安全状态造成的，仅仅有2起是所谓"天灾"引发的。从上海目前的情况来看，人员因素主要表现在三个方面：

（1）乘客安全意识。乘客安全意识包括对乘坐轨道交通工具的安全知识认知以及行为意识。问卷调查①显示，上海市民对地铁安全知识的认知程度不高。上海市民地铁安全知识平均得分仅为54分，处于不及格水平。在全部调查对象中，熟知"地铁乘坐安全须知"等安全规章制度的仅占18.9%。对于安全防范装置（标识）、地铁违禁物品等方面的认知情况也并不特别理想（见表6-5）。同时，市民部分行为意识存在风险，有可能酿成安全事故。例如，当市民在站厅内或列车上发现无人认领的可疑物品（如包裹、箱子、瓶子等）时，51.2%的乘客会通知地铁工作人员，但是有40.9%的乘客不予理睬。这说明乘客对可疑物品的警惕性较高，在保护自身安全方面的行动较强，但忽略了地铁是个相对封闭的空间，对于危险品扩散带来的安全风险意识不

①　徐国祥，王芳，吴也白. 上海市民地铁安全意识与安全评价调研报告［J］. 科学发展，2011.（下同）

足。再如，当物品掉落在站台时，仅有2%的乘客会自己跳下站台捡拾，但有21.5%的乘客选择"不要掉落在站台下面的物品"，他们没有考虑到掉落物品可能会影响地铁行车安全。

表6-5　受访者对于地铁安全知识的认知程度（%）

	程度一（较好）	程度二（一般）	程度三（较差）
关于"乘客安全须知"	18.9	61.8	19.3
关于安全防范装置（标识）	42.4	34.2	23.5
关于地铁违禁物品	79.8	15.8	4.4

（2）司机驾驶质量。与城市交通系统中的其他交通工具相比，轨道交通对驾驶行为的规范要求较高。由于司机技术不熟练、经验不足或错误操作，轨道交通车辆运行极有可能出现超速、弯道偏离方向、过急刹车、紧急制动等情况，进而可能引发脱轨、翻车、撞车、摩擦起火等严重事故。

（3）施工人员素质。鉴于上海轨道交通网络目前处于长线路运营与大面积建设并存的阶段，轨道交通地下设施施工及站点上盖建筑施工的工程总量及规模较大，如果施工人员素质不高、技术不过关，极有可能对轨道交通隧道或站体造成破坏，从而引发严重事故。在实际中，有两种情形值得注意：一是轨道交通线路周边或上方钻孔可能致使地铁隧道或站体压强失衡，严重时可能直接击穿隧道或站体。2010年底，上海先后发生两起钻头钻透运营中的地铁隧道的严重事故。二是地铁周边大型建筑地下室开挖，有可能对运行中的地铁隧道或站体产生挤压。

2. 物件因素

从上海的情况来看，可能导致轨道交通安全事故的物件因素主要包括车辆系统、轨道系统、供电系统、机电系统、通信系统、场站系统。其中，隐患比较大的因素有三大系统：

（1）供电系统。供电系统是轨道交通机车和机电系统的动力源泉。一旦供电系统发生故障，将使整条线路失去运营能力，并有可能引致其他故障。近年来，上海大部分轨道交通安全事故的发生均与供电系统故障有关。随着上海轨道交通线路的日益增加，其供电系统的复杂程度越来越高，出现故障的可能性和故障波及的范围、造成的损失也将不断增大。

（2）机电系统。轨道交通的机电系统包括车站、区间、车辆段的各类低压配电设备、照明、通风、自动电梯、给排水系统、环控系统、售检票系统等。以通风系统为例，当通风系统发生故障并伴生火灾时，仅靠目前上海轨道交通隧道、机车及站厅内的少量风口，很难排除烟雾，非常容易引发窒息事故。

（3）场站系统。目前，场站系统的规划配置不合理对轨道交通系统的安全影响非常大，表现在：上海的不少轨道交通线路只能在一个平面内交叉换乘，在高峰时段，容易导致人流过于集中，引发拥堵、踩踏等事故；有些轨道交通站台因周边既存建筑的地下空间已过度占位，致使通道无法达到规定的畅通容量，给瞬间大客流通行、灾后人流疏散等带来较大困难。这些现象在一些地下容量较大的多线换乘枢纽站点（如人民广场站、徐家汇站以及世纪大道站）的换乘大厅、张江站站厅等均有一定程度表现；有些轨道交通站点上盖是商业密集区，由于商铺布局设置不合理，加之站体构造比较复杂，对人员进出流量造成了较大影响。

3. 环境因素

从上海的情况来看，影响轨道交通安全的环境因素主要有地质条件、水文条件及地下空间开发情况三个方面：

（1）地质条件。上海地处冲积平原，由于地质不均匀沉降，加之混凝土结构的热胀冷缩特性，轨道交通隧道和轨道可能出现渗水、崩裂等现象，影响机车正常运行。2010 年 12 月，上海轨交 10 号线四平路站出现四周和顶部大面积渗水，即是地质条件变化引发。

（2）水文条件。上海地处长江口冲积型软土地基，地下水位高，土质松软，局部地区多流沙。因此，容易诱发轨道交通站体的渗水、漏水现象。同时，在轨道交通施工过程中，也容易因水囊等不良地质体的存在，引发突发性地质灾害。

（3）地下空间开发情况。上海目前地下空间开发密度较大，轨道交通站台、隧道、大型水管、电网线、燃气管道等往往呈立体式交叉状态，如果开发设计不科学，很有可能导致地质性压力失衡而使轨道交通设施发生结构性变形。当这种变形超出技术限制范围时，渗水、漏水、隧道断裂、轨道开裂、站台坍塌等意外事故就在所难免。

4. 管理因素

目前，上海针对轨道交通安全的管理体系尚不完善，进一步增加了事故发生的概率。较为突出的管理因素表现在以下几个方面：

（1）安全管理体制。一方面，政府监管较为薄弱。目前，轨道交通运营服务的规范和标准基本上由申通集团自行制定。作为《上海市轨道交通管理条例》法定的行业主管部门，市交通港口管理局对轨道交通的管理主要限于事故发生的应急处置，对其日常运营状况的监管力度较弱。另一方面，运营结构"四分五散"。2009 年初，上海轨道交通运营体系被拆解成相互平级的六个组织：上海地铁第一、第二、第三、第四运营公司以及运营管理中心、维护保障中心——这六个组织均直属于申通集团。在职权分工上，维护保障中心负责全部线路的维修保障工作，运管管理中心则负责所有线路的运营管理，而运一、运二、运三、运四负责各条线路的日常运营。

（2）安全管理力量配置。近年来，上海轨道交通发展迅速，通行里程数急剧增长。但是，受限于管理部门投入的财力、物力和岗位编制、培训周期（如机车驾驶员的培训需 8 ~ 12 个月）等因素，安全管理的人力资源配备难以实现同步增长。

（3）运营信息披露状况。目前，上海轨道交通运营主体对于运营故障等意外事件的信息披露不够及时。根据传播学理论，当地铁安全事故发生后，如果信息披露不及时，不但容易引发市民及乘客的恐慌心理，同时也不利于引导和疏散人流，严重时还将会引发公众对于政府部门的信任危机。2009 年 12 月 22 日，上海地铁 1 号线发生地铁相撞事故，导致线路瘫痪近 7 个小时。当时，由于信息披露不及时，需要乘坐地铁的市民在不知情的情况下陆续前往车站，致使沿线车站人潮汹涌，情况十分危险。

（4）安全知识教育宣传乏力。目前，上海轨道交通安全教育开展还不够深入，安全知识的宣传、教育的方式比较单一，互动性、体验性不强，其效果有待改进。调查显示，有近七成（69.8%）的受访者从未接触过有关地铁安全知识方面的宣传。有超过五成（50.3%）的受访者认为：当前，地铁运营方最需要强化的安全举措是加强面向市民的地铁安全教育宣传。

五、加强和改善上海城市交通安全的近期重点措施建议

（一）加强上海城市交通安全的顶层规划设计

一是加快制定城市交通领域的综合性安全管理总体规划。按照"梳理整合、协调提效、权威规范、持久扎实"原则，制定全方位的城市交通安全管理规划，对整个城市的交通安全管理进行全过程考虑与安排，发挥规划对各方管理主体的统筹协调作用。二是完善道路交通路网设计规划及建设。针对城市道路交通供给结构、供给总量与需求结构、需求总量之间的矛盾，加快调整和优化道路结构，提高其有效交通容量供给能力。同时，加快推进新增跨江隧道的规划与建设，加强既有道路隧道、路网之间的联通性，合理分流地面道路、隧道的通行压力。三是优化轨道交通建设运营规划。进一步提高建设、运营单位及专业咨询机构等各方主体对轨道交通规划的参与程度，尽可能在规划初期将可能遇到的不利影响因素（如地质条件、水文条件、地下空间开发情况）考虑周全，对可能会出现的问题予以设计化解或进行必要的补救。

（二）提升相关人员主体的交通安全意识和行为能力

1. 加强针对一般市民的交通安全宣传教育

一是实施充分的国民交通安全教育。要坚持城市交通安全从小抓起的战略方针，形成交通安全小学、中学、大学的教育体系。特别是针对青少年，应当在每一个新学期开始，通过举办安全讲座等形式，强化交通安全教育；要发挥职业教育的作用，提高在职职工的交通安全意识；要以社区为载体，以传播精神文明为纽带，通过发放城市交通安全知识资料、举行讲座等方式，结合其他防灾教育活动，普及道路交通、轨道交通的安全常识和行为规范。二是拓宽交通安全知识宣传途径。除车站电子显示牌、车厢电视、宣传手册

等途径外，应进一步加强新媒体技术运用，尝试通过网络、手机短信、微博等载体，让更多的市民了解到防范交通安全事故的实用知识。同时，举办一系列具有影响力的社会新闻宣传活动，使广大市民关注自己和身边人的交通文明，摒弃交通陋习，树立守法、文明、礼让、和谐的现代交通意识。

2. 突出针对驾驶员群体的培训考核

要通过进一步强化驾驶员群体的技能素质培训和日常考核，促使其牢固掌握交通安全知识，养成交通安全意识，从而更好地承担起安全驾驶、预防事故的社会责任。一是改革传统的驾驶员教育培训制度和日常教育考核制度。采取更为科学有效的考核方法，加强驾驶员的文化素养、心理素质、社会责任感、驾驶技能、防范事故能力等方面的培养、教育、训练和综合考核。二是严格执行驾驶资格考试标准，确保考试质量。根据公安部《驾驶证申领和使用规定》（公安部第 111 号令），严格按照考试标准和要求，同时要严肃考试纪律，做到依法、从严执考。三是严格落实考试责任倒查制度。建立三年以内驾龄新驾驶人交通事故和交通违法情况统计平台，加强对新取得驾照的驾驶人交通事故和交通违法情况的统计、分析，对发生重大交通事故中负有同等以上责任的情况进行培训质量倒查。对驾校培训效果较差、培训的新驾驶人交通事故和违法行为较多的，追究驾校和教练员的责任，并责令限期整改。

3. 加强应对加通安全突发事件的演习

为进一步强化市民的交通安全意识，增强市民应对应交通突发安全事件的能力，建议每年应当至少开展一次重点面向普通市民的道路交通安全或轨道交通安全演习，演习可模拟公交车辆起火、轨道交通列车脱轨、大客流溢出、故障停驶、车站火灾等各种情景，训练市民正确应对。同时，可将安全演习全过程录制为宣传教育片，在全市公交车、轨道交通站内候车区电视、轨道交通车厢电视上滚动播放，使乘客在耳濡目染中掌握如何应对突发事件。

4. 设立上海城市交通安全行动周

借鉴日本、美国等国家设立公共安全活动日（周）的做法，设立上海城市交通安全行动周。在安全日或安全周期间，应在原有的日常宣传教育活动基础上，向社会广泛宣传交通安全事故的防范、逃生、急救、应急等知识，提高一般市民、驾乘主体及社会各界的安全防范意识。同时，开展大规模的交通安全演练和安全检查，举办高层次的城市交通安全研讨会，形成全社会共同参与交通安全事故防范的习惯与文化氛围。

（三）夯实城市交通安全物质基础

1. 确保车辆性能安全

车辆的安全性和构成状况是城市交通安全水平的重要判定标志。因此，一是要加强车辆日常维护和保养。针对常规车辆，加强车辆日常维护监理，实行"车主责任制"，将车辆日常维护和保养的责任真正落实到位；针对特种车辆（如危险化学品运输专用车），要加强运输车体（槽罐车）及装载容器（钢瓶）的质量检查与定期检测，保证行驶安全。二是要加大非合规车辆的淘汰力度，有计划地淘汰和强制报废低层次、不安全、不经济、排污超标的车辆。三是要大力发展和推广有利于提高汽车安全性能的产业和技术，使车辆防御交通事故伤害的力量不断增强。

2. 确保路面技术状况良好

定期对上海城市道路路面技术状况进行评估，针对评估所反映的重点问题路段，加强对其路面平整度、结构承载力的物理修复。对于难以修复的路段，可通过禁止通行、单向通行等方式，尽可能减少其交通流量，减轻对路面技术状况的进一步破坏。同时，对于几何设计存在缺陷（急弯、陡坡、视距不良）的路段，应在尽可能进行物理修复的同时，加强路面安全警示，防止交通安全事故的发生。

3. 确保轨道交通设施运行可靠

要加强对轨道交通设施的日常安全性能检测，及时对发现的安全隐患进行整改，确保其运行安全可靠。一是加强轨道交通供电系统日常维护和运行状况监测，特别要将轨道交通站点周边区域的电缆、电网纳入监测视野，防止由电网传输波动造成对轨道交通供电系统的故障影响。二是严格执行轨道交通机电系统运行和检修规范。对车站、区间、车辆段的各类低压配电设备、照明、通风、自动电梯、给排水系统、环控系统，应严格按照规范要求进行日常操作和检修。在检修过程中，应注意安全警示，防止在检修过程中造成意外。三是优化场站系统设施规划建设。对目前场站系统的规划配置进行全面评估，及时对其不合理之处进行整改。①改进站厅换乘线路和通道设置。以地下容量较大的多线换乘枢纽站点为重点，评估现有的换乘通路的安全状况。根据评估结果，有针对性地采用标志引导、隔离装置设置、开设专用通道等方式，减少人流对冲。②加强站厅候车区域安全设施配置。在所有站点，全面设置候车安全护栏或安全防护门，不留任何死角。对车门与站台缝隙较大的部分站点，应采取改造等补救措施，缩小缝隙，减少风险。消防通道及消防设备用品配备，确保发生火灾事故时人员可以安全疏散，火灾初期火势可以得到及时控制。③优化轨道交通站点上盖布局。对上盖商铺过于集中的站点，应对其布局进行重新规划，降低商铺密度。在重要的通路、弯道等处，应减少商铺、自动售贩机等设施的配置。

4. 确保交通附属设施配置到位

一是完善地面交通设施配置。对主干道较大的路口，研究增设人行过街二次等候区（安全岛），并规划非机动车禁驶区、待转区，进一步规范路口秩序。对交通复杂的路口、路段，增设非机隔离设施、人行过街天桥、地下通道等硬件设施，确保非机动车、行人通行空间，较少事故发生概率。同时，优化地面交通信号灯配时，充分考虑机动车、非机动车和行人通行需求，确保路口通行效率和安全。二是加强隧道附属设施建设。进一步加强隧道内"消防喷淋系统"建设，通过"专款专用形式"确保喷淋泡沫的充足与到位；进一步加强既有道路隧道的"消防通道"的整改与建设。对于未建成或待建的隧道，要全面加强消防通道建设的规划与落实；进一步加强隧道"进出口处"相关消防设施的规划与建设，在隧道进出口处应规划设置独立的永久性或半永久性岗亭、牵引车、消防车停放点以及事故车处理点。

（四）健全城市交通安全管理体制和工作机制

1. 健全和完善交通安全责任制管理体系

城市交通安全管理是一项巨大的系统工程。为此，需要坚持各级政府在城市交通安全管理中的责任主体地位，明确相关企业和单位的安全管理和监督责任，大力推进"党委政府总揽，职能部门主管，单位各司其职，群众广泛参与，社会整体联动"的城市交通安全社会化管理新机制。近期重点有两个：一是强化政府交通安全监管合力。各级政府应抓好对相关职能部门及相关部门工作的领导、组织和协调；主管部门应在明确责任目标的基础上，抓好经常性的管理工作，注重对热点、难点问题的研究、治理和整改；相关职能部门要密切配合、协同作战，按照各自的责任和义务，积极、主动地开展工作。同时，要明晰各级政府和相关部门的交通安全和监督职责（例如，针对轨道交通领域政府监管力量较为薄弱的现状，可考虑对市交通港口管理局的职责作进一步的优化调整），严格落实交通安全考核责任制。二是强化交通运输企业对于交通安全的主体责任。督促公交、轨交、出租车、货运企业落实法定代表人的管理职责，强化企业的安全运营责任。推动企业完善安全规章制度和岗位安全操作规程，加强企业对自身安全隐患预警、排查与整改机制建设。

2. 完善城市交通安全应急预案

当前，上海有必要在《上海市突发公共事件总体应急预案》的框架下，针对城市交通安全的个性化特征和薄弱环节，完善相关安全应急预案。目前，应抓紧推进三个方面工作：一是建立轨道交通安全评估制度。对国家安监总局发布的 AQ8004《城市轨道交通安全预评价细则》、AQ8005《城市轨道交通安全验收评价细则》和建设部发布的 GB/T 50438《地铁运营安全评价标准》，以及国际上的 IEC 国际 CENELEC 铁路应用标准，应当加以吸收与整合，在此基础上研究制定上海版轨道交通安全评估标准。二是建立城市交通安全事故预防与预警的联动机制。建立包括危险源监控、预警行动、信息报告与处理等在内的快速反应系统，系统可以调用已有的视频监控等系统，用于实时监控危险源。一旦事故征兆显现，系统将能够对比预警条件，及时发送警报信息。三是加强虚拟技术在交通安全应急管理中的应用。发挥虚拟技术模拟真实环境的技术特点，对交通线路上的火灾、踩踏等安全事故发生时的火势、人流等情况进行模拟，为制订更加合理的人员疏散及救灾方案提供参考依据。

3. 完善城市交通安全法治环境

一是建立健全城市交通安全法规标准体系。上海应当在调查交通执法情况、调研交通安全事故历史资料的基础上，在现行城市交通法规的盲区、管理链条上的断点以及难以操作的重点，依照城市交通法治系统工程的思路，对城市交通安全法规标准体系进行进一步完善。当前，要进一步修订、完善上海已有的《道路隧道设计规范》、《道路隧道施工规范》等，逐步制定《城市道路隧道运营监控设计指南》、《城市道路隧道运营管理手册》、《城市轨道交通运营管理规范》，为确保城市交通安全奠定坚实的制度基础。二是加大交通安全执法力度。鉴于目前市民现代交通意识和遵守交通规则的自觉性较差的现实情况，有必要在强调交通安全教育的同时，对交通违章违法行为严格进行依法处罚。坚持依法治国方略，严肃交通安全执法纪律，杜绝交通安全执法中"走后门"和执法者知法犯法的不正之风，确保交通安全知法的公正性、合理性与警示性。

4. 加强交通安全管理职业队伍建设

一是加强城市交通安全执法队伍建设。在全市、区（县）、乡镇（街道）三级层面，明确城市交通安全执法队伍及协管队伍的地位与职责，加强人员、装备、财力、技术等各种保障。通过各种途径与形式，加大对交通安全执法队伍的培训，促使能力大幅提升。二是加强交通安全应急救援队伍建设。通过出台多种保障措施，加强各级专业、兼职、志愿应急救援队伍建设。指导交通运输领域各部门建立健全相应的专兼职应急救援队伍，提高合成应急、协同应急的能力。三是加强交通安全管理职业队伍开发。大专院校和中等专业学校要根据社会需要开设交通安全管理专业，社会力量办学机构应拓展思路开展交通安全管理的技能培训。各企事业单位，特别是专业交通运输单位都应该按规定配备和配齐专职交通安全管理人员，从而使交通事故防范逐步进入专业化、职业化、产业化的轨道。

5. 建立城市交通安全事故信息发布制度

目前，上海的交通安全事故信息（特别是地铁安全事故信息）的披露还不充分。为此，建议建立正式的城市交通安全事故信息发布制度。信息的发布主体应当是相应的政府权威部门，信息的发布途径包括网络、手机短信、广播、移动视频等，信息发布应当以准确、快速为原则，发布内容应当包括交通安全事故的实时信息、乘客行动指南等，以便在最短时间内减少恐慌，引导乘客及相关人员理性行动。同时，对于重大的交通安全事故灾难，应当及时查明原委，及时组织召开新闻发布会，澄清有关情况，消除公众疑虑。

6. 健全交通事故信息管理网络和分析系统

加强城市交通安全事故防范，必须加强事故的统计、分析、对策研究。为此，建立健全的上海交通事故信息网络系统，形成全面、完善、科学的交通事故信息统计、分析、预测机制。政府交通部门应尽快培养和培训出一批有专门技能的事故分析调查专业人员，配齐高技术的通信、传输、统计、分析的设备，提高安全事故信息管理的科学性，保证事故分析工作真正成为交通安全维护工作的参谋。

7. 加大城市交通安全领域资金投入

进一步明确政府部门、城市公交运营方、城市轨道交通运营方等相关主体的安全资金投入职责。加大政府部门的资金投入力度，在每年制定财政预算时，要为城市交通安全维护预留出充足的财政专项资金。同时，政府要加强资金的高效、合理引导与配置，改革、创新投融资模式，通过加大资金投入确保城市交通必要安全实施（包括各种硬件与软件）的建设与达标，不断提高交通安全设施的科技化和现代化水平。

（五）开展城市交通安全隐患的源头排查与集中治理行动

一是近期在全市范围内进行一次"城市交通安全隐患摸排"。充分发动政府、企业与社会等多方主体，通过"自查"和"他查"等多种形式，对上海城市交通各个领域、各个层面与各个过程严格开展一次"安全隐患普查"，完成城市交通安全的危险源辨识调查，编制、完善相应基础数据库，建立数据模型，进行预警评估，为隐患及时治理打下扎实基础。二是在全市严格实施交通安全隐患常态排查制度。加强各类监测预警系统建设，研究制定科学、统一的道路交通安全隐患分级分类标准，逐步建立对危险源的分级、监控与评价工作机制。在此基础上，强化对道路交通安全和轨道交通安全的常态排查治理工作。

第七章 上海公共卫生安全

第一节 上海公共卫生安全现状

一、上海市公共卫生安全现状概述及相关研究综述

对上海市公共卫生安全造成威胁的主要是各类突发公共卫生事件。所谓突发公共卫生事件是指已经发生或者可能发生的、对公众健康已经造成或者可能造成重大损失的传染病疫情和不明原因的群体性疫病，还有重大食物中毒和职业中毒，以及其他危害公共健康的突发公共事件。近年来，上海市公共卫生安全的情况不容乐观，传染病疫情得不到有效的抑制，各类食物中毒事件时有发生，职业病和职业中毒问题依旧严重。2006年9月，上海市瘦肉精中毒事件，导致上海9个区336人次中毒（据不完全统计，1998年以来，相继发生18起瘦肉精中毒事件，中毒人数达1700多人，死亡1人），近年来，"双汇瘦肉精事件"再次出现。2008年2月，上海青浦一印刷有限公司发生食物中毒事件，72名工人食物中毒。2009年9月，青浦区青浦工业园区内的和尔得包装公司发生食物中毒事件，66位员工中毒，经调查，中毒原因是由于员工食用的快餐中含有工业盐。2010年10月，上海财大发生了一起疑似食物中毒事件，百余位学生出现中毒症状；11月30日，上海闵行区一家名为"亨特制造"的窗饰产品工厂发生群体性食物中毒事件，百余名工人出现中毒症状。2011年4月以来，食品安全事件频频曝光，上海华联超市"染

色馒头"事件、上海迪亚天天过期乳制品事件、"牛肉膏"事件、"毒生姜"事件，以及"双汇瘦肉精"等事件，都在向政府敲着警钟，食品安全等公共卫生事件愈演愈烈。

对于公共卫生风险方面的研究，国外比较有代表性的研究成果，当属 Handler 于 2001 年提出的公共卫生体系绩效评价理论框架（见图 7 - 1）模型①，主要包括四个部分：体系使命、结构能力、过程和结果。而这四个因素又受到宏观环境的影响。宏观环境主要是指社会、经济、人口等因素对公共卫生体系的影响。体系使命是指体系目标，体系的核心功能。结构能力主要包括人力、财力、物力资源，以及信息和制度资源等的投入。过程是指公共卫生服务供给情况，可以用很多指标来表示，如计划免疫接种覆盖率，产后访视率等。结果主要是指人群、个人及家庭或者社区等健康状况的改变，可以用人均期望寿命、孕产妇死亡率、婴儿死亡率等显示健康状况的指标，以及机构覆盖率、服务可及性等显示效率、公平的指标表示。

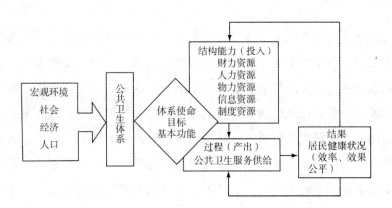

图 7 - 1　Handler 的公共卫生体系绩效评价理论框架

国内公共卫生风险领域的研究，主要集中于公共卫生事件发生以后的应急管理领域，如以黄建始教授为主的协和医科大学 SARS 研究课题组（2005），对症状监测及其作用进行研究，提出了一个初步的突发公共卫生事

① Arden Handler, Michele Issel, Bernard Turnock. A Conceptual Framework to Measure Performance of the Public Health System [J]. American Journal of Public Health, 2001 (8): 1235 - 1239.

件预警方案①；曹广文教授（2004）研究认为主动监测能为及时发现公共卫生突发事件并作出合理的应急反应提供重要依据②。对于应急体系的研究，代表性的有曹广文（2004）提出的突发公共卫生事件应急反应基础建设及应急管理③。国内学者申井强（2007）采取专家咨询和主观赋权的方法初步构建了城市突发公共卫生事件应对能力评价指标体系④；胡国清（2006）建立了一个二维的突发公共卫生事件应对能力评价的概念模型⑤，并据此研制了一份应急能力评价问卷。

二、上海公共卫生安全的风险源类型及分布特征分析

从对上海市公共卫生的现状分析中，我们把威胁上海市公共卫生安全的风险源归为传染病、饮用水安全、食品安全、职业安全、药品和医疗安全五类。并从空间、时间、行业和人群四个维度来分析上海公共卫生风险源的分布特征。

（一）传染病

传染病是由各种病原体引起的能在人与人、动物与动物或人与动物之间相互传播的一类疾病。病原体中大部分是微生物，小部分为寄生虫，寄生虫引起的疾病又称寄生虫病。有些传染病，防疫部门必须及时掌握其发病情况并采取对策，因此发现后应按规定时间及时向当地防疫部门报告，称为法定传染病。传染病由于其本身特殊的传染性和流行性的特点，控制起来非常困难。因此，传染病是危害上海市公共卫生安全的一个重要风险源。

据上海卫生局统计，近几年威胁上海市公共卫生安全的传染病主要有：梅毒、淋病、病毒性肝炎、肺结核、痢疾、艾滋病、麻疹、伤寒、疟疾等疾病。

① 任赟静，黄建始，马少俊，徐瑞. 症状监测及其在应对突发公共卫生事件中的作用 ［J］. 中华预防医学杂志，2005，Vol. 39（1）：56～58.
② 曹广文. 大力加强我国公共卫生突发事件主动监测系统的研究 ［J］. 第二军医大学学报，2004，Vol25（3）：233～235.
③ 曹广文. 突发公共卫生事件应急反应基础建设及其应急管理 ［J］. 公共管理学报，2004，Vol1（2）：68～96.
④ 申井强. 城市突发公共卫生事件应对能力的评价指标体系研究 ［D］. 苏州大学，2008.
⑤ 胡国清. 我国突发公共卫生事件应对能力评价体系研究 ［D］. 中南大学，2006.

2006～2010 年上海市甲、乙类法定报告传染病疫情中，梅毒、淋病、病毒性肝炎、肺结核和痢疾是报告例数最多的传染病，这五种传染病在总的传染病病例数中每年都超过 90%（见图 7-2）。由图 7-2 可以看出，梅毒的发病率持续走高，并且在所有传染病的总占比中，每年都超过 25%，2009 年接近 40%，并于 2010 年超过了 40%。因此，威胁上海市公共卫生安全的传染病中，始终位于前列的是：梅毒、淋病、病毒性肝炎、肺结核和痢疾。一些突发性的传染性疾病，例如 2003 年爆发的非典型性肺炎、2008 年爆发的禽流感和 2009 年的甲型 H1N1 流感，也是威胁上海市公共卫生安全的重要风险源。

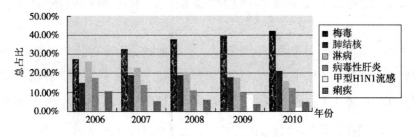

图 7-2　2006～2010 年较高发病率传染病的总占比情况图

传染病的时间分布特征：二、三季度是传染病的高发季节。从图 7-3 可以看出，传染病发病具有季节性，综合 2006～2010 年上海市甲、乙类传染病发病情况的月份折线图，发现每年的折线图的形状基本是向下开口的弓形图，因此，二、三季度的传染病发病情况要比一、四季度的发病情况严重，并且第一季度是全年传染病发病率最低的季度。

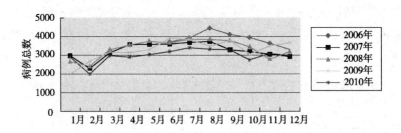

图 7-3　2006 年 6 月～2010 年 12 月上海市甲、乙类传染病疫情

传染病的人群分布特征：老弱病残孕等免疫力低下人群和流动人口及其

随迁子女这两类人群发病率较高。老弱病残孕等人群易发传染病是传染病本身的特点和这类人群自身免疫力低下的共同作用结果。而流动人口是传染病爆发或流行的高危人群，是因为他们在流入地的特殊身份和地位，使得卫生保健及传染病防治工作既有别于原居住地人群，又有别于流入地常住人口。

传染病的空间分布特征：郊区比市区严重。1994～2000年上海市流动人口麻疹发病率为同期户籍人口的7.1～35.2倍，7年间共爆发麻疹41起，全部为外来流动人口。1997～2001年外来人口活动性肺结核病例数增加了197.6%，其中菌阳患者数增加了262.4%，外来流动人口结核病已经成为影响上海市结核病疫情控制的主要因素之一①。基于传染病与流动人口的关系特征，从流动人口的角度考察传染病疫情时，流动人口数量较多的区县，传染病疫情相对较严重，因此，传染病的空间分布特征为：松江区、闵行区、嘉定区、宝山区、金山区、奉贤区、青浦区等郊区较为严重，虹口区、静安区、长宁区、杨浦区等市区较好（见图7-4）。这种分布特征也与市区的医疗体系相比郊区的更完善有关。

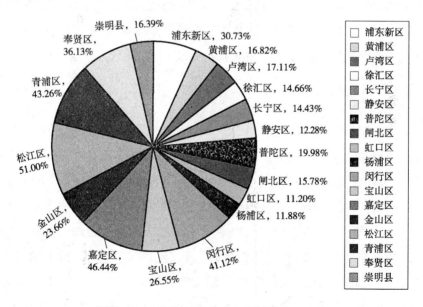

图7-4　上海市2009年各区县流动人口占比

---

①　滕学敏.我国流动人口传染病流行现状与对策研究［J］.职业与健康，2010，26（6）：687～689.

（二）饮用水安全

生活饮用水安全一旦出现问题，就会产生水源性疾病。水源性疾病是指生活饮用水被病菌、病毒及有毒有害物质污染，人们饮用该水就会患上水源性疾病，如霍乱、伤寒、痢疾、肠炎、肝炎等。生活饮用水安全的风险包括：水源地被污染（包括农业污染和船舶运输安全事故可能引发的二次污染），饮用水净化不彻底，饮用水运输过程中被污染以及饮水机二次污染。例如，2003 年上海黄浦江"溢油"事故。2007 年，上海水葫芦大侵袭事件，一月打捞 7.8 万吨水葫芦。2008 年，上海市质量技监部门对胶州路恒森广场一家单位的饮水机进行了质量抽查。15 台饮水机近半数出水不合格，其中最严重的水样中有害细菌含量超过 3000cfu/mL，超标 150 倍，饮水机二次污染对市民的饮用水安全造成了很大的威胁。

饮用水安全具有明显的时间分布特征，其空间分布特征、行业分布特征和人群分布特征并不明显，基本上涉及上海市的所有居民。饮用水安全事件容易发生在蓝藻、水葫芦爆发期和咸潮时期。在这几个特殊时期，饮用水容易受到污染，一旦水源被污染，其影响范围就是全市人民，其危害程度也很大。

（三）食品安全

从食品原材料到可以食用的环节，主要包括以下三个方面的风险：①原材料潜在隐患：蔬菜类食品附着的农药、家禽家畜类食品饲养中的激素类化学物质，如 2006 年 9 月上海浦东两百余人"瘦肉精"中毒事件。②加工环节存在的风险：食品加工环节滥用添加剂、家畜的屠宰场卫生标准方面的不合格、食品在加工过程中受病毒细菌的交叉污染、在食品检验检疫环节存在众多工作人员不负责任、蒙混过关、包庇瞒报等情况。如2005 年上海浦东 500 人集体食物中毒，2006 年 9 月 13 日发生的上海盐酸克伦特罗食物中毒事件，2010 年初发生的上海熊猫炼乳事件，2010 年 10月发生的上海浦东新区无证营业熟食店亚硝酸盐中毒致死事件，2010 年 12月 1 日上海闵行发生的集体性中毒事件。③流通消费环节的隐患：食品在运输途中，货仓的卫生情况较差，保鲜水平较低；在消费环节，各种食品摊贩和商场、超市、市场不注意食物保鲜的环境是否卫生，是否存在苍蝇等易传播疾病细菌的有害昆虫，是否已变质，尤其是夏季的高温是病菌传播的有利条件，如果不注意就会极易引起疾病的发生，如2010年10月29日上海财大食物中毒事件。

食物中毒的季节性特征：多发于5～10月，集中在6～9月。食物中毒报告资料显示，细菌性食物中毒是当前上海地区最为常见的食物中毒种类，由上海市食品药品监督所提供的数据显示，1992～2006年，上海地区共发生集体性（10人及以上）食物中毒608起，中毒19433人。其中细菌性食物中毒共计458起、15225人，分别占总起数和总人数的75.3%和78.3%。458起细菌性食物中毒中，发生在6月的最多（年均5.9起），1、2、3、11、12月最少（年均0.3～0.9起）。从各年总体变化趋势上看，自4月起逐渐增多，在6月份达到最高点，7月略有减少（4.3），8月和9月又再次上升，达到次高值（均5.1和5.2起），10月以后快速减少（见图7-5）。从各年总体情况看，上海地区细菌性食物中毒事件的最高峰在6～9月，期间月均发生5起以上；其次为5月和10月，月均发生3次左右。

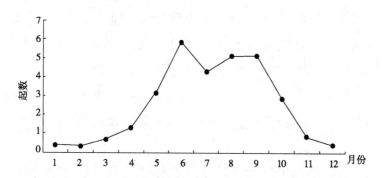

图7-5　1992～2006年上海细菌性食物中毒事件年均月度发生情况

食物中毒的地区分布特征：城区和郊区基本一致。上海市19个区县（原）都有细菌性食物中毒发生。其中城区（黄浦、静安、卢湾、虹口、杨浦、闸北、普陀、长宁、徐汇、浦东）共发生224起，中毒7889人；郊区（闵行、青浦、松江、崇明、金山、奉贤、南汇、嘉定、宝山）共发生234起，中毒7336人。以2006年末城区和郊区常住人口为基数，1992～2006年城区和郊区食物中毒年均发生率分别为 5.63/10 万和 5.56/10 万，城区和郊区基本一致。

食物中毒的行业分布特征：主要集中在餐饮业。458 起细菌性食物中毒中，餐饮业（包括公共餐饮、食堂及盒饭、桶饭）共发生 361 起，占78.8%；居民家庭发生 37 起，占 8.1%；其他各类食品行业（包括食品生产和零售）共发生 60 起，占 13.1%。餐饮业和居民家庭发生的细菌性食物中毒以餐饮膳食（包括盒饭、桶饭）为主要中毒食品，占 84.3%[①]。

（四）职业安全

风险源主要来自于职业中毒、职业性心理疾病和职业性中暑。①职业中毒：2010 年 9 月，上海静安区发生的四氯乙烯中毒症，此症为干洗行业从业者密切接触干洗剂而发生的特殊职业病。2007 年上海有些企业发生职业性有机溶剂中毒事件。②职业性心理疾病包括：教师的精神障碍、警察的敌意心理、单调作业产生的心理障碍、噪声和心理疾病、夜班的心理问题、高温作业的神经心理影响，危害性较大的职业性心理疾病大多是由于工作压力过大导致的。例如 2008 年上海黄浦区国资委主任沈正娟坠楼事件，2009 年上海嘉定区三位官员自杀事件。2010 年轰动全国的富士康跳楼坠楼事件，1 月以来已发生 14 起跳楼坠楼事件。③职业性中暑：一些露天作业者，如建筑工人、环卫工人等，常常由于在炎炎烈日下长时间、高强度的体力劳动，且缺乏个人防护意识，未采取有效的高温防护措施而发生中暑。

职业安全的分布特征也较为明显，其时间分布特征是 7~9 月是职业性中暑的高发期，空间分布特征是重化工区、建筑工地等较为严重，行业分布集中在电焊、干洗等接触有毒物质特殊行业，教师、警察等压力较大职业，建筑工、环卫工等户外工作行业，人群分布是接触有毒物质的从业人员、警察、教师等压力人群、建筑工人、环卫工等露天工作者是高危人群。

---

① 张磊等. 上海地区细菌性食物中毒季节和气候特征分析. 上海预防医学杂志, 2009, 21 (7)：330~333.

（五）药品和医疗安全

药品安全涉及药品生产、销售、流通以及使用后的各个环节中，任何一个环节出现问题，都会导致药品安全问题的产生。2006 年的"齐二药事件"就是因为从原料采购、药品生产，到进入市场流通的每一个环节都存在内控不力或监管疏漏而造成的。一度受到社会广泛关注的"鱼腥草事件"反映出我国药品在上市前过敏反应试验严重不足的弊端。假药的流通也对药品安全问题造成了很大的威胁，安徽阜阳特大制造贩卖假药案令公众对药品的安全问题甚是担忧，上海市的一些知名企业也深受其害。2010 年 9 月上海"眼科门"事件就是因为医院给患者注射的阿瓦斯汀注射液为假药，同一时期的"麻疹疫苗事件"母本就取自上海。

对医疗卫生安全造成威胁的主要有医疗机构存在的隐患和医生的职业道德风险。医疗机构方面存在的隐患包括医院的医疗设施的缺陷、医院管理上的疏漏等，2010 年，"超女"王贝整形事件引起社会的轰动，医疗卫生机构亟待整改。缺乏职业道德的医生对患者滥用药品又是一个药品安全的风险源，如 2010 年 9 月，上海市发生的"眼科门"事件，致使诸多眼疾患者失明，使人们对医院这个"救死扶伤"的机构产生了质疑和恐惧，对医生这个职业产生了不信任。

药品和医疗安全的时间、空间、行业分布并不明显，其人群分布特征是老弱病残孕等免疫力低下的人群、婴幼儿等这些与药品和医疗紧密相关的人群。

据此，公共卫生风险源的分布特征见表 7 - 1。

表 7 - 1　公共卫生风险源的分布特征

风险源 ＼ 分布特征	时间分布特征	空间分布特征	行业分布特征	人群分布特征
传染病	二、三季度	郊区比市区严重	—	老弱病残孕等免疫力低下的人群、流动人口及随迁子女

分布特征 风险源	时间分布特征	空间分布特征	行业分布特征	人群分布特征
生活饮用水安全	蓝藻、水葫芦爆发期、咸潮	—		
食品安全	5~10月，尤其是6~9月	城区郊区分布均衡	餐饮业（包括公共餐饮、食堂及盒饭），食品零售和批发业	经常在食堂或小餐馆用餐的工人和学生
职业安全	7~9月职业性中暑高发	重化工区建筑工地	电焊、干洗等接触有毒物质特殊行业，教师警察等压力较大职业，建筑工、环卫工等户外工作行业	接触有毒物质的从业人员；警察教师等压力人群；建筑工人、环卫工等露天工作者
药品和医疗安全	—	—	—	老弱病残孕等免疫力低下的人群、婴幼儿

三、上海与其他地区公共卫生风险比较

从国内外对公共卫生风险方面的研究综述来看，目前的研究成果主要集中在对突发公共卫生事件的监测和预警、应急体系和预案编制以及应急能力评价指标体系等方面，另外还有关于公共卫生管理和支出的研究。但我国对于公共卫生风险的测度研究几乎没有。因此，本节对上海及我国其他地区的公共卫生风险度进行测评，并从中找出上海在全国公共卫生风险中的位置。

基于 Handler 的公共卫生体系绩效评价理论框架模型和倪鹏飞的"弓弦箭"评价方法模型，以及结合中国公共卫生的实际情况，按照科学性与可得性相结合、强警戒性和可操作性相结合等指标设计原则，设计了中国公共卫生风险评估指标体系，见图 7 - 6。其中：弓弦为功能性指标，由公共卫生的经济、社会环境和可控资源构成，是保障公共卫生安全的基础；箭为公共卫生安全的标志性指标，包括居民健康指数和突发公共卫生事件指数子系统，是表征公共卫生安全的显示性指标。由"弓弦箭"模型中的功能性和标志性

指标体系可以给出公共卫生安全体系的具体指标和未来着力点。

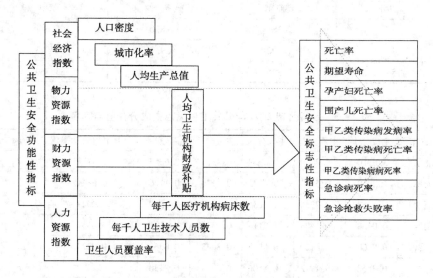

图7-6　公共卫生风险评价的"弓弦箭"模型

基于主成分分析法，对地区公共卫生风险的测度。首先，对指标的原始数据进行标准化处理，其中，负向指标的处理为 $\dfrac{\max(x_j) - x_{i,j}}{\max(x_j) - \min(x_j)}$，正向指标的处理为 $\dfrac{x_{i,j} - \min(x_j)}{\max(x_j) - \min(x_j)}$。其次，运用 SPSS 软件的主成分分析法对指标体系进行了测算，提取5个主成分即主成分1~5，以主成分的方差贡献率作为权数确定了不同主成分因子的权重（见表7-2）。其中，方差贡献率衡量的是公共因子的相对重要性。最后，通过2009年各省区市公共卫生风险主成分1~5的得分及其各自权重构造综合评价函数，便可以得出综合得分即公共卫生风险指数和排名（见表7-3）。本节各指标的原始数据来自中国卫生部最新发布的《中国卫生统计年鉴》（2010）。

表7-2　主成分特征值及方差贡献率

主成分	特征值	贡献率（%）	累计贡献率（%）
1	5.322	31.306	31.306
2	3.655	21.498	52.805

主成分	特征值	贡献率（％）	累计贡献率（％）
3	2.181	12.830	65.634
4	1.690	9.939	75.573
5	1.325	7.796	83.369

表 7 - 3　各省区市 2009 年公共卫生风险主成分分值与排名

省区市	主成分1	主成分2	主成分3	主成分4	主成分5	公共卫生风险指数	全国排名
北京	3.6310	-0.2889	-0.8907	0.0378	0.6055	1.0113	2
天津	1.2960	0.5294	0.4122	0.7176	0.1126	0.6444	3
河北	-0.4957	0.2266	1.3236	-0.5966	-1.1969	0.0027	17
山西	0.0468	-0.1408	1.2116	-0.9342	0.1101	0.0457	10
内蒙古	0.2800	-0.4129	0.8955	-0.8643	0.0369	0.0279	12
辽宁	0.3568	0.1912	0.8506	-0.2359	0.8130	0.2388	6
吉林	0.2892	-0.2415	0.6147	0.3041	1.0042	0.1559	9
黑龙江	0.0549	0.1350	0.2623	-0.4282	-0.0553	0.0367	11
上海	2.7627	1.5849	-0.2864	-0.2251	-1.3143	1.1472	1
江苏	-0.1226	1.1139	0.4632	0.8852	-1.1067	0.3630	4
浙江	0.3672	0.4276	0.3482	0.5126	0.2359	0.2999	5
安徽	-0.8716	0.7344	0.4795	0.5155	-0.3677	-0.0031	18
福建	-0.9444	0.7978	0.7169	0.7135	2.9500	0.0279	13
江西	-0.7599	0.0879	0.2886	0.9377	-0.2175	-0.0952	22
山东	-0.0331	0.7120	0.9823	-0.4492	-1.0396	0.2264	7
河南	-0.5247	0.5995	-0.9209	-1.0154	-0.9992	-0.2441	24
湖北	-0.3685	0.3360	0.1480	0.2639	-0.2363	0.0045	16
湖南	-0.4557	0.0646	-0.1218	0.6047	-1.3263	-0.0812	21
广东	0.2766	0.2427	-0.4230	1.0463	1.3232	0.1709	8
广西	-0.5929	0.1573	-2.6467	0.6507	0.8273	-0.4157	25
海南	-0.4111	0.2811	-0.2982	1.1313	1.1594	0.0155	14
重庆	-0.4075	0.4659	-0.4641	0.4584	-0.3415	-0.0453	19
四川	-0.8166	0.1318	-0.0444	0.1923	-0.5013	-0.2122	23
贵州	-1.0288	-0.4314	-1.1701	0.1235	-0.6447	-0.5494	29
云南	-0.5419	-0.2692	-2.6259	0.9183	-1.0380	-0.4664	28

省区市	主成分1	主成分2	主成分3	主成分4	主成分5	公共卫生风险指数	全国排名
西藏	0.6197	-4.5943	0.4866	1.4001	-0.6651	-0.5852	30
陕西	-0.2824	-0.1225	0.9141	0.0975	-0.4667	0.0153	15
甘肃	-0.7720	-0.6071	0.4190	-1.1323	-0.6019	-0.4282	26
青海	-0.2947	-0.7426	0.2185	-2.1421	0.1703	-0.4378	27
宁夏	-0.1662	-0.4076	0.6625	-0.1738	1.6900	-0.0690	20
新疆	-0.0908	-0.5609	-1.8058	-3.3141	1.0805	-0.6918	31

另外，本节还分别对功能性指标和标志性指标进行了主成分分析，得出基于功能性指标和标志性指标的公共卫生风险功能性和标志性指数，见表7-4。从表中可以看出，公共卫生风险功能性指数、公共卫生风险标志性指数以及公共卫生风险指数的排名不尽相同，有些地区的功能性和标志性指标排名甚至相差甚远，比如西藏。究其原因，主要有以下四点：第一，卫生投入与公共卫生状况改善的结果之间存在时滞性；第二，国家对个别地区的卫生投入有所侧重，尤其是相对于西部地区；第三，各地区人口分布不同，对卫生资源的需求也不相同；第四，各地区政府对公共卫生状况的关注程度不同。因此，可以通过比较三种指标的排名，为高风险或较高风险地区改善公共卫生状况提供借鉴。

表7-4 各省区市公共卫生风险功能性和标志性指数

省区市	公共卫生安全风险功能性指数	排名	省区市	公共卫生安全风险标志性指数	排名
北京	1.9815	1	福建	0.5932	1
上海	0.9519	2	上海	0.5278	2
山西	0.4920	3	天津	0.4392	3
天津	0.4118	4	辽宁	0.4103	4
西藏	0.3522	5	吉林	0.3620	5
内蒙古	0.3518	6	北京	0.3491	6
辽宁	0.3150	7	浙江	0.33355	7
青海	0.2179	8	江苏	0.3324	8
吉林	0.1641	9	山东	0.3010	9

续表

省区市	公共卫生安全风险功能性指数	排名	省区市	公共卫生安全风险标志性指数	排名
浙江	0.0725	10	广东	0.2589	10
陕西	0.0655	11	海南	0.2353	11
新疆	0.0576	12	宁夏	0.2044	12
黑龙江	-0.0106	13	安徽	0.2015	13
宁夏	-0.0143	14	山西	0.1967	14
河北	-0.0480	15	河北	0.1575	15
山东	-0.0593	16	陕西	0.1151	16
甘肃	-0.1861	17	江西	0.0825	17
广东	-0.1918	18	黑龙江	0.0793	18
湖南	-0.2033	19	湖北	0.0652	19
江苏	-0.2371	20	四川	0.0104	20
福建	-0.2509	21	重庆	-0.0169	21
湖北	-0.2644	22	内蒙古	-0.0411	22
河南	-0.2785	23	湖南	-0.1359	23
海南	-0.2796	24	河南	-0.3768	24
重庆	-0.3492	25	广西	-0.4604	25
四川	-0.3654	26	甘肃	-0.4686	26
江西	-0.4089	27	青海	-0.6042	27
广西	-0.4522	28	贵州	-0.6764	28
云南	-0.5078	29	云南	-0.7656	29
安徽	-0.5817	30	西藏	-0.8505	30
贵州	-0.6610	31	新疆	-0.8607	31

　　首先，从表7-5中可以看出，主成分1上载荷较大的变量为人均生产总值、城市化率、每千人卫生机构病床数、每千人卫生技术人员数、卫生人员覆盖率和人均卫生机构财政补贴，说明它主要解释了这六个指标，可以命名为"卫生资源和经济因子"，涵盖了大部分的功能性指标；主成分2上载荷最大的变量是围产儿死亡率和孕产妇死亡率，可以命名为"妇幼保健因子"；在主成分3在甲乙类传染病死亡率和病死率载荷较大，可以命名为"传染病控制因子"；主成分4在急诊病死率有较大的载荷，可以命名为"急诊处置因子"；主成分5在死亡率有较大载荷，可以命名为"综合健康因子"。改善

这五个因子，尤其是前三个因子（对公共卫生安全的贡献率超过60%）分别为卫生资源和经济因子、妇幼保健因子以及传染病控制因子，将在较大程度上减小地区的公共卫生风险。

表7-5　因子旋转矩

		主成分1	主成分2	主成分3	主成分4	主成分5
标志性指标	死亡率	0.5200	-0.2904	0.0169	0.0426	0.6322
	期望寿命	0.5388	0.6881	0.2459	0.1980	0.1147
	围产儿死亡率	0.1456	0.8696	0.1031	0.1699	-0.1381
	甲乙类传染病发病率	0.0618	0.3193	0.2476	0.6552	-0.3400
	甲乙类传染病死亡率	0.1078	0.0614	0.9547	0.0673	0.0176
	甲乙类传染病病死率	0.1148	-0.0510	0.8677	-0.2322	0.2404
	急诊病死率	-0.0475	0.0459	-0.2670	0.8591	0.1516
	急诊抢救失败率	-0.0416	-0.2885	-0.2465	0.0229	-0.7223
	孕产妇死亡率	0.0092	0.9276	0.0448	-0.1335	0.1256
功能性指标	人口密度	0.6471	0.4910	-0.0151	0.1150	-0.2703
	城市化率	0.8134	0.4890	0.1241	0.0887	0.1753
	人均生产总值	0.8519	0.3771	0.1372	0.0839	0.0378
	每千人医疗机构病床数	0.7391	0.1238	0.0578	-0.5103	0.0274
	每千人卫生机构数	-0.2235	-0.7574	0.3314	-0.1886	-0.1118
	卫生人员覆盖率	0.7644	0.1239	0.3029	0.1558	0.0008
	每千人卫生技术人员数	0.9517	0.1409	0.0131	-0.1326	0.1377

其次，从表7-3的综合评价结果来看，根据公共卫生风险指数可将全国各省区市的公共卫生风险等级划分为五类，如表7-6所示。可以发现，全国不同省区市的公共卫生安全状况存在较大的差异，呈现出区域的不平衡性。①北京和上海两个直辖市的公共卫生安全状况优于其他省份。北京作为全国的首都，无论从公共卫生资源还是经济发展水平等方面都有得天独厚的优势。上海经济实力比较雄厚，医疗卫生的基础设施建设比较完备，公共卫生人才有较大的吸引力，因此公共卫生安全系数相对较高。②沿海地区和东北地区的公共卫生安全状况优于中西部地区。从综合排名中可以

看出，南部沿海地区（广东 8、福建 13、海南 11）、东部沿海地区（上海 1、江苏 4、浙江 5）、北部地区（山东 7、河北 17、北京 2、天津 3）和东北地区（辽宁 6、吉林 9、黑龙江 11）的公共卫生状况较好，包含低风险和较低风险地区的所有省市，无一成为公共卫生较高风险和高风险区域。长江中游地区（湖南 21、湖北 16、江西 22、安徽 18）和黄河中游地区（陕西 15、河南 24、山西 13、内蒙古 11）的卫生状况一般。而西南地区（广西 25、云南 28、贵州 29、四川 23、重庆 19）和西北地区（甘肃 26、青海 27、宁夏 20、西藏 30、新疆 31）的卫生状况较差，涵盖了排名后 5 名的所有省份。

表 7 - 6　　全国各地区公共卫生风险等级划分

第一类：公共卫生低风险区	上海、北京
第二类：公共卫生较低风险区	天津、江苏、浙江、辽宁、山东、广东、吉林
第三类：公共卫生中等风险区	山西、黑龙江、内蒙古、福建、海南、陕西、湖北、河北
第四类：公共卫生较高风险区	安徽、重庆、宁夏、湖南、江西、四川、河南、广西、甘肃、青海、云南、贵州
第五类：公共卫生高风险区	西藏、新疆

第二节　上海公共卫生风险源的成因和危害程度分析

一、风险源成因分析

对公共卫生风险源成因的分析，可综合从以下六个方面来阐述：

（一）管理

造成公共卫生风险的管理方面的成因主要是政府及相关部门的不重视、

投资不足，管理上存在疏漏、失职、包庇瞒报等各种不良现象，再加上相关执法部门的执法力度不够，进而引发各类公共卫生安全事件。例如，食物中毒，很多时候是由于质量检测机构的不负责任、蒙混过关和包庇瞒报造成的。政府的投资不足，会导致各种卫生检测机器设备的不先进，进而引起食品药品等的质量不合格，引发各种中毒事件。执法部门的执法力度不够也会对公共卫生安全造成威胁，当责任方的处罚措施不能起到警戒作用时，就不能从源头解决公共卫生安全问题。

（二）人的因素

人的因素是造成公共卫生安全隐患的关键和重要方面，人们的公共卫生意识薄弱，预防疾病以及处理突发性公共卫生事件的能力低下，其中也包括造成突发性公共卫生事件责任人的不负责任的行为。在传染病、饮用水安全和食品安全这三种风险源类型中，人们对个人卫生情况的不重视，对自身周围环境的卫生情况不够敏感，容易造成传染病的传播和引起饮用水安全事件、食物中毒事件。工人缺乏职业卫生意识、自我保护意识较差，患者对药品及医疗卫生安全知识不熟悉，也容易引发职业安全事件和药品医疗卫生安全事件。劳动者雇主和医生等责任方不负责任、自私自利的行为也是公共卫生风险源中人的因素的重要组成部分。

（三）机器

机器设备的落后、运转能力低下、准确度不高都会引发突发性公共安全事件。医疗设备不够先进，使传染病的治愈率降低，也会引发医疗卫生安全事件。净水设备落后以及输送水源的设备不卫生情况，都会引发饮用水安全问题，造成水源性疾病。食品加工机器设备不卫生、检验检疫设备不够先进，会导致食品的质量存在问题，进而引发食物中毒等食源性疾病，对人们的生命健康造成威胁。每种职业都有其特定的设备，如果设备的安全性存在问题，如机器设备的老化，本身质量不过关，就容易引发职业安全事故。药品的制造需要精密的机器设备，如果机器设备不够先进，就会使药品的安全性降低，药品在流通之前，需要做大量的试验和检验工作，如果设备出现问题，药品的安全就没有保障，从而引发药品安全事件。

（四）材料

材料一般是各种风险源的源头，如果源头出现问题，那么必定会造成突发性公共卫生安全事件。饮用水的水源地被污染、食品的原材料质量不合格或残留有毒物质、劳动者接触的劳动材料对人们身体有害或有毒、药品的各种化学试剂等原料质量不合格，都会造成公共卫生安全事件。药品的质量不合格、疗效甚微等情况，使传染病的传播和病情不能得到有效控制，也会引发各种医疗事故，对公共卫生造成威胁。

（五）法律法规

法律法规的内容不完善；法律法规的更新时间较长，不能适应社会的发展，许多法律法规在发现问题的时候，并不能及时完善更新，这就会使许多造成安全事故的责任方钻了法律的空子；处罚力度不够大。以食品安全法律法规为例，不仅仅是食品安全的基本法，其他的如农兽药、添加剂标准、病原性防范等方面，我国尚未设立相应的法律法规；我国的《食品卫生法》从制定到现在从未修改过，随着十多年食品产业的飞速发展，监控体制的不断变更，早就已经过时，直到2009年《食品安全法》的颁布，这部基本法才废止，我国的具体国情不同，修改法律的难度大，但这不能成为立法滞后的理由；我国新的食品安全法在对食品安全问题的惩罚措施上仍较多地采用罚款的手法，根本不足以震慑违法厂商和造假商。这些方面都会使我国关于公共卫生的各种法律法规出现漏洞，不能起到法律的规范作用，从而引起各种突发性公共卫生安全事件。

（六）环境

环境污染、自然灾害都会次生出各类公共卫生安全事件。环境污染极易引起传染病、饮用水安全事件、食物中毒事件；自然灾害的发生，总会带来各类传染病的大规模爆发；一些极端天气（例如雷电天气）容易引发职业性的安全事故；自然条件的高温环境容易使食物变质，使药品制剂发生质变，引起食物药品中毒事件；高温、湿度大又容易造成医疗等机器设备的老化损坏，引起医疗安全事故。

综上，上海市公共卫生的风险源成因分析见表7-7。

表7－7　上海市公共卫生风险源成因分析

风险源成因＼风险源类型	管理	人	机	料	法	环
传染病	医疗机构不完善、政府投资不足	预防疾病意识不强	医疗设备不先进	药品的质量和效果不好		环境污染、自然灾害引发
生活饮用水安全	管理不善、政府投资不足	缺乏饮水卫生意识	净水设备落后、输送设备不卫生	水源地被污染		环境污染中的水污染
食品安全	监管不严、执法不力	食品卫生意识欠缺	加工机器设备不卫生、检验设备不够先进	原材料不合格，本身残留有毒物质	1. 法律机制不够健全 2. 法律的完善不够及时 3. 对造成危害的责任方的惩治措施不够有力	环境污染、自然条件（如高温）
职业安全	投资重视不足、监管不严、执法不力	缺乏职业卫生防护知识和自我保护意识	劳动设备老化、工作设备本身存在隐患	劳动原材料有毒		一些极端天气（例如雷电天气）、高温
药品和医疗安全	投资重视不足、医疗部门不负责任、执法不力	患者药品及医疗安全知识不足、医生职业道德缺失	药品制造、检测技术设备不够先进、医疗设备不够先进	各种化学制剂原料质量不过关、药品本身质量不过关、疗效甚微		药品制剂受自然环境（如高温）的影响而发生质变，医疗设备由于自然环境（如高温、湿度大等）而老化损坏

二、风险源的危害程度分析

公共卫生安全事故是威胁上海市城市运行的重要风险源。因为公共卫生安全事件不仅会对人们的生命健康造成危害，也会产生次生危害，最重要的是会引起人们的恐慌，进而容易引发社会安全事件。传染病、饮用水安全事件、食品安全事件、职业安全事件都会在一定程度上引起人们的恐慌，影响人们的心理健康，进而导致社会安全事件的发生。药品安全和医疗卫生安全事件容易使人们对药品和医疗机构产生不信任感，进而使人们拒绝接受疫苗的注射，拒绝医疗机构的救助，对患者的身体和心理造成危害，并极易引起医患冲突事件，从而次生出社会安全事件。并且医疗机构的卫生条件差极易造成传染病的传播、病毒细菌的交叉感染，引起严重的公共卫生事件。

公共卫生风险源的主要危害、次生灾害及典型案例见表7-8。

表7-8　风险源的危害及典型案例分析

风险源类型	主要危害	次生灾害	上海典型案例	国内典型案例	国外典型案例
传染病	危害人类的身体和心理健康	引起人们的恐慌，次生社会安全事件	2009 年甲型 H1N1 流感的爆发	非典、禽流感、甲型 H1N1 流感的爆发	甲型 H1N1 流感
生活饮用水安全	引发水源性疾病，危害人类用水安全	引起人们的恐慌，威胁社会安全	1987 年底爆发的甲型病毒性肝炎	2001 年北京市海淀区某高校集体性水污染引起多病原感染性腹泻	日本的痛痛病
食品安全	引发食源性疾病，食物中毒事件，危害人类生命健康	引起人们的恐慌，次生社会安全事件	2010 年 12 月闵行集体性食物中毒事件	2009 年三鹿奶粉事件	2006 年美国"毒菠菜"事件、2008 年日本"毒大米"事件
职业安全	引起职业病、心理疾病和职业中毒，危害人类身心健康	引起职业性心理疾病，进而引发社会安全事件	2007 年有机溶剂中毒事件	富士康跳楼事件	英国 Powertrain 公司职业哮喘事件
药品及医疗安全	引起药品中毒事件，对患者生命安全造成威胁；引起传染病的传播、病毒细菌的交叉感染，对人们生命健康造成危害	引起人们对药品的不信任，进而拒绝服用药品，易引发医患冲突事件，次生社会安全事件	2010 年 9 月麻疹疫苗事件；2010 年 9 月"眼科门"事件	鱼腥草事件、齐二药事件、2010 年"超女"王贝整形事件	2006 年巴拿马药品中毒事件、2010 年超级细菌的感染主要发生在医院

第三节　上海公共卫生安全管理模式

一、上海市公共卫生常态管理模式："市—区县—社区"三级网络体系

从上海市疾病预防管理模式来看，上海已经建立和形成了以市疾病预防控制中心、区县疾病预防控制中心和区县社区卫生服务中心为主干的疾病预防控制三级网络体系，建立疾病预防控制长效管理机制，培养出一支专业素质高、综合能力强的疾病预防控制专业队伍[1]。

以区为中心，上海市公共卫生管理机构是由"区卫生局—区疾病预防控制中心、区卫生局卫生监督所、区检验所—街道基层卫生监督科、防保科"三个层次构成，以黄浦区为例，其基本情况为：①管理关系：区疾病预防控制中心、区卫生局卫生监督所、区检验所为具有独立法人资格的事业单位，组织、人事关系隶属区卫生局；街道基层卫生监督科、防保科由各街道医院管理，属于集体单位，业务受区疾控中心、区卫生局卫生监督所管辖。②财政负担：采用"分灶吃饭原则"，也就是区卫生局卫生监督所、区疾控中心、区检验所由区卫生局负担（其中一部分为有偿服务），基层卫生监督科、防保科由各街道医院负担，区卫生局给予一定的补贴。③管辖权限及范围：区疾病预防控制中心（包括基层防保科）主要负责辖区内传染病、慢性病管理、预防知识的培训、指导、疫情处理、分析及急性职业中毒的预防和处理等；区卫生局卫生监督（包括基层监督科）主要负责辖区内公共卫生监督管理及食物中毒的预防和处理、配合区疾控中心做好急性职业中毒等方面的调查处理工作；区检验所主要负责卫生检测工作。其组织网络、三级防病网络体系、传染病监测报告网络如图7-7、图7-8、图7-9所示[2]。

---

① 上海模式探索我国公共卫生体系的发展脉搏. http：//www.jktd.org/article/4581.html.

② 沈福杰等. 浅析香港上海黄浦公共卫生体系建设之比较 [J]. 中国公共卫生管理，2005，21 (5)：377～379.

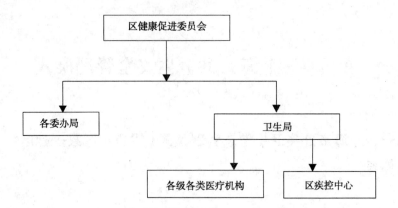

图 7 - 7　上海市区县公共卫生组织网络

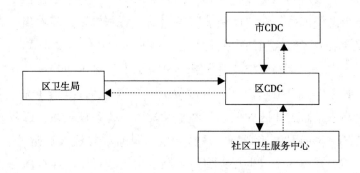

图 7 - 8　上海市区县三级防病网络

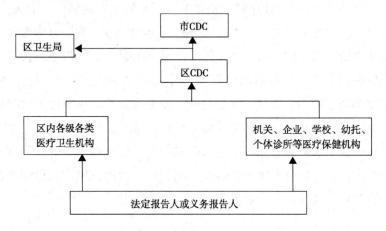

图 7 - 9　上海市传染病监测报告网络

二、上海市公共卫生应急管理模式：以上海市政府领导的上海市应急处理指挥部为中心，地方政府及其有关部门、医疗卫生机构、公众积极配合①

（1）上海市应急处理指挥部：上海市突发公共事件应急管理工作由市委、市政府统一领导。市政府是突发公共事件应急管理工作的行政领导机构。市应急委决定和部署突发公共事件应急管理工作，其日常事务由市应急办负责。一旦发生特别重大和重大突发公共卫生事件，市政府根据应急处置需要，设立市突发公共卫生事件应急处置指挥部，实施对特大和重大突发公共卫生事件应急处置的统一指挥。市应急联动中心设在市公安局，作为上海市突发公共事件应急联动先期处置的职能机构和指挥平台，履行应急联动处置较大和一般突发公共事件、组织联动单位对特大或重大突发公共事件进行先期处置等职责。各联动单位在各自职责范围内，负责对突发公共事件进行应急联动先期处置。

（2）地方政府及其有关部门：在突发事件发生后，上海市卫生局首先组织专家对突发事件进行综合评估，初步判断突发事件的类型，提出是否启动突发事件应急预案的建议。上海市突发事件应急处理指挥部对突发事件应急处理工作进行督察和指导，上海市人民政府及其有关部门予以配合。人民政府卫生行政主管部门或者其他有关部门指定的突发事件应急处理专业技术机构，负责突发事件的技术调查、确证、处置、控制和评价工作。应急预案启动后，突发事件发生地的人民政府有关部门根据预案规定的职责要求，服从突发事件应急处理指挥部的统一指挥，立即到达规定岗位，采取有关的控制措施。市和区县疾病预防控制机构、卫生监督机构有权对突发公共卫生事件现场进行调查、采样、技术分析和检验，对突发公共卫生事件应急处理工作进行技术指导。各区县地方人民政府卫生行政主管部门应当对突发事件现场等采取控制措施，宣传突发事件防治知识，及时对易受感染的人群和其他易受损害的人群采取应急接种、预防性投药、群体防护等措施。传染病爆发、流行时，街道、乡镇以及居民委

---

① 根据上海卫生局网站公布应急体系整理而来。

员会、村民委员会应当组织力量，团结协作，群防群治，协助卫生行政主管部门和其他有关部门、医疗卫生机构做好疫情信息的收集和报告、人员的分散隔离、公共卫生措施的落实工作，向居民、村民宣传传染病防治的相关知识。

（3）医疗卫生机构：医疗卫生机构、监测机构和科学研究机构，在遇到突发公共卫生事件时，积极服从突发事件应急处理指挥部的统一指挥，相互配合、协作，集中力量开展相关的科学研究工作。各级各类医疗机构及其医护人员应当服从统一指挥和调度，全力以赴对因突发公共卫生事件致病、致伤人员提供现场救援和进行医疗救治。

（4）公众：在突发事件中需要接受隔离治疗、医学观察措施的病人、疑似病人和传染病病人及密切接触者在卫生行政主管部门或者有关机构采取医学措施时应当予以配合；拒绝配合的，由公安机关依法协助强制执行。

三、上海市公共卫生管理模式存在的问题

从中国 31 个省市公共卫生风险度的比较可以看出，上海市属于公共卫生低风险地区，虽然上海市在处理突发性公共卫生事件较之其他地区更为成熟，但还是存在一定的缺陷，尤其是在疾病的预防和缓和方面，具体表现在以下几个方面：

1. 卫生建设投入不充足

与国外相比，我国政府在预防方面投入明显不足，如目前国内公共卫生资金只有 15% 投入疾病预防工作，明显太少；上海市黄浦区社区卫生服务中预防费用目前为 9.5 元/人，但按当期的实际需求，标准应该是 22 元/人（均为 2005 年数据）；另外，医疗保险部门也未将疾病预防纳入医疗保险项目。从而使得"预防为主"、"以人为本"的方针没有得到有效的贯彻①。政府经费投入不足，公共卫生领域的基础设施，技术设备的更新跟不上其他行业的进步，则不能保证良好的人员配备、充足的物质储备。

2. 城乡资源配置不平衡

近年来，上海不断完善和提升郊区农村的公共医疗卫生水平，取得了较大成

---

① 沈福杰等. 浅析香港上海黄浦公共卫生体系建设之比较［J］. 中国公共卫生管理，2005，21（5）：377～379.

绩，但城乡公共卫生资源分布仍存在很大差距，农村公共卫生体系依然比较薄弱。

从城乡各区县医疗机构总数和床位总数看（见图 7 - 10），2009 年，郊区各区县虽然发展比较平衡，但整体数量较小；城区各区县发展波动情况较大，但平均数量比郊区要大。由表 7 - 9 可得，城区平均每区拥有医疗机构数为 180.70 个，而郊区为 150.75 个，城乡相差 29.95 个；城区平均每区拥有床位数为 6846.70 张，而郊区为 3905.88 张，城乡相差 2939.82 张。从总体数据可以看出，城乡医疗水平差距较大。

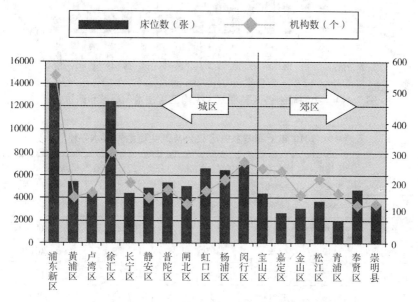

图 7 - 10　上海城乡各区县卫生机构及床位数①

从城乡各区县每万人拥有卫生技术人员数和床位数来看（见图 7 - 11），2009 年，仍然是郊区分布较之城区分布更加平衡，郊区各区县水平相近，而城区各区县间却有很大波动。由表 7 - 9 可得，城区平均每万人拥有卫生技术人员数为 87.69 人，而郊区为 43.43 人，城乡相差 44.26 人；城区平均每万人拥有床位数为 63.85 张，而郊区为 36.79 张，城乡相差 27.07 张。从平均数据也可以看出，上海城市和郊区在公共卫生资源发展水平上还是存在一定差距的，城乡发展存在不平衡的现象。

---

① 根据上海市统计局《上海市统计年鉴》（2010）绘制。

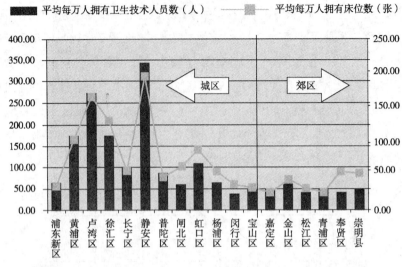

图 7-11　上海城乡各区县每万人平均卫生技术人员数和床位数①

表 7-9　2010 年上海城乡各区县公共卫生资源发展水平比较

区域	区县	机构数（个）	床位数（张）	卫生技术人员（人）	平均每万人拥有床位数（张）	平均每万人拥有卫生技术人员数（人）
城区	浦东新区	564	14066	18644	33.57	44.49
	黄浦区	104	5442	8962	102.29	168.46
	卢湾区	119	4372	7034	162.29	261.10
	徐汇区	274	12613	16097	131.02	167.21
	长宁区	156	4361	7274	67.72	112.95
城区	静安区	97	4883	8465	196.58	340.78
	普陀区	129	5090	6544	44.81	57.61
	闸北区	74	4835	4955	63.59	65.17
	虹口区	123	6446	8178	83.63	106.10
	杨浦区	167	6349	7854	52.64	65.11
郊区	闵行区	234	6775	7509	37.34	41.39
	宝山区	208	4293	6156	31.44	45.08
	嘉定区	198	2756	4410	24.93	39.90
	金山区	105	3468	4395	50.19	63.60

① 根据上海市统计局《上海市统计年鉴》（2010）绘制。

区域	区县	机构数（个）	床位数（张）	卫生技术人员（人）	平均每万人拥有床位数（张）	平均每万人拥有卫生技术人员数（人）
郊区	松江区	168	3906	4300	32.83	36.14
	青浦区	114	2071	3101	25.40	38.03
	奉贤区	69	4583	3661	55.96	44.70
	崇明县	110	3395	3352	49.03	48.41

数据来源：上海市统计局. 上海市统计年鉴（2010）。

3. 应急法制体系不健全

无论在常态还是应急状态下，政府行为法制化和依法行政，是政府实施有效治理的基本原则。中国目前对公共紧急状态和危机情境的对抗手段比较分散，行政命令大于法治。中国目前关于公共卫生的法律有《传染病防治法》、《食品卫生法》、《传染病防治实施办法》等，并有《突发公共卫生事件应急条例》、《重大动物疫情应急条例》等应急管理条例，但所包含内容并不十分全面。在遇到重大突发性事件或特殊事件时，相关法律和应急条例并不能发挥其应有的作用，因此，应该健全我国的法制体系。上海市政府也应根据上海市的情况制定相应的公共卫生方面的法律法规，强化应急管理体制，从法制体系上提高上海市应对突发公共卫生事件的能力。

4. 社会参与力量不完全

适应现代社会要求的政府是有限的政府，管理范围有限，责任有限。甲流等突发事件暴露出政府治理在培育和发挥社会力量作用方面的缺陷：①传统政府管理思维限制了民间组织在公共突发事件中扮演角色和发挥作用，政府一直处在主导地位，并习惯于以行政为主导的行为程序；②忽视民间力量和社会力量，未能给这支力量发挥作用提供适度空间和保障。此外，由于种种法律、政策、观念等障碍，目前中国的非政府组织和民间力量发育不良，自身也存在许多问题。由于"全能政府"的存在，中国政策社会化程度不高，导致非营利性组织的声音依然微弱，多数公众对其了解不足①。

5. 官员问责制度不完善

"对上不对下"是原有官僚制度的固有缺陷，在涉及人命关天的突发事

---

① 李娟. 公共卫生突发事件应急管理对策研究［D］. 成都：电子科技大学，2006.

件面前，固有的思维惯性造成某些地方和部门对相关疫情的隐瞒、缓报甚至欺骗。按照以往惯例，一般都是官员本人直接犯有重大错误，才会被免职。真正由于工作不力者责权范围内出现重大问题而被免职的很少，过于强调官员个人的主观动机，而不论其工作成效，缺乏一种权力与责任对等的意识。"以两名部长级高官被免职，开始追究官员责任为标志，随后全国各地先后追究数百官员的责任，停职检查、免职、党内警告和政纪处分。这是我国首次在突发灾害事件中，就同一问题连续地、大范围地处分失职官员成为我国推动政治文明进程的一个显著标志"①。

第四节　提高上海公共卫生安全的对策建议

要提高上海市公共卫生安全的整体状况，需要政府及其有关部门、医疗卫生机构和公众的共同参与，努力形成"政府主导，医疗机构配合，公众参与"的有力格局，从整体上提高上海市公共卫生安全度。

一、政府层面：坚持医药卫生事业公益性质，建立健全基本医疗卫生制度②

（一）加强公共卫生建设

以上海市第三轮公共卫生体系建设三年行动计划实施为契机，全面加强疾病防御、卫生监督、院前急救、职业病防治等各领域建设。强化市级疾病预防控制机构功能建设，完善公共卫生服务三级网络架构。整合各类健康教育、健康促进资源，进一步提高健康知识普及率。

---

① 李娟. 公共卫生突发事件应急管理对策研究 [D]. 成都：电子科技大学，2006.
② 周振华. 创新驱动转型发展（2010/2011 年上海发展报告）[M]. 上海：格致出版社，2011.

（二）优化医疗资源配置

加快制订上海市医疗机构设置规划，着重在人口导入区、郊区新城及医疗资源缺乏区域引进优质医疗机构，逐步缩小城乡服务水平差距。深化完善医疗资源纵向整合，提高不同层次医疗机构的资源使用效率。大力发展康复医疗、康复服务和老年护理服务，加强妇产科、儿科、精神卫生等短缺医疗资源的配置。

（三）强化社区卫生服务

继续做实社区卫生服务机构"六位一体"功能，形成以维护和促进居民健康为中心的健康管理导向。转变社区卫生服务模式，探索建立家庭医生制度，加快推进居民电子健康档案建设，使社区成为居民健康的"守门人"。

（四）推进公立医院改革

在政府投入逐步到位、医疗服务价格合理调整、全面实施医保总额预付制基础上，加强成本核算，完善补偿机制，扭转公立医院趋利行为。完善公立医院运行机制，构建以战略管理、全面预算、绩效考核、资产监管为重点的专业化管理制度。

（五）建设智慧医疗体系

智慧的医疗系统以互联互通、协作、预防、普及性、激发创新和可靠为特征，通过电子简历和一体化平台，将整个医疗网络联系在一起，以解决目前医疗行业所存在的医疗体系效率低下、医疗服务质量欠佳、医疗分配不均等问题。上海建设智慧医疗体系的进程将加快，不仅推进病例电子化或建立健康档案，而且将以协同合作为核心，实现社区服务中心，疾病防控专家，二、三级医院，基本药物配送物流以及医保报销部门之间的协作，从而及早预防重大疾病的发生，并实施快速有效响应[1]。

---

[1]　周振华.创新驱动转型发展（2010/2011 年上海发展报告）[M].上海：格致出版社，2011.

（六）探索智慧食品安全

智慧食品安全是指整合和分析参与食品安全链当中的一些实体的移动和属性的变化和规律，建立较为完善科学的食品安全监控体系，以使质量监督单位协同相关企业和工厂对从食品的生产、加工，到运输、销售各个环节的闭合圈实行全程监控，从而确保食品安全。这就要求建立起完善的追踪系统、生产评估系统和应急制度。首先，要用统一的食品监控机制和监管标准来进行信息采集，感知时间、温度，还有相应的一些原材料、加工工艺、包装方法等物理特征变化，以及复杂的化学特征变化。其次，追溯是食品安全当中一种非常有力的技术手段，它将来自于各环节的多种分离设备上的数据整合在一起，获得食品安全链当中的一些实体的移动和属性变化规律。这需要靠云计算技术建一个数据中心，以解决信息的互联互通问题，形成一个全城全网的一种可追溯可追责的食品安全追溯网络。此外，还需要建立监管数据平台和应急预警系统，实行真正的食品召回制度①。

二、医疗机构层面：强化突发事件应急训练，建设智慧医疗体系

（一）提高医疗救治队伍的专业水平

各医疗机构要充分利用医疗水平较高的技术人员，平时在原先的医疗机构从事正常的医疗工作，定期进行公共卫生突发事件的各种应急训练。在公共卫生突发事件发生后，接受相关政府部门的统一指挥，担任医疗救治骨干，亲自进行医疗或者指导医疗工作。应急培训工作要做到制度化和规范化。

（二）明确医疗急救机构的责任义务

急救机构依托常设的急救机构设置一般包括应急救援中心、综合医院急诊科、城市急救中心、疾病预防控制中心、传染病救治机构（院）等。市应

---

① 周振华. 创新驱动转型发展（2010/2011 年上海发展报告）［M］. 上海：格致出版社，2011.

急救援中心接受市卫生局的直接领导，在公共卫生突发事件发生时，负责全面指挥、调控全市的急救医疗机构和人员；平时负责指导相关处置、医疗技术培训和医疗指导工作。各区县应急救援中心，负责指挥、调控本区内的医疗救治资源，保证突发事件的现场急救、病人的转运和安全疏散等，必要时与110系统、119系统联动。综合医院急诊科承担公共卫生突发事件中的主要医疗救治任务，负责病人生命救治，转入专科进行长期支持等工作。传染病医院负责传染病疑似病例、确诊病例的诊断和治疗，以及危重传染病人的重症监护等①。

（三）强化机构工作流程的针对性

参加公共卫生突发事件处理的各级机构，要制定针对性强的工作流程。例如，针对传染病的流行特性，包括法定的传染病鼠疫、霍乱、非典和人禽流感、肺炭疽、出血热等制定的工作流程；中毒类包括各种吸入性和经口摄入的重大中毒事件，以及投毒事件制定的工作流程；自然灾难和矿难事故的处理规程等；起病原因不明的公共卫生重大突发事件等工作流程。平时按照此流程进行训练②。

三、公众层面：加强公共卫生安全意识，明确自身责任与义务

公众公共卫生安全意识不强，是引发传染病、食物中毒、职业中毒等公共卫生事件的重要因素。因此，加强公众的公共卫生安全意识尤为重要。人们应该增加公共安全的知识，从网络中、书本上自觉地学习处理危机事件的方法，接受并认真学习政府的宣传知识、救助知识和普及教育，增强自身处理突发性公共安全事件的能力。通过口头交流的方式影响周围的人群，传授处理突发事件的经验方法，加强他们对公共安全的重视程度和应变能力。在生活中谨慎认真，不做威胁公共安全的任何行为，并在遇到突发事件时保持冷静的思维，迅速找到自救和救助他人的方法，做到危难情况下互相鼓励、

---

①②　李娟. 公共卫生突发事件应急管理对策研究［D］. 成都：电子科技大学，2006.

互相帮助、不退缩、不放弃。只有这样才能从根本上提高人们对公共安全意识的重视程度，并从整体上提高人们应变突发公共安全事件的能力。

在突发事件中需要接受隔离治疗、医学观察措施的病人、疑似病人和传染病病人及密切接触者在卫生行政主管部门或者有关机构采取医学措施时应当予以配合，积极参与到救治工作中，对人对己都是有益的。在发现疑似病人时，公众应尽快反馈给政府及有关机构，团结集体的力量，与突发公共卫生事件相抗衡。明确公共卫生事业是攸关人民大众的一项事业，是公众的责任和义务。

第八章　上海城市社会安全

　　社会安全是城市安全的重要组成部分之一。古往今来，安全是人类所追求的首要价值之一。各类社会安全事件的发生，不但使人处于某种不安全的境遇之中，而且还给社会造成无法预料的巨大危险与伤害。改革开放30多年，中国经济建设取得了显著成绩，当前正处于改革发展的关键时期，整个社会的利益结构和阶层结构处在深度调整期，这种利益结构和阶层结构的调整带来了社会阶层多样化和利益主体多元化。伴随着这种变化，社会各阶层之间产生了大量的利益冲突，社会安全受到威胁。近些年，社会群体性事件不断增多，参与人数不断扩大；参与的人员结构趋于复杂，行为方式更加激烈，直接冲击党政机关和公共部门。另外，中国经济对外依存度加大，经济金融风险增高，危及整个国家的经济安全。这一切都表明，中国已面临着严重的社会安全问题。历史经验表明，在这种社会矛盾高发时期，如果可以正确地加以引导，就能够使国家进入黄金发展期，顺利实现国家现代化的目标。否则，将会引发政局不稳、社会失控，最终断送国家的现代化进程，并使整个国家长时期陷入动荡混乱中，这也就是人们说的"拉美陷阱"。因此，我们必须高度重视、积极化解社会风险，使我国顺利渡过风险期，实现国家现代化的发展目标。特别是对上海这样一个2300万常住人口的国际化大型都市，社会安全就显得尤为重要。

第一节　社会安全的内涵

一、社会安全的概念界定

社会安全这一概念最早是作为国家安全这一概念的分支提出的。当联合国提出"人类安全"概念的时候，也只是狭义地指"国家安全"，这是因为当时世界正从世界大战的恐慌中走出，对社会安全的最好保障就是国家安全，只有国家安全得到了保障，才能保护国内人们的生命财产安全，实现社会安全。

第一次从社会本体意义上提出社会安全概念的是著名的以巴瑞·布赞和奥利·维夫等欧洲学者为代表的哥本哈根学派，在苏联解体后、国际安全形势发生巨大变化的背景下提出来的。他们突破了传统的以国家军事安全为核心的研究范式，第一次提出社会安全所涉及的客体是社会，而不是国家，是整个社会的安全而不是社会内部某些团体和个人的安全。维夫指出，社会安全主要关注一个社会在条件变动和受到可能的实际威胁情况下保持其基本特征的能力。他们从群体认同的角度对社会安全进行了全新界定。

马克思主义理论当中对社会安全的论述在其历史辩证法中可见一斑，马克思认为人类社会是处在不断变化和发展中的有机整体和复杂系统。人类社会的发展过程中的矛盾永远存在。广义的社会安全就是指人类社会系统可以克服各种矛盾，把妨碍社会系统良性运行和协调有序发展的因素及作用控制在最小的范围内，从而保持社会良性运行和协调有序发展。它强调指出了社会安全既是一种社会现象，又是一种社会过程，是包括生态安全、政治安全、经济安全等在内的一种"大安全"。而狭义的社会安全则是相对于生态安全、政治安全、经济安全等而言的一种"小安全"。

在我国，对社会安全这一概念也没有明确的界定。如《中华人民共和国突发事件应对法》（以下简称《突发事件应对法》）将"社会安全事件"与"自然灾害、事故灾难、公共卫生事件"并列；《国家突发公共事件总体应急预案》

采用列举的手法对"社会安全事件"的外延进行概括。它指出，社会安全事件主要是指恐怖事件、城市火灾、瘟疫传染病（如 SARS 等）、群体性暴力事件、政治性骚乱、经济危机及风暴、商品安全、粮食安全、水安全、金融安全、网络安全、重大交通事故等。目前学术界对于"社会安全"一词作出界定的也不多见，也不统一。有的认为社会安全是指社会没有发展严重危害社会秩序的突发事件。更多人侧重研究社会风险，从各类社会安全事件角度，主要包括恐怖袭击事件、经济安全事件、涉外突发事件和群体性事件等方面研究社会安全。

我们认为，社会安全是与社会动荡相对，是社会平稳发展的一种状态。《现代汉语词典》中将"社会"解释为泛指由于共同物质条件而相互联系起来的人群。按照马克思主义的观点，所谓社会就是人与人之间关系的总和。"安全"，是指"没有危险，不受威胁"。所以社会安全是指人与人之间关系领域内的，没有发生威胁人与人之间正常关系或者整体利益的事件。社会安全也有"大概念"与"小概念"之分。"大概念"的社会安全包括政治、经济、文化、公共卫生、城市交通、城市建设生产、自然生态等各个方面的安全；而"小概念"的社会安全是与自然灾害、事故灾难、公共卫生事件等并列，主要是社会自身的平稳有序运转。小概念的社会安全事件主要包括恐怖袭击事件、民族宗教事件、经济安全事件、涉外突发事件和群体性事件等。

二、社会安全的研究现状

20 世纪 60～80 年代，西方危机管理理论形成了一个社会安全研究高潮，社会风险逐渐被社会学界所关注，西方许多著名的社会学家如贝克、吉登斯、卢曼、拉什等都从风险角度对社会安全进行了比较深入的研究。研究领域也比较齐全，从理论研究、国际危机研究、冲突研究、危机中的个人、团体与组织关系研究等各个方面都涌现了大量的专著。德国学者乌尔里希·贝克是最早探讨风险的社会学家之一，他使"风险"一词成了理解现代性社会的一种核心观念，并且首次提出"风险社会"（ Risk society）这一概念。在 1986 年出版的《风险社会：迈向一种新的现代性》一书中，贝克从生态问题入手，将生态危机视为社会危机，并在此基础上诊断工业文明所面临的困境。

在贝克看来，人类以前的活动所涉及的都是个别人的风险；而现在，源自于核裂变或放射性废料的则是所有人类面临的全球性危险。早期，风险带有勇敢和冒险的意味；现在，风险则是指对地球上所有生命的毁灭的威胁。所以，现在的风险与古老的风险不同，是现代化本身的结果。正因为如此，贝克才把现代社会称为风险社会。由于现代风险是现代性的产物，因此，现代风险具有全球性和均等化的特点，"地球已经变成一架弹射座椅，不分贫富，不分黑白，也不分南北或东西，但是这种效应只有在发生时才存在，而一旦发生，它又不复存在了，因为不再有什么存在了"①。

"9·11"事件以后，对社会安全出现了第二次研究高潮，从决策、冲突、个人与集团、公共管理等视角对社会安全进行研究。研究对象与范围大大拓宽。原有的社会安全研究注重风险管理，而现在研究关注的重点拓展到生态危机、金融危机、人道主义危机、公共卫生危机等方面。采用了定量研究，通过使用计算机进行模拟分析，从个案研究入手，运用数理统计软件，通过对历史和现实中的各项危机进行比较和分析，运用心理学、经济学、社会学等学科，为促进社会安全提供了各种可能。

中国也有一些学者从20世纪80年代开始研究社会安全，主要是从社会风险角度切入，从处置社会突发事件的目的出发，以维护社会主义社会和谐稳定为宗旨，如1987年王巍出版的《国家风险——开放时代的不测风云》一书。宋林飞于1989年就提出"社会风险早期预警系统"。在李培林提出社会转型的概念后，陆学艺、郑杭生等知名学者进一步发展，完善了社会转型理论，针对社会转型中社会安全稳定进行了深入研究。"社会转型"就成为分析中国现代化进程中社会安全的有力工具和主导范式。郑杭生认为，中国社会的结构性断裂导致社会各阶层和群体之间难以达成共识，无法进行广泛的社会动员和有效的社会控制，不利于社会风险的治理②。陆学艺等对我国的社会分层做了系统的实证研究，将整个社会分为十大社会阶层和五大社会等级，并在十大社会阶层和五大社会等级之间建立交叉对应关系，产生了社会不

---

① Ulrich Beck：Risk society—towards a new modernity. Translated by Mark Ritte. —London；Newbury Park，Calif：Sage Publications，1992：37.

② 郑杭生，洪大用. 我国转型期的社会安全隐患与对策 [J]. 中国人民大学学报，2004（2）.

稳定的因素①。孙立平认为现代社会存在着严重的断裂和分化，社会下层普遍存在逆反现象，只要是来自上层的意图、决定，都会引起下层人们作出自本能的反感和自发的抵制。李强认为，中国已经形成了一个精英阶层和庞大的底层社会，上层精英的社会资本可以互相交换，而下层群体则是一盘散沙，两者之间的贫富差距逐渐被拉大，中国社会结构呈现"倒丁字型"，社会张力加大，十分脆弱②。康晓光也认为，在"分类控制"的国家与社会的基本关系下，上层精英不会对现有的权力结构进行挑战，社会稳定的关键在于底层大众③。

　　总的来看，无论国外还是国内，学界对社会风险的研究深入还都不够。正如卢曼所说，即便是今天，社会风险一词依然含混不清。在许多社会学者那里风险与社会风险混用，广义的社会风险与狭义的社会风险不分。很少有人去深入探讨社会风险的内涵、社会风险的形成原因等问题。而现代社会的风险性特征和中国社会加速转型期的高风险性，迫切需要我们加强对风险尤其是社会风险的研究。

第二节　上海社会安全的分析

一、上海进入社会风险的高发期

　　改革开放 30 多年，上海经济经历了持续增长。它推动社会不断发展进步，并于 21 世纪初在全国范围内率先进入社会发展的战略转型阶段。这一阶段，既是社会发展的重要机遇期，也是各种矛盾和问题集中爆发的敏感节点，特别是上海在仅用 30 年便走完了发达国家主要城市近百年来走过的路程的同时，积累了大量这些城市用近百年时间才解决的社会难题。

　　2000 年上海的 HDI 指数已经达到 0.86，2005 年提升至 0.93，与中国香

---

① 转引白钢，林广华. 论政治的合法性原理 [J]. 天津社会科学，2002 (4).
② 李强. 倒"丁"字社会结构与结构紧张 [J]. 社会学研究，2005 (3).
③ 康晓光. 未来 3～5 年中国大陆政治稳定性分析 [J]. 战略与管理，2002 (3).

港和新加坡的差距正在逐年缩小，上海已经处于人类发展高水平①；而同期
中国的 HDI 指数低于 0.80，尚处在中等人类发展水平（见表 8 - 1）。近几年
上海 GDP 增长也非常快，人均 GDP 已经突破 1 万美元。自 2000 年开始，上海
恩格尔系数呈现稳步下降趋势，2007 年已降至 0.367。第三产业占 GDP 比重逐
步逼近 55%，人均期望寿命达到 81 岁，教育文化及交通通信支出比重逐渐稳
定在 18% 左右（见图 8 - 1）。这些关键性指标所在区间，与中国香港、新加坡
等发达国家和地区在经历类似阶段的情况基本一致，并且大幅超过全国平均水
平（见表 8 - 2），上海率先于全国呈现出非常明显的社会转型性特征。

表 8 - 1　上海与部分国家和地区的 HDI 指数比较

国家/地区	2000 年 HDI 指数	排名	2003 年 HDI 指数	排名	2005 年 HDI 指数	排名	人类发展水平
中国香港	0.888	23	0.916	22	0.937	21	高
新加坡	0.885	25	0.907	25	0.922	25	高
中国	0.726	96	0.755	85	0.777	81	中
上海	0.860	32	0.890	27	0.930	24	高

数据来源：①联合国开发署（UNDP）历年人类发展报告；②上海的数据系国内有关研究机构测算。

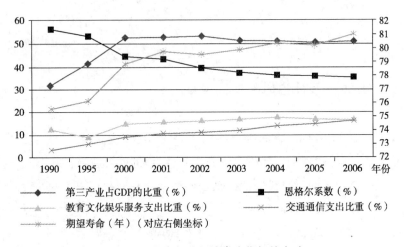

图 8 - 1　上海部分经济社会指标的变动

数据来源：历年《上海统计年鉴》。

---

①　按联合国的标准，HDI 大于 0.80 的国家或地区属高人类发展水平，在 0.50～0.80 之间属中
等人类发展水平，低于 0.50 则是低人类发展水平。

表 8 - 2 上海部分经济社会指标与全国的对比 (2006 年)

	第三产业占 GDP 比重（%）	恩格尔系数（%）（逆指标）	教育文化娱乐服务支出比重（%）	交通通信支出比重（%）	期望寿命（年）
上海	50.58	35.60	16.50	15.80	81
全国	39.40	39.84	10.70	6.90	72

数据来源：根据 2007 年中国及上海统计年鉴整理。

上海社会发展进入了一个战略转型期。这个阶段，既是社会发展战略机遇期，又是社会矛盾突发期。老百姓更加注重生活质量、发展、公平、民生，对社会发展提出了更高要求，我们一定要加快社会建设，进一步提高满足老百姓社会需求的能力，避免可能出现的各类社会矛盾，推进和谐城市建设，加快城市的战略转型（见图 8 - 2）。

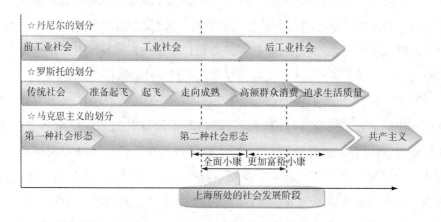

图 8 - 2 根据不同理论对上海所处社会发展阶段的判断

社会发展规律表明，经济社会必须均衡发展，两者彼此依托、互为支撑，缺乏社会支持的经济增长必定不可维系。长期以来，受客观发展阶段和发展条件所限，上海必须优先发展经济。但过于注重经济增长，对社会领域的关注和投入明显不足，导致经济社会发展严重失衡。从中国历史和国际经验来看，经济增长并不必然导致社会稳定，事实上，经济增长兼具促进和破坏的"双向效应"。社会运动理论中的"倒丁字型"假设认为，社会大动荡往往不是发生在经济长期停滞的地方，而是发生在经历了经济增长的地方。根据托克维尔的观察，最可能发生动荡的时刻是经济停止增长、开始出现下滑的拐点，法国大革命正是发生在这样一个时刻。社会动荡进而严重影响经济的进一步发展，"拉美陷阱"或"拉美病"便是最好的例证。

当前，上海在社会转型过程中所表现的主要特征，可以归结为以下"五个不匹配"：

第一，经济高速增长与社会事业不足的不匹配。在社会转型期，民众面临的"日常生活风险"日益增多，包括贫困、失业、疾病、心理压力等，这就要求政府不断加大对社会事业的投入和建设。从经济学角度看，针对社会事业的投资能够刺激消费需求，提升人力资本，从而拉动经济增长。近年来，尽管重经济、轻社会的状况已开始改变，但长期形成的思维惯性和严重的历史欠账，使得社会事业发展的步伐仍不能满足民众之需。具体表现在：首先，社会事业投入占财政支出的比例仍然较低，投入的增速低于财政收入的增速。其次，城市和郊区农村之间享有的社会事业差距较大，城乡统筹发展力度不够。最后，户籍人口和外来人口之间的社会福利性差距持续扩大，福利享有并未和社会贡献相匹配，导致了对外来人口的社会排斥，不利于社会融合的实现。

第二，优化社会治理与政府改革滞后的不匹配。随着居民水平的提高和社会分化的加速，民众对政府社会管理与服务的需求越加广泛化和多样化。从计划经济向市场经济的转型过程中，政府包揽全部社会管理职能越来越力不从心，客观上要求形成政府、市场、社会三方相互协调的多元治理结构。其中，民间组织扮演着服务供给、利益表达、矛盾化解等重要角色。但是当前，上海社会治理的格局仍体现为政府一家独大的局面，政府改革较为滞后，社会管理职能转移的步伐较慢，民间组织成长的瓶颈依旧存在，不能有效地替政府分忧解难。这种状况导致政府直接处于社会矛盾和冲突的风口浪尖，承担了巨大的风险。

第三，和谐社会构建与社会阶层极化的不匹配。构建和谐社会必然要求形成以"橄榄型"为主的社会阶层结构，各阶层能共享改革发展的成果。作为这一结构主体的中产阶层，由于能够缓冲来自社会两极的冲突、捍卫主流价值观念，以及维护现有社会制度而显得尤其重要。目前上海尚未形成"橄榄型"的阶层结构，中产阶层规模偏小，社会底层群体相对较多。更为严峻的是，正在蔓延的国际金融危机使得中产阶层财富大幅缩水，部分成员滑入社会底层，他们和部分新增失业人员一起，扩大了底层群体的规模。上海的社会阶层结构可能因此会向"金字塔型"变动，出现两极分化趋势，导致结构性风险因素急剧增加。

第四，城市跨越发展与人口结构失衡的不匹配。（人口红利，高素质劳动力，人口老龄化，区域不平衡）上海要在较短的时间内通过跨越式发展成为世界城市，一个必不可少的条件是合理的人口结构。它体现为合理的人口年龄结构、劳动力素质结构，以及国别结构。首先，上海在全国率先进入老龄化社会，也是目前老龄化最严重的地区，达到上海人口总数的20.8%。上海的老龄化还体现为高龄化与少子化，如果没有人口机械增长的持续供给，上海的"人口红利"将很快耗尽，严重制约城市发展所需的劳动力供应。其次，上海仍然大量缺乏建设"四个中心"所需的高素质劳动力，特别是高级管理人才和科技领军人物。最后，对比其他主要国际化大都市，上海常住人口中的外籍人士比例太低，不利于丰富城市多样性，提高城市活力。

第五，对外开放深化与核心价值混乱的不匹配。每一个世界城市背后都有着鲜明的核心价值观和城市精神作为支撑。随着中国全方位融入全球化进程，上海作为改革开放前沿，成为东西方文化、观念和思想激烈交汇冲撞的核心区域。在这一过程初期，西方意识形态迅猛进入，直接冲击了上海原有的价值观念体系，社会核心价值呈现出模糊和混乱的局面。这种情形导致了整个城市还未能形成公认的核心价值观，无法有效弘扬上海特有的城市精神，严重阻碍了文化产业的发展，进而削弱了城市的软实力，不利于在世界范围内塑造上海的城市形象。

以上"五个不匹配"表明，上海在社会发展的战略转型期显现和潜伏着众多程度不一的社会风险，在未来一段时期内，存在着诱发重大社会风险的因素。一些细微的突发事件很可能引爆这些风险因素，从而酿成社会混乱。与此同时，随着全球化进程的加快，以2008年国际金融危机为代表的"外来冲击型"风险不断影响着上海，并极易与本地区原有的"内生累积型"风险相结合，导致叠加倍增的危害效应，严重阻碍了上海加快城市转型和建设国际化大都市的步伐。

二、上海社会发展面临的主要问题

由于近年来公民意识的增强与网络社会的活跃，一些普通的社会矛盾或冲突可能成为社会危机的导火索。加之多年来上海积累的社会矛盾，上海目前将处于"内外夹逼"的社会风险高发期，上海社会发展面临以下四个方面的突出问题。

（一）政治领域中的社会问题

1. 政府公信力下降

计划经济体制已经解体，但政府的职能还没有完全转变。在参与市场经济活动中，由于利益驱动，存在"道德风险"倾向，利用控制的土地等国有资源获取利益，降低了市民对政府的信任。政策、制度得不到有效执行，也降低了政府公信力。上海在世博会动迁中制定了"阳光动迁"政策，但在一些操作上没有做到"阳光"。这造成一些市民对政策的误解，大大降低了政府的公信力。"社保案"发生后，腐败问题对上海市政府的公信力又造成了一次冲击。政府公信力的降低直接影响政府的号召力，市民对政府政策的不理解、不认同，组织群众活动也缺少了必要的支撑，造成各项政策执行更加困难。要树立一个让市民相信，让百姓信赖的政府是上海市政府转变政府职能的一个主要工作。

2. 市民政治参与渠道不畅

扩大市民有序的政治参与，是政府政治发展的一个目标。目前上海广大市民的政治参与渠道不是很通畅，市民能够行使的公民权利似乎只有五年一次的人大代表选举。对这一次选举的权利，上海市青年也只有20%认为这是"充分行使公民权利"；而34.7%的青年认为"只是一个过程，形式主义的味道较浓"，还有25%的青年认为"这是一种权利，但太微不足道了"。另外，政府在制定政策时会举行听证会，而在调查市民对听证制度认同中有将近一半（49.4%）的市民表示"关心但不参与"或"不确定"。其原因是认为政府民主征询大多只是形式，参与没有实质的意义，市民政治参与的渠道不通畅，参与意识和参与能力存在反差；执行性参与多于决策性参与；发泄性参与、非制度化参与时有发生。参与渠道的不畅也导致居民政治参与积极性不高。健全群众的参政议政的渠道，对推进政治的民主进程有着重要意义。

3. 社会阶层的不和谐

对上海现有户籍人口统计资料的分析表明，中间阶层（或者可以称做中等收入群体）已经构成上海户籍人口的多数，约占上海人口总数的40%。中间阶层成为社会结构的主体。上海户籍人口已呈现出"纺锤型"或"橄榄型"的状态。然而上海这种"橄榄型"的社会结构中，占多数的中层白领青年阶层的政治取向不是很明朗，对金钱物质利益的追求超过了对政治权力的诉求。当这一阶层有了共同的政治诉求，将是一股主导社会的力量。由于一些客观原因，底层阶层在改革开发的大潮中处于相对弱势的状态，他们往往对国家改革开放的政策持不信任的态度。他们心中的"仇富心态"是影响社会稳定的主要因素。阶层间的不和谐会导致社会缺少安定团结。上海社会还存在着阶层间的缺少相互开放和平等进入的机制，出现了阶层排斥、阶层断裂和阶层剥夺等问题。阶层间的矛盾如果不能很好地解决，将会影响上海社会的和谐稳定。

（二）经济领域中的社会问题

1. 贫富差距不断扩大

改革开放30多年来，在追求效率与公平中我们往往更加注重效率，然而一部分先富起来的人并没有带动其他人富起来。1995年上海市的基尼系数是0.211，而到2004年上升到0.3304。目前虽没有权威的数据，但不少专家、学者都认为上海基尼系数已经超过0.4的国际警戒线水平。贫富差距还表现在城市居民与农村居民收入差距快速拉大。目前，城乡居民实际收入之比达6倍多，在全世界最高。不同行业间的收入差距也很大，特别是国有垄断型企业员工的收入一度成为社会争论的焦点。企业内管理人员与一线员工的工资福利水平差距也增长过快，经理层年薪动辄一二十万元，而一线员工月工资却只有1000多元，这样容易造成一线员工的心态失衡。贫富差距拉大是社会不和谐的主要原因，"不患寡，而患不均"。上海作为国际大都市，各种高档消费对人们充满了诱惑，贫富差距问题更容易受到激化，引发社会问题。

2. 就业难度不断扩大

上海的就业形势近几年来比较紧张，全市劳动力需求将继续萎缩。在本市已有失业大军（"2030 无业青年"、"4050 人员"等）的基础上，将会出现大学毕业生、农民工、白领人员、下岗再就业群体的失业"四碰头"，其造成的连锁反应将严重影响社会稳定。

一是高校毕业生群体。随着高校扩招，上海高校毕业生将创下历史新高，加之前几年滚动积累了大量一直未就业的毕业生，目前求职的大学生数量将急剧增加。同时，针对毕业大学生的岗位需求锐减。以往吸纳大学毕业生较多的金融行业、制造业以及房地产业，招聘规模均大幅缩减。事实上，即使在经济较为景气的前几年，上海高校毕业生的初次就业率也仅为 50% 左右。在当前经济形势前景不明朗、企业缩减招聘规模的困难形势下，上海高校毕业生的就业之路无疑将更为艰难。

对毕业大学生而言，其家庭（尤其是贫困家庭）对教育的前期巨大投资亟待通过就业来实现回报。他们毕业即失业，将会直接给本人及家庭生计带来巨大冲击。另外，年轻大学生抗挫折能力不强，部分学生本来就对社会主流意识形态认同度不高，现实的就业危机造成的心理落差极易导致其行为失衡，加上大学生群体号召力和煽动力强，掌握现代科技知识，其对社会造成的危害将极为严重。

二是农民工群体。据不完全统计，目前来沪的农民工为 400 万人，其中有72.5% 集中于制造业、建筑业和批发零售业三大行业。而在国际经济萧条以及国内市场低迷的影响下，这些行业最容易受到冲击。自 2008 年下半年以来，中国出口导向型制造企业大批停产，沿海许多地区已经出现农民工"失业潮"，并呈现从外地涌入上海的趋势。而在上海郊区，企业歇业、停产甚至倒闭，导致农民工失业情况时有发生，这一群体失业后仍有相当数量滞留于上海市。在这两方面的因素影响下，上海失业农民工的总计数量将进一步增加。

根据上海市公安局统计，即便在经济社会形势平稳发展时期，上海市刑事犯罪也绝大部分来自于外来农民工群体。因此，数量庞大的农民工失业人群，将会成为城市秩序和城市安全的巨大隐患。而且，相当数量的农民工本人及家庭成员已来沪多年，返乡已十分困难。如果农民工失去就业收入，将直接影响其下一代的教育和成长，给城市发展增添新的不稳定因素。

三是白领阶层。对白领个人而言，失业不但使其生活质量明显下降，还意味着其身份与社会地位的骤变，焦虑、抑郁、悲观等负面情绪将由此蔓延。对社会而言，白领中产阶层是拉动消费市场的主力军。如果白领大量失业，市场消费将委靡不振，最终将反向影响企业生产，导致社会失业的恶性循环。此外，若白领大量失业，还可能引发银行按揭贷款的还款危机，银行金融风险将因此骤增。

四是下岗再就业群体。虽然上海市上百万下岗职工大部分已实现再就业，但由于知识技能不足、年龄偏大等因素，其再就业岗位多为不稳定的低端岗位。如果他们遭遇"二次下岗"，全家生活将会因此遭受沉重打击，极可能引发上访等群体性事件。

3. 房价增幅超过平均工资增幅

在全国房价继续高歌猛进的同时，上海的房价已经开始理性回落，交易量也有所萎缩，然而回落的房价对普通居民来说还是有些偏高，而且房价增幅远远超过居民收入水平的增幅。如古北板块 2000 年楼盘每平方米售价7000 元左右。2010 年每平方米售价为 28000～30000 元，累计涨幅差不多 4倍。大华板块在 2000 年每平方米售价 3000 元左右，目前每平方米售价为18000 元左右，累计涨幅 6 倍。从这两个板块的房价变化情况看，年均涨幅都超过了 25%。而上海职工工资平均水平整体不高，2000 年职工平均月工资为 1285 元；2003 年上涨到 1846 元，2010 年为 3896 元，平均年均涨幅为13%。较低的工资水平给上海普通居民的住宅条件改善带来了很多困难。特别是上海到了一个青年人结婚相对集中的阶段，虚高的房价给新人双方的父母带来了沉重的经济负担。高涨的房价使在上海工作的青年人工作居无定所，产生一种漂泊感。

4. 通货膨胀压力持续增大

在当前通货膨胀和股市低迷局面下，如果政府推出的各项"救市"措施不见起色，居民财富收入将遭遇两大严重危机。

一是高企的 CPI 带来收入水平相对下降。部分曾经衣食无忧的中产阶层人士将因通货膨胀而出现生活困顿。低收入、低技能以及非稳定就业困难群体（包括"4050人员"、下岗后临时再就业人员、郊区农民、常住农民工等）的生活更加艰难。例如，上海市郊区农民人均可支配收入的73.3%，来源于在工厂就业获取的工资性收入，如果遭遇通货膨胀，维持生活基本需要将面临巨大困难。

二是财产性收入"跳水"。股市已持续不振，如果股市继续萧条，股市"套牢"的风险将加大，同时如果楼市有大幅波动，更多的购房者将深陷房产价值低于银行贷款的"负资产"泥潭。

收入是保障居民生活的基石。如果政府不能有效地保证居民的财富收入，社会秩序混乱和社会治安恶化风险将加大。股民、购房者与政府部门、房地产公司的纠纷将一触即发，在其他城市已经发生的打砸售楼处、冲击证券交易机构等群体性事件不排除在上海也会发生。同时，居民（尤其是中产阶层）财富收入大幅缩水极有可能导致社会贫富差距加大，部分中产阶层将向社会下层滑落，导致"金字塔型"社会结构趋势进一步明显，不利于社会稳定。

5. 大规模城市建设过程中动迁、征地的后遗症

改革开放以来，上海进入了城市重建阶段。旧区改造、市政建设动迁、商业动迁、郊区城镇建设，各种利益诉求纷繁复杂，各种矛盾冲突激烈。有的矛盾久拖不决，成为信访中最大的一个问题，特别是动拆迁和农民失地的问题尤为突出。

6. 国有企业改革过程中历史包袱不能有效消化

在渐进式改革过程中，国有企业原来承担的劳动者住房、就业、保障、福利等责任逐步移交给社会，但新制度构建中试错性的两面性，不可避免地出现制度的空白。特别是产业结构退二进三调整中，不发达的第三产业不足以充分吸纳第二产业人员，大量富余人员分离到社会上，在这30多年的市场经济体制建立中，就业问题成为最突出的矛盾。

（三）文化领域中的社会问题

1. 下一代教育问题

在下一代的教育问题上，目前上海主要存在以下两个方面的问题：一是

教育内容上的失衡。二是教育方式失当，存在重养轻教，重智轻情，过分溺爱。据上海精神卫生中心对3000名4~6岁儿童的心理调查发现，88%的儿童有不良行为；11%的儿童情绪抑郁、自卑；8.5%的儿童忧虑、紧张。而在上海社科院青少所和社会调查中心完成的调研资料显示，中小学心理障碍患病率为21.6%~32%，在可能染患的心理障碍中，居于首位的是神经症状，占42.86%；其次是行为症状，占22.16%，再次是社交障碍，占15.93%。长辈对孩子的奖励、惩罚以成绩为基准，而不是辨别是非、善恶与美丑的能力。这种对于情感、道德作用的忽视，会使子女在道德认识、情感、意志等方面产生扭曲。有专家认为，上海的儿童心理发展普遍存在的问题是对长辈及他人的施爱行为反应迟钝、冷淡、共处能力差。下一代的教育问题是关系到社会可持续发展的主要动力，上海都市型独生子女的独立能力让人担忧，在竞争如此激烈的城市中，需要培育下一代独立面对生活、迎接挑战的能力。

2. 社会公德缺位

在现今社会，人们追求物质享受，在市场经济的旋涡中，急功近利的浮躁心态抑制了人们道德责任感的生长，由此弱化了建立在道德评价之上的非正式制度对人们行为的约束作用。甚至有些人为了牟取经济利益采取了不道德的方式。最近全国出现了多起食品安全问题，说明了公德的缺失。上海虽然没有出现这些问题，但是上海社会民众的社会公德却也不容乐观。调查显示，当前部分未成年人在思想道德的认识上偏离主流价值观，如在对诚信的评价上，46.1%的受访者认为"诚实意味着吃亏"，5%的受访者更认同"只要能办成事都无所谓"。在对公共伦理的认同上，明显违背基本公共伦理规范的比例达到了26%。社会公德的缺位会导致人与人之间的关系不和谐，整个社会缺少必要的诚信，影响城市的形象，进而影响到政治、经济、文化和社会的发展。

3. 文化缺少凝聚力

海派文化是上海发展的精神支柱。随着人民群众的物质文化需要不断提高并趋于多样化，利益关系更加复杂，各种思想文化相互激荡、相互交汇融合，人们的思想活动的独立性、选择性、多变性、差异性明显增强。随着人民物质生活水平的提高，文化生活进入一个空前繁荣和活跃的时期，各种文化传媒产业蓬勃发展。上海电影节、电视节在国内外也颇具有影响力，文化交流活动也非常活跃。2011 年引进的音乐剧《狮子王》上演超过 100 场，文化产业的蓬勃发展，并没有带来文化凝聚力的提升，高档文化距离百姓还有一定的距离，大家对海派文化的认同度也不高。当今互联网成为信息快速传递的新渠道，人们受各种思想观念的影响明显增多，伴随着传媒业竞争的日益加剧，大众传媒在利益和兴趣的支配下特别关注"社会事件"的发生，甚至不惜对报道大量"注水"，做"合理想象"，添枝加叶，夸大事实；或者歪曲真相，哗众取宠，追求轰动和猎奇；有的眼睛只盯着社会的阴暗面，忽视了对正面社会现象的报道，误导听众和观众。

（四）社会生活中的社会问题

1. 社会老龄化出现

自 1979 年以来，上海就成为中国最早步入老龄化的城市，目前也是中国老龄化最严重的城市。上海老年人口的特点表现在以下几个方面：首先，老年人口基数大，增长快。截至 2009 年末，上海 60 岁及以上老年人口已突破 330 万，占户籍人口的比重为 22.75%。其次，高龄化趋势明显。随着生活状况的改善和医疗保健水平的提高，人们的预期寿命不断延长。2010 年，上海人口预期寿命男性为 79.82 岁，女性为 84.44 岁。上海老龄化程度已进入了发达国家的行列，呈现了"未富先老"的特征。未来上海的人口老龄化问题将显得更加突出，社会保障制度的不完善和老年人赡养方式的社会化，将使得老年人问题越来越成为一个需要常态和紧急处置相结合的公共事务。特别是早年退休职工和历史上"支内"、"支边"、"上山下乡"人员年老回沪。他们对上海社会老龄化问题都会产生更加深远的影响。

2. 外来流动人口管理难题

流动人口已成为上海经济与社会发展不可忽视的重要组成部分，直接影响到上海和谐社会的建设。据 2010 年人口普查数据初步汇总情况，以 2010 年 11 月 1 日零点为标准时点，全市常住人口为 2301.91 万人，同以 2000 年 11 月 1 日零时为标准时点的上海市第五次人口普查（以下简称"五普"）的 1673.77 万人相比，10 年间共增加 628.14 万人，增长 37.53%；平均每年增加 62. 81 万人，年平均增长率为 3. 24%。全市常住人口中，外省市来沪常住人口为 897. 70 万人，占 39. 00%；与"五普"的 346. 49 万人相比，10 年间共增加 551. 21 万人，增长 159. 08%；平均每年增加 55. 12 万人，年平均增长率为 9. 99%。目前关于外来流动人口的管理问题主要体现在：一是来沪人员子女的教育问题是社会关注的一个焦点。根据市教委的统计，外来学龄人口小学、初中在学率分别是 93%、95%，比上海市分别低 6 个和 4 个百分点。虽然上海已经取消了对流动人口子女就读公办学校的借读费，但是，外来人口入学需要各种证件证明和远比本地学生烦琐的手续，本地学校在招生时人为设置的障碍，阻碍了外来学龄人口享用城市优质教学资源。二是外来人口的社会保障问题，上海在全国率先将流动人口纳入社会保障体系，建立起专门针对外来从业人员的综合社会保险制度。但是，综合保险的建立并没有消除同工不同保险的现象，综合保险在制度设计上没有考虑与其他社会基本保险的衔接和转换，成为一种完全孤立的险种；综合保险没有考虑到参保人群也就是流动人口的多层次性，影响参保的积极性，参保覆盖面不广。

3. 社会组织发育不够，虚拟社区不规范

上海的社会组织发展还处于起步、探索的阶段，与国际大都市相比还存在较大的差距。例如，在世界贸易组织对服务业划分的 143 个行业中，上海市中介业只涉及 40 多个行业。从国际比较来看，上海市的市场中介服务业在经济规模，产业能级和国际化程度方面与其他国家也有较大差距，有些中介服务如航运经纪、货币经纪以及企业职能外包等中介服务，还比较缺乏。从上海的现代都市格局分析，社会组织无论是从其数量、规模、功能以及法制建设来看，远远不能适应需要。目前不少行业协会往往沦为政府相关职能部门的"附庸"，充当了"二政府"的角色，"政社不分"的问题尤为突出。有些组织标榜自己是非营利性组织，但其目的却是为本部门人谋取利益。上海真正属于民间性的自治组织数量很少，组织结构也不健全。社会组织不健全的另外一个表现就是虚拟网络社区的壮大，据不完全统计，仅东方网上的虚拟社区就达 7000 多个。虽然其合法地位一直得不到落实，但是虚拟社区在现实社会发挥着越来越大的作用。政府必须重视这个问题，积极引导虚拟社区发挥作用。

4. 社会保障压力前所未有

一方面，各类保障性需求将在 2009 年出现爆发性增长。随着 2009 年上海市劳动用工需求量的进一步萎缩，一些处于"低收入"水平以及就业不稳定的居民极有可能失去工作，失去赖以生存的重要经济收入来源，从而无法维系基本生计，领取失业救济金的人数将大量增加，城镇与农村"低保"家庭数也将增加。同时，由于家庭基本生活支出的刚性，一些原本就处于"低保"及低收入状态的居民，其生存空间将受到更为严重的挤压，急需社会救济与社会福利。因此，2009 年扩大社保覆盖人群、加大社会救助力度的工作将格外繁重。

另一方面，伴随经济形势的恶化，政府扩大社会保障供给的能力将受到较大制约。2008 年，上海市地方财政收入增速已出现迅猛下滑，全年最后两个月的财政收入增幅很可能出现同比负增长；2009 年，财政收入状况更不容乐观，这将直接制约政府扩大社会保障供给的能力。特别是考虑到上海市最近出台了"八条"刺激经济的政策，提出"2010 年将安排 1600 亿元优先投入政府项目建设"，用于支持社保的财力恐趋紧张。

社会保障制度是维持居民基本生活的公共防线。越是在特殊困难时期，越是需要发挥社会保障的安全网作用。2009 年，如果政府不及时采取有力措施巩固这道防线，任由形势恶化，困难人群的基本生存将面临严重威胁。长期下去，他们将会逐渐对政府和社会失去信任。

5. 社会诚信和信心遭遇整体性危机

诚信是社会成员之间基本信赖与和谐关系的重要基础，信心则是克服危机的重要精神力量。在社会安全得不到保障的情况下，脆弱的社会诚信体系与社会信心极有可能遭到进一步打击。

一是企业失信愈演愈烈。随着经济形势的恶化，企业面临资金周转紧张困局，企业间相互拖欠资金、滞缴员工社会保险费用、拖欠员工工资，甚至携款潜逃等情况随时可能发生。企业负责人逃匿失踪，留下的是数以万计被拖欠工资的农民工及大量坏账。事实上，类似事件近期在上海已有发生。同时，受资金紧张之困，企业拖欠银行贷款、非法集资等行为可能大量滋生，银行呆坏账增加，将导致银行整个体系的金融安全风险加大。由于中国不同于西方国家，居民存款储蓄率较高，如果出现金融恐慌，"挤兑"风潮将可能发生。

二是社会个体诚信遭遇严重考验。由于经济形势较为严峻，加上市民整体素质有待提高以及相关制度尚不完善，社会个体失信的现象将进一步增加。一方面，个体不履行合同等不诚信行为将增加。承担、履行义务是社会个体诚信的基本标准，但由于经济压力，个体选择逃避义务的可能性加大。另一方面，在个人财力紧张的条件下，个体靠欺骗甚至诈骗获利、钻制度漏洞、"搭便车"的现象可能会增多。伴随个体诚信的丧失，社会互动规则、社会核心价值观将面临严重挑战，全社会的道德标准将由此陷入紊乱，社会交易成本剧增，导致社会秩序发生混乱。

三、上海社会风险源分析

上海社会安全风险源主要来自群体性事件、恐怖袭击事件、经济安全事件、民族宗教事件、社会治安案件、踩踏事件等。

（一）风险源及分布特征分析

1. 群体性事件

近年来，集体上访和群体性事件频发，而且规模不断升级，事件的组织化倾向提高，网络群体性事件成为新特点。这可能导致聚众堵塞交通，冲击党政机关以及引发社会舆论和危机。群体性事件诱因主要有以下四个：①拆迁补偿不合理引起争议；②国有企业改制引发国有资产流失和职工利益受损；③企业拖欠职工工资、福利等劳资纠纷；④城管执法冲突等。有专家称，劳资纠纷引发的群体性事件将进入高发期，上海2009年劳动争议案件为8548件，是2008年的1.13倍，此类风险源应该重点关注。

2. 恐怖袭击事件

"9·11"事件标志着恐怖袭击风险的严重性。随着上海国际地位的不断提升，政治和经济因素导致的恐怖袭击事件不可忽视。许多迹象表明，恐怖分子的视线已经开始转向诸如核电站、能源基地、电脑网络等目标。美国已经开始注意防御恐怖分子通过电脑网络摧毁社会服务系统、扰乱经济运行网络、破坏军事体系、削弱公众信心等众多至关紧要的社会安全问题。

3. 经济安全事件

股市、楼市的暴跌以及物价飞涨对社会也会产生巨大的影响，造成社会成员资产损失以及焦虑、压抑的情绪，影响社会稳定。另外，对重点领域的外资投资和并购项目审查不当也可能导致我国经济命脉受国外控制的威胁，危害社会经济安全。

4. 民族宗教事件

民族分裂势力、宗教狂热分子与敌对势力相勾结，或者被敌对势力所利用，形成影响社会安全的势力可能影响社会稳定甚至导致恐怖袭击事件。

5. 社会治安案件

由于正处于社会转型、经济转轨的特殊时期，各种社会问题集中出现，如贫富差距带来的不良利益驱动、社会压力大引发的不良心态等，都会给社会治安带来冲击。

6. 踩踏事件

踩踏事件多发于人员密集拥挤区域，如学校楼梯、重大活动区域等。四川师范大学张玉堂教授通过对 2000～2009 年 10 年来我国发生的 28 起学校楼梯踩踏事故的分析得出，"第四季度"是学校楼梯事故多发季度，占全部踩踏事故的 67.86%。上海也应重点关注校园踩踏事件。

针对这些风险源，其时间、空间和人群分布特征如表 8 - 3 所示。

表 8 - 3　社会安全的风险源分布特征

类型分布	空间分布特征	时间分布特征	人群分布特征
群体性事件	市中心广场、党政机关门口	—	动拆迁居民、下岗职工、低收入者、贫困人口、流动摊贩
恐怖袭击事件	重要部门、机场、车站、地铁、标志性建筑、网络	重大活动、节日期间；敏感时期	恐怖分子
经济安全事件	—	物价、房价高涨时期；经济过冷时期	—

续表

类型分布	空间分布特征	时间分布特征	人群分布特征
民族宗教事件	市中心广场、重要部门、机场、车站、地铁、标志性建筑，少数民族聚居区	重大活动、节日期间；敏感时期	民族分裂分子和宗教极端主义势力
社会治安案件	治安混乱地区，城乡接合部，网络	年末	犯罪分子
踩踏事件	人群密集区	重大活动时期；人员聚集时间	聚集的人群

（二）风险源的成因分析

社会安全的风险源可以从管理、人的因素、法律和环境来分析其成因，但多数风险都是由多种因素相互作用而产生的，见表8-4。

表8-4　社会安全风险源成因分析

风险源／事故类型	管理	人	法	环
群体性事件	政府执法不当或者与群众沟通不足	不安全、不稳定、不确定的心理感受引发烦躁、焦虑、不安的心态	相关法律和监管体系不够完善	各种社会矛盾冲突显现
恐怖袭击事件、民族宗教事件	防恐演习和防卫训练不足	人员疏散、谈判、解救、防爆技能不足		政治问题和民族宗教问题存在不确定性
踩踏事件	对社会公众的危机教育训练的严重不足	安全素质较低		—
经济安全事件	宏观调控手段有待提高，对外资投资审查力度不够	—		外国资本进入，在国际化进程中
社会治安事件	对社会成员的心理辅导匮乏	社会成员挫折感、焦虑和压抑等不良心态缺乏疏导和调适		社会问题和经济问题

第一，群体性事件中的警民冲突、拆迁人员与拆迁户冲突等，暴露出工作人员执法不当或是履行职责过程中沟通不当的问题。从上海闸北杨佳"血

案"、云南普洱市警民暴力冲突血案以及孟连事件中，警民冲突导致的社会治安案件应引起充分的关注。另外，在目前社会转型经济转轨时期，各种社会矛盾凸显，如安全生产、环境污染、拆迁补偿等方面存在的矛盾都有可能引发群体性事件。

第二，根据上海市 2010 年统计年鉴显示，公安机关查处的治安事件中最主要的是殴打他人，其次是扰乱工作和公共秩序，赌博，骗取、抢夺、敲诈勒索财物（见图 8 - 3）。另外，在公安机关 2009 年立案的刑事案件中，盗窃和诈骗案件占所有刑事案件总数的 80.16%。尤其是对于网络和电话诈骗和勒索，社会成员的安全意识有待提高，政府有责任对社会成员进行必要的安全教育。很多社会治安问题是由于社会问题如人际交流渠道不畅、社会心理疏导和宣泄机制缺失，人群社会适应能力弱化；经济问题如通货膨胀、经济较冷等引发的。

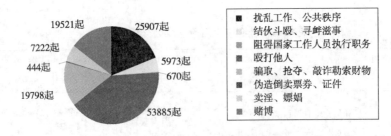

图 8 - 3　2010 年上海社会治安事件的成因与比重

第三，据南开大学的调查报告显示，半数以上接受调查的公司表示，为开拓市场，它们曾有过商业贿赂行为。跨国企业在华行贿事件一直呈上升趋势，中国在 10 年内至少调查了 50 万件腐败事件，其中 64% 与国际贸易和外商有关。而上海外资企业众多，经济安全风险不容忽视，涉外法律有待完善和补充。

（三）风险源的危害程度分析

社会安全事件对城市运行造成的风险既有直接的也有间接的。社会安全事件可能直接破坏社会运行的正常秩序，威胁人身和经济安全；也会引发其他安全事件或者其他风险，如公共卫生风险、交通事故等，从而间接影响城市的安全运行（见表 8 - 5）。

表 8 – 5　社会安全风险源的危害及典型案例

风险源类型	主要危害	次生灾害	上海典型案例	国内典型案例
群体性事件	破坏社会秩序和治安，影响正常的生产生活	可能导致踩踏事件和社会治安案件；人群聚众阻塞交通	上海钓鱼执法案件	甘肃陇南上访事件
踩踏事件	威胁人身安全	—	上海世博会韩流演唱会踩踏事件	2010 年 11 月 29 日阿克苏校园踩踏事件
恐怖袭击事件	危害人的身心安全，造成经济损失，影响社会稳定	产生的有害物质可能导致公共卫生事件和环境污染事件	—	—
民族宗教事件	危害人身安全和社会稳定	可能引发社会治安事件和恐怖袭击事件	—	拉萨 3·14 打砸抢烧事件
经济安全事件	威胁经济命脉，影响经济发展和社会稳定	可能引发群体性事件	力拓"间谍门"事件	
社会治安事件	影响社会秩序	可能导致群体性事件、火灾、交通事故等	杨佳袭警案、劫持人质案件	2009 年 10 月深圳接连 3 起校园绑架案

第三节　促进上海社会安全的管理机制

一、完善上海社会风险管理系统，增强城市抵抗社会风险能力

国际经验表明，特大型城市需要一套包括风险预警、风险应急处置及风险管理保障在内的社会风险管理系统。上海应该加快建立适应自身特点的社会风险管理系统，以妥善应对可能出现的各类社会风险。

第一，健全社会风险预警机制。风险预警机制能对社会即将发生风险的

临界状态做出警示性信号，以便于社会管理者及时采取对策。上海健全社会风险预警机制，重点在于建立完善的社会运行监控体系，建立民意动态调查机制，及时了解各阶层对改革措施、政府工作、社会秩序等问题的看法。着重加强对信访信息的分析，加强网络信息排查，及时预测社会可能爆发的风险。

第二，完善社会风险应急处置机制。建议上海市政府成立社会风险应急处置非常设机构，建立联席会议制度，加强与各个部门的联系，在突发社会风险时负责处置方案制定、总体指挥等工作。明确区（县）政府、各职能部门的风险处置职责范围，将风险尽量化解在基层。建立完善的风险处置信息发布制度，市政府及时发布社会风险处置的相关信息，加强舆论引导，避免恐慌情绪扩散。

第三，强化社会风险管理保障机制。完善上海社会风险管理相关的法律法规，为预防、处置社会风险提供法律保障。建立防范各类风险的专职人员队伍，培训志愿者队伍，为防范风险提供人才保障。加强风险应急物资储备，完善应急物资储备机制，对风险防范提供必要的物资保障。各级政府设定一定额度的风险处置准备金，保障风险管理日常运营及处置突发风险必要的费用。

第四，增强群众风险防范意识教育。通过电视、广播、网络、宣传手册等手段开展社会风险教育，普及风险防范知识，使群众对社会转型风险高发的特征有充分的认识。定期组织应对社会风险的演练，提高各类组织处置风险和自我防范风险的能力，避免风险发生时的无措。

二、切实改进政府服务，积极主动化解社会矛盾

政府应从改进工作方式着手，树立"以人为本"的服务意识，进一步完善公共政策决策机制，培育多样化社会组织，为社情、民意表达和社会功能发育提供空间，从而有效化解转型期间的社会矛盾。

第一，进一步改进政府工作方式。政府在提供公共服务的过程中要增强服务意识，坚持以人为本，确保政府公共服务贴近群众需求。在公共服务供

给上要坚持惠及社会全体，注重社会公平。面对社会转型期间涌现的社会矛盾，政府应当优先考虑市民群众的实际利益，妥善协调相关利益群体。在相关社会矛盾的处理上，应多从群众视角出发，采取柔性和灵活的处理方式，防止矛盾升级。

第二，增强政府公共服务的能力。强化政府民生建设意识，提高政府财政对科、教、文、卫、体等领域的投入比重，逐步实现一些外部性强的公共服务资金市级统筹，推进国有资本有计划地转向公共事业发展。完善社区"三个中心"运营体制，让居民可以更加便捷地享受到政府提供的公共服务，从而增强对政府、社会的认同感。

第三，完善政府公共政策决策机制。构建规范、理性的公众参与和民主决策机制，拓展市民利益表达渠道。推进政府公共政策制度听证制度，扩大听证制度适用范围，对一些涉及面广、影响大、关系到市民切身利益的公共政策采取听证的制度。进一步发挥工会、行业协会等组织作用，通过各类组织集中反映社会各方利益诉求，避免群众与政府直接产生矛盾。进一步加强法律援助，简化申诉程序，通过司法程序引导和化解各类社会矛盾。

三、加强社会管理，推进和谐社会建设步伐

第一，进一步加强社会基层组织力量。进一步理顺居委会、业委会、物业公司三者之间关系，推进新建商品房小区，特别是外国人集中居住小区的居委会建设。逐步提高居委会工作人员的待遇标准，吸引中青年人包括大学生参与居委会工作。充实社区社工力量，完善社区管理机制，加强福利待遇，增强社区公信力与影响力。

第二，深入推进城市网格化管理。按照现代化城市管理模式的要求，加快完善"发现及时、协调有序、处置有力、监督有效"的城市网格化管理运行机制。立足于健全城市管理长效机制，加大推进力度，不断拓展网格化管理平台的功能与服务内容，使上海的城市社会管理水平再上一个新的台阶。

第三，大力推进平安上海建设。根据实有人口情况，充实基层民警力量，增强基层民警同社区居民的联系，树立良好的警民关系，维护社区治安稳定。

加强社区治安联防机制建设，增强社区巡防。进一步提高治安防控体系的高科技含量，强化对重点区域的探头监控。

第四，健全社会诚信体系。进一步优化社会诚信体系建设环境，加强征信管理，力争到 2010 年将全部户籍人口纳入上海个人信用联合征信系统。实行社会信用信息共享机制，适时推进企业信用公开查询平台建设，方便市民查询。建立与信用挂钩的各种费率浮动机制，增大违信企业的生产成本和违信个人的生活成本。

四、加快上海社会组织的发展

第一，降低准入门槛。上海当前的社会组织已经逐步进入教育、卫生、文化、体育、社会福利等社会领域。一些社会组织依托社区，在满足社区居民日益增长的多元化、个性化的需求方面发挥了一定作用。但这些社会组织有些并不符合目前的社团登记条件，如一些群众性的文艺团队，处于无身份、缺管理的尴尬地位。对这部分社区中确有客观需要、事实上已经存在，但不符合登记条件的社会组织，可适当降低准入门槛。此外，也可通过建立社区民间组织服务中心的形式，将这部分社会组织核准备案，挂靠于所在社区的民间组织服务中心。

第二，明确优惠和扶助措施。政府要从制度上明确、体系上理清培育发展 NGO/NPO 等社会组织的系列优惠政策措施，如税收减免、基础公共设施优惠收费、适当的财政补贴等。对那些政府有需要、群众有需求的社会组织，政府要建立起对它们的购买服务、绩效奖励等制度，通过这些方式对其发展加以引导和扶持。

第三，改进社会组织管理方式。在社会组织的注册登记上，要顺应政府管理体制改革要求，进行改革创新，从注重事前审批向加强事后监管转变，探索备案管理制度。要建立民间组织发展评估体系机制，以经常化、制度化的评估落实长效管理。对于依托社区、服务社区居民多元化生活需求的社会组织，社区街道办事处可与其以协议的形式明确相互间的责、权、利，实行管办分开，逐步形成项目运作机制、契约式管理机制、项目评估论证机制、社区成员代表听证制度和社区服务发展基金制度等"统一管理，独立运作"的运行机制。

第四，优先并重点发展一批公共服务型和公益志愿型社会组织，借助世博会期间形成的良好志愿者机制，要重点支持一批公共服务型民间组织，发挥它们在政府职能转变中的"拾遗补阙"作用。政府在职能转变和行政体制改革的过程中，会退出一些领域，放开一些权力。一部分可以由社会力量完成的公共服务的职能，应当交给民间机构和中介组织。对自愿承担这方面职能的社会组织，要给予重点支持，并积极帮助开展培训，提高其素质能力。对与特定社会群体有着密切联系的公益志愿性民间组织，如社区爱心慈善服务组织等，应当运用政府购买服务等多种方式，加以扶持。

第五，建立健全民间组织法律、法规体系，在作好现有法规的梳理工作的同时，要注意借鉴国际经验，与相关国际法规接轨。既要特别注重面向国际，又要立足国情。要进一步明确部门职责，形成合理分工。登记管理部门要重点关注以下三个环节：①要把好准入关。②要健全动态管理环节，严格执行重大活动申报制度。③强化监督管理环节。加强对民间组织年检、审计、财务、社会捐赠使用等方面的监督，严格审定民间组织的盈利分配，建立健全业务评估管理制度等。

五、完善社会保障体系，为社会稳定提供保障

美国在"大萧条"期间，建立健全了社会保障与福利体系，从而为经济复苏与社会稳定奠定良好基础。因此，上海要在应对全球金融危机的同时，加强民生保障，优化利益分配格局，避免贫富差距进一步扩大。

第一，深入调整收入分配机制。进一步缩小社会收入差距，"扩中提低"，推动上海阶层结构从"金字塔型"向"橄榄型"的转变。进一步完善各种要素参与收入分配的制度，尤其要增强知识参与分配的力度，让上海成为最能体现知识价值的城市。根据企业业绩，控制国企管理层收入，建立国企管理层与职工收入联动增长机制。优化收入分配调控体系，进一步完善个人所得税申报制度，加强对高收入人群的征管。加大二次转移支付的力度，

注重转移支付的公平性，缓解社会收入分配差距。

第二，加快推进社会保障制度改革。积极探索适应市场经济的多层次、广覆盖的社会保障体系，重点提高郊区农村的社会保障水平。进一步发挥商业保险作为社会保障补充的作用，鼓励有条件的居民采取商业保险提高保障水平。改进社会保险基金的筹集和运营机制，为社会保险基金开源节流。探索国有企业利润补充社会养老基金缺口，并建立柔性的养老基金增加模式。

六、加强思想道德文化教育，全面提升城市软实力

第一，加强宣传工作，弘扬社会主义核心价值观。在各类思潮涌动的背景下，上海更需要把社会主义核心价值观的宣传教育作为工作重点。用中国特色社会主义共同理想激发群众活力，用爱国主义为核心的民族精神凝聚人心，引导群众正确理解国情和上海发展形势，不断增强群众对上海建设"四个中心"，实现"四个率先"的信心。

第二，加强全民思想道德教育，提高市民素质。开展形式多样的思想道德教育。切实发挥学校作用，通过对中小学生的教育，感染并推动其家庭成员思想道德水平提升。树立爱国、敬业、诚信、友善的道德规范，培育社会公德、职业道德、家庭美德，营造积极向上的社会氛围，构建和谐的人际关系。

第三，弘扬传统文化，丰富上海城市精神内涵。继承和发扬中华民族以爱国主义为核心的民族精神和优秀的传统文化，结合上海时代特征，丰富上海"海纳百川、追求卓越、开明睿智、大气谦和"城市精神内涵，进一步理清思路，创新体制，激活机制，全面提升上海城市软实力。

七、重视网络舆论与社会安全的互动因素

第一，注重网络社会实体化的趋势，根据调查，目前，上海市互联网用户已有 80 多万人，其中学生、青工和初级白领构成了网民的主力。网络人群除了满足个人需求之外，越来越倾向于网络集结。虽然网络群体没有领袖人

物和组织纪律，结构比较松散，但是，网络发展正在出现实体化趋势。主要表现在，网络群体以共同兴趣和关怀聚合，形成了分散林立的"亚文化"社会，并趋于稳定化；部分在网络中志趣相投的朋友在现实生活中也经常进行实体交流，有的已经组成组织（如"锦衣卫"组织）。网络社会的实体化趋势将对实际社会形成有形的影响，应该予以充分关注。

第二，网络媒体开始部分融入主流媒体，因为使用量巨大和信息传递迅速优势，网络媒体已经开始超越了作为传统主流媒体的配合作用，成为主流媒体的重要组成力量，与传统媒体互动，共同构建着社会主义系统，价值共鸣效果、群体共同感情和文化归属感，同时构筑文化和政治的公共空间。

第三，关注网络立法。网络不良信息传播、网络货币债务和青少年沉迷网络等问题正在引起有关方面注意。目前已有 30 多部与网络相关法律、法规，但是法律条文过于笼统，缺乏操作性。网络立法已经成为社会热点之一，出现了完善法规的制定和加强网络执法的透明性的需求。同时，提高网民的法律意识、加强网络自律，净化网络的生态环境也正在受到网络社会本身的重视。

第四，关注网络化在重构社会交往模式中的作用，网络社会是社会模式之一，是以农业和工业社会的社交活动地方和领土局限在现代科技条件下的突破。网络社会是传统实际社会的折射，网络关系是实际社会的映像，是人的社会关系的一部分，国外研究者发现使用网络者比不使用网络者有更强的社会与政治联系。网络将作为社会意识形成和社会交往模式的构建力量而存在，将出现网络和现实社会良性互动的局面。

第九章　上海自然灾害与环境安全

第一节　上海自然灾害与环境安全现状

一、上海自然灾害与环境安全现状概述

上海自然灾害与环境安全方面的问题可分为自然灾害和生态环境破坏两大类。其中自然灾害主要有气象灾害、海洋灾害、地质灾害三种；环境质量状况主要通过水环境质量、环境空气质量、声环境质量、固体废弃物污染四方面来体现。

自然灾害的具体划分如下：①气象灾害方面，主要有热带气旋、暴雨洪涝、低温冷害、高温、大雾、雷电、龙卷风等。②海洋灾害方面，东海区域是中国海洋灾害最严重的海区，台风风暴潮、灾害性海浪、海啸及赤潮灾害超过全国一半。由于海啸属低概率事件，下文将不再单独分析。上海沿海海平面上升的速率不容小觑，因此上海市海洋灾害主要有风暴潮、灾害性海浪、赤潮、海平面上升。③地质灾害方面，根据上海市的地形和地质条件，地面沉降是上海市面临的最主要地质灾害，而发生泥石流、滑坡、崩塌、地震等灾害的概率较小。

在生态环境方面，根据历年《上海年鉴》中的环境保护治理部分、历年

《上海市环境状况》公报、历年《上海统计年鉴》中获得的资料,上海市生态环境主要从以下几个方面得到体现:①水环境质量保持稳定,黄浦江、苏州河、长江口水质均总体有所改善;②环境空气质量总体呈现好转趋势,但酸雨污染总体呈上升趋势;③声环境质量方面,道路交通噪声依然较严重;④固体废弃物污染方面,城市生活垃圾产生量逐年递增,超出上海市生活垃圾无害化处理能力。

二、上海自然灾害与生态环境破坏的分布特征

本节针对上海市的各种常见自然灾害和生态环境问题,分别分析其在时间、空间上的分布特征。

(一) 热带气旋:夏秋多,冬春少,以7月、8月、9月为主

热带气旋是在热带洋面上形成的大型涡旋,按其近中心最大风速分为超强台风、强台风、台风、强热带风暴、热带风暴和热带低压。影响上海的热带气旋一般出现在5~11月,其中以7月、8月、9月为主,占全年的86%,尤其是以8月最多。一次热带气旋影响上海的时间平均为2.6天。

从热带气旋发源地来分析,影响上海的热带气旋95%形成于西北太平洋海域上空,其中又以10°N~15°N生成的最多(关岛—菲律宾以东800平方米洋面),剩下5%发源于南海东部洋面。

(二) 暴雨[①]洪涝:全年暴雨日集中出现在6月中旬~9月中旬,暴雨以市区徐家汇最多,大暴雨以闵行、浦东新区最多

暴雨洪涝是影响上海最主要的气象灾害之一,一般产生于热带气旋、梅雨、强对流等天气系统。上海市暴雨的成因主要有热带气旋、梅雨、强对流天气三种。据1875~2000年徐家汇气象站的统计资料,共有暴雨天数

---

① 日 (24 小时) 降水量≥50 毫米即为暴雨日,其中 100~200 毫米为大暴雨,超过 200 毫米为特大暴雨。

408 天，平均每年 3.2 天。年暴雨日主要集中出现在 6 月中旬 ~ 9 月中旬，占全年的 80% 以上。其中有 2 个高频点分别出现在 6 月中旬 ~ 7 月上旬和 8 月下旬 ~ 9 月上旬。洪涝灾害发生的原因多种多样，但和过多降水是密不可分的。对于上海市来说，主要有以下三种原因：①梅雨持久，暴雨频繁；②多热带气旋影响，间隔短，强度大；③春、秋季锋面活动过多。因此，洪涝灾害按季节可以分为春涝、夏涝和秋涝，春涝主要发生在 4 ~ 5 月，夏涝主要发生在 6 ~ 7 月的梅雨期间，秋涝出现在 8 ~ 9 月为多。

上海暴雨空间分布不均，局地性比较明显，一般以市区徐家汇站最多，沿江沿海的宝山、浦东新区其次，而相对内陆的金山、青浦比较少，和多雨区相差在 1/3 左右。大暴雨以闵行、浦东新区站最多，青浦站最少。在城市高层建筑集中区，热岛环流有利于城市上空的热对流发展，易于引起暴雨出现。城市上空排放的大量污染物，有利于凝结核的形成，使城市部分降水量相对郊区有所增加。

（三）低温冷害：日最低气温小于 −5℃ 的严寒日以 1 月最多，郊区气温低于市区

根据徐家汇气象站的统计资料，1951 ~ 2000 年的 50 个冬半年中，影响上海的寒潮共发生 203 次，平均每个冬半年 4.1 次。其中最多的冬半年达 10 次，最少的为 0 次。最早的寒潮出现在 10 月下旬，最晚则是次年 4 月中旬。日最低气温小于 −5℃ 的严寒日一年平均为 5.5 天，一般出现在 12 月下旬 ~ 次年 2 月上旬，以 1 月最多，为 2.9 天，12 月和次年 2 月分别为 1.5 和 1.0 天。值得注意的是，在热岛效应等因素的作用下，每当上海有寒潮来袭时，各地区气温差异比较明显，在辐射降温好的清晨，最低气温市郊温差可以达到 5℃ 以上。关于寒潮带来的大雪影响，根据 1983 ~ 2000 年的统计，上海年平均降雪天数为 6 天，一般 1 月初开始，3 月上旬结束，年平均积雪天数为 2.8 天，初积雪一般出现在 1 月下旬，终积雪在 2 月中旬。

（四）高温①：主要出现在 7 ~ 8 月两个月，受热岛效应影响；市区高温天数多、强度高

根据 1873 ~ 2000 年的气象记录，上海市年平均高温数为 12.4 天，其中 7 月出现最多，为 6.2 天；8 月其次为 4.7 天；5 月、6 月、9 月都不到 1 天。市区高温天数多和强度高的主要原因是热岛效应。高温天气的分布也存在明显的地域特点，按照 1961 ~ 2000 年数据，高温天数和强度以市区最多，年均 8 天，其次是闵行、青浦、宝山、嘉定等区，在 6 天上下，其他地区在 3 ~ 5 天。而在高温剧烈的年份，地区差异更明显，由于受到海风影响，沿海区、县往往高温天数只有靠近内陆的一半不到。

（五）大雾：主要出现在 11 月、12 月和次年 1 月；主要受秋、冬季辐射雾影响；市区、嘉定、松江等地年平均雾日较多

上海市年平均雾日为 39 天，影响上海的雾的种类大致分为：辐射雾、平流雾、锋面雾、混合雾，大都出现在冬、春季，夏季很少出现。其中能见度小于 200 米的浓雾，年平均 8.7 天，占总雾日的 24%，主要出现在 11 月、12 月和次年 1 月；能见度小于 50 米的特大浓雾年均 2.9 天，占总雾日的 8%，主要出现在 12 月和次年 1 月。受城市热岛效应和大气环境等因素影响，上海市大雾天气有增多趋势。上海市雾的分布受到地理环境影响甚大，大体上从长江口向南到杭州湾北侧为相对少雾地区，年平均 30 天以下；从该地区分别向西和向东，雾日明显增加到 40 天左右。其中市区、嘉定、松江等地年平均雾日达到 40 天以上，主要受秋、冬季的辐射雾影响。海上向东雾日也增加，主要是春季的平流雾和混合雾所致。

（六）雷电：主要集中在夏季，7 月、8 月和次年 6 月、9 月四个月发生次数最多

上海市属于雷电多发地区。根据上海市 10 个区（县）气象站1960 ~ 2008

---

① 此处的高温日指当日最高气温达到 35℃ 以上。

年逐日雷电资料，得到上海市雷电时间分布特征①（见表9－1、表9－2）。

表9－1　1960～2008年上海市雷电日数的季节分布特征

季节	冬季	春季	夏季	秋季
均值（天）	0.4	6.2	17.6	3.9

表9－2　上海市6～9月雷电集中期情况（1960～2008年）

月　份	6	7	8	9
雷电日数占全年雷电总日数的百分比（%）	12.4	26.0	24.5	12.1

上述4个月的总雷电日数已占到全年的75%。另外，不同季节中雷电出现时间也有差异：夏天一般发生在15～17时，春天一般晚上出现雷电概率大于白天，中午最小。

从空间上看，平均雷电日数在全年、春季和夏季都表现为在上海中部较少，而在上海东北和西南部较多，秋季雷电日数则呈现出从西北部向东南部逐渐增多的空间分布。

（七）龙卷风：主要在7月、8月、9月三个月，以7月为最多

上海地区的龙卷风除了陆龙卷以外，长江口地区还有海龙卷。从时间分布上，主要在7月、8月、9月三个月，以7月为最多。空间分布比较分散，崇明东部及其海域、浦东新区沿海、青浦西部、金山、奉贤为相对多发区域。

（八）风暴潮②：主要发生在8月和9月

上海及其紧邻的江浙地区是我国风暴潮灾害的多发地区之一，影响江、

---

① 靳利梅，史军. 上海地区雷电气候特征及变化研究［J］. 干旱气象，2010（3）.
② 此处把出现最大增水≥80厘米的风暴潮过程定义为强风暴潮过程，把最大增水≥120厘米的风暴潮过程定义为特强风暴潮过程。

浙、沪地沿海的热带风暴潮以 8 月、9 月为最多。选取资料最为齐全的吴淞站作为研究强风暴潮影响上海的代表站，把 1949～1999 年对上海市有严重影响的 60 次强风暴潮过程和特强风暴潮过程进行统计，得到如下时间分布特征：影响上海地区的强风暴潮过程主要发生在 8 月和 9 月，它们分别占总数的 38.3%；其次为 7 月，占 16.7%（见表 9 - 3）。

表 9 - 3　　风暴潮影响时间分布表

月　份	7	8	9	10	合计
影响次数	10	23	23	4	60
频率（%）	16.7	38.3	38.3	6.7	100

定义农历十四至十九及农历二十九至下月初四为天文大潮汛期，发现 60 次强风暴潮过程中有 32 次发生在天文大潮汛期，占总数的 53.3%；在 16 次特强风暴潮过程中有 11 次发生在天文大潮汛期，占 68.8%。可见，天文大潮汛期大大增加了风暴潮成灾的可能性。另外，长江口的湾口形状和朝向均有利于发生严重的风暴潮灾害。对上海影响最大的风暴潮按运移路径可分为两类：一类为正面袭击长江至杭州湾一线，此类风暴潮对上海危害最大。另一类为北上型，来自东南方向，基本沿海岸线北进；或从东部海上擦边而过，受陆上高气压阻拦后折向东北，影响日本及韩国；或从浙北登陆掠过上海西侧，进入苏、皖等省，变为热带低气压。

（九）灾害性海浪：致灾因子多元

据统计，2003～2007 年上海市沿海共发生灾害性海浪事故 165 起，平均每年发生 33 次，其中由冷空气引起的事故每年为 21.4 起；由台风引起的事故每年为 4.2 起；由温带气旋引起的事故每年为 4.4 起；由其他天气系统引起的事故为 3.0 起[①]。由于灾害性海浪事故发生的具体时间、地点等

---

① 龚茂珣，堵盘军，薛志刚. 上海沿海海洋灾害的危害及应对措施——缅甸特大风暴潮灾害的启示［J］. 华东师范大学学报（自然科学版），2008（9）.

资料不完整，编者未能总结出上海市灾害性海浪的时间、空间分布特征（见图9-1）。

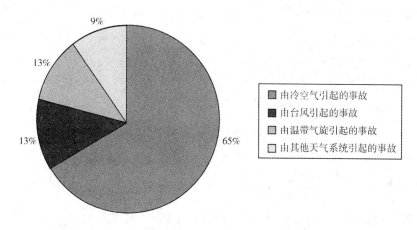

图9-1　2003～2007年上海市灾害性海浪灾害致灾因子分布情况

（十）赤潮：长江口及东海邻近海域为高发区，集中在5～6月

中国是世界上赤潮发生比较频繁的国家之一，长江口及邻近东海海域赤潮发生频率和发生面积连续七年（2002～2008年）居我国四大海域之首（见表9-4），成为我国赤潮灾害最为严重的区域[1]，爆发时间大多在5～6月，其中以位于30°30′N～32°00′N，122°15′E～123°15′E的海域为东海赤潮高发区。

表9-4　2002～2008年东海赤潮爆发情况　　　　　单位:%

年　份	2002	2003	2004	2005	2006	2007	2008
东海赤潮爆发次数占四大海域百分比	64.56	72.27	55.21	62.20	67.74	73.17	69.12
东海赤潮面积占总体百分比	88.67	89.28	67.14	71.19	76.46	84.30	87.86

① 申力，许惠平，吴萍．长江口及东海赤潮海洋环境特征综合探讨 [J]．海洋环境科学，2010（10）．

（十一）海平面上升：首先危害沿海一带

近30年来中国沿海海平面总体上升了90毫米，其中，天津沿岸上升最快为196毫米；上海次之为115毫米。上海沿海海平面上升的速率，不仅高于中国沿海海平面上升速率，也高于所在的东海海平面平均上升速率。崇明的东滩、浦东临海的很多地势低洼地区，均已呈现"陆地面积越来越少"的趋势。

（十二）地面沉降：近远郊地区地面沉降明显增长，中心城区仍是地面沉降的集中发育地区

地面沉降是上海市最主要的地质灾害，具有不可逆性和累加的特点。地面沉降影响范围和发展速度在不同空间、时间上具有较大的差异性。从时间上看，上海市地面沉降动态经历了"发生——不断加速——回弹——微量下沉——再次增速"的演变过程，其中20世纪60年代是地面沉降灾害发展最为严重的时期。从空间上看，近年来地面沉降速率增大，地面沉降在空间上也不断扩展，已从中心城区为主演变成区域性的地面沉降。监测表明，上海市的地面沉降与地下水开采呈正相关关系。随着城市化进程加速，近远郊地区特别是新兴城镇的地面沉降有明显增长，同时中心城区仍是地面沉降的集中发育地区。

（十三）水环境质量：部分区县水质不达标。根据近年来的《上海市环境状况公报》，上海市水环境质量总体保持稳定。

1. 黄浦江、苏州河、长江口水质状况

黄浦江、苏州河、长江口各有6个水质监测断面，根据上海市水环境功能区划和相应的水质控制标准，各断面对应于不同的水质控制标准[①]，具体划分见表9-5。

---

① 依照《地表水环境质量标准》（GB 3838—2002）中规定，我国地面水分五大类，按水质从优到劣依次为：Ⅰ类、Ⅱ类、Ⅲ类、Ⅳ类、Ⅴ类。

表 9 - 5　黄浦江、苏州河、长江口各监测断面水质控制标准

主要河道	监测断面	水质控制标准
黄浦江	淀峰	Ⅱ类
	松浦大桥	Ⅱ类
	临江	Ⅲ类
	南市水厂	Ⅳ类
	杨浦大桥	Ⅳ类
	吴淞口	Ⅳ类
苏州河	白鹤	Ⅳ类
	黄渡	Ⅴ类
	华漕	Ⅴ类
	北新泾桥	Ⅴ类
	武宁路桥	Ⅴ类
	浙江路桥	Ⅴ类
长江口	徐六泾	Ⅱ类
	浏河	Ⅱ类
	吴淞口	Ⅱ类
	竹园	Ⅱ类
	白龙港	Ⅱ类
	朝阳农场	Ⅱ类

　　2006~2010 年的监测数据表明，黄浦江总体水质状况、苏州河总体水质状况和长江口总体水质状况均有所改善（见图 9-2、图 9-3、图 9-4）。

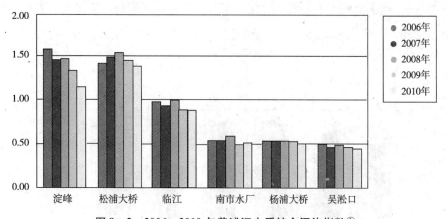

图 9 - 2　2006~2010 年黄浦江水质综合污染指数①

资料来源：《2011 年上海市环境状况公报》②。

---

①　水质综合污染指数的说明详见本章附录。

②　图 9-2~图 9-10 的数据均来源于历年《上海市环境状况公报》或根据其中数据计算得出。

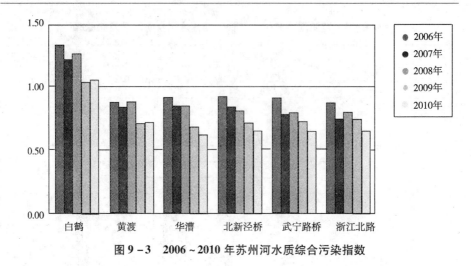

图 9 - 3　2006~2010 年苏州河水质综合污染指数

2. 水环境质量考核断面①

2010 年，全市水环境质量考核涉及徐汇、长宁、普陀、闸北、虹口、杨浦、宝山、闵行、浦东、嘉定、金山、松江、奉贤、青浦、崇明 15 个区、县的 41 条河道计 58 个断面，水质综合污染指数在 0.43~4.18，平均水质综合污染指数为 2.03，总体水质与 2009 年基本持平。其中，中心城区考核断面水质综合污染指数在 1.05~4.18，平均水质综合污染指数为 2.32，总体水质与 2009 年基本持平；郊区考核断面水质综合污染指数在 0.43~3.32，平均水质综合污染指数为 1.62，总体水质较 2009 年有所好转。郊区河道总体水质均优于中心城区。

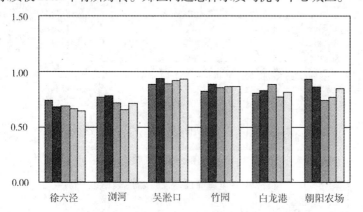

图 9 - 4　2006~2010 年长江口水质综合污染指数

① "水环境质量考核断面"一节引自《2011 年上海市环境状况公报》。

在 15 个区、县中，虹口区、奉贤区和崇明县所有考核断面的水质均达到相应的水环境功能区要求，浦东新区、金山区、杨浦区、宝山区、嘉定区和松江区部分断面达到相应的水环境功能区要求，其余 6 个区考核断面的水质均未达到相应的水环境功能区要求。

（十四）环境空气质量：酸雨总体呈上升趋势

近年来，随着经济、社会的不断发展，机动车保有量逐年上升，与之相关的机动车尾气排放问题已经成为城市环境管理中的热点问题。上海市大气环境污染已经由 20 世纪的煤烟型污染发展成为现阶段煤烟型污染与石油型污染并重的复合型污染。

2000～2010 年的监测数据表明，上海市环境空气质量优良率已经连续十年高于 80%，其中连续七年高于 88%（见表 9 - 6），并总体呈现改善趋势（见图 9 - 5）。

表 9 - 6　2000～2010 年历年空气质量优良天数和优良率

年　份	2000	2001	2002	2003	2004	2005	2006	2007	2008	2009	2010
空气质量优良天数	295	309	281	325	311	322	324	328	328	334	336
空气质量优良率	80.6%	84.7%	77.0%	89.0%	85.0%	88.2%	88.8%	89.9%	89.6%	91.5%	92.1%

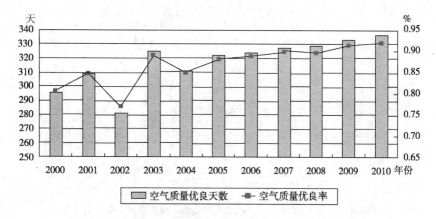

图 9 - 5　2000～2010 年历年空气质量优良天数和优良率

　　中国目前在测的空气污染物有可吸入颗粒物（PM10）、二氧化硫（SO₂）、二氧化氮（NO₂）。具体的监测数据表明，上海市城区可吸入颗粒物年日均值除 2000 年和 2002 年外，其余均达到国家环境空气质量二级标准，可吸入颗粒物污染总体呈下降趋势（见图 9 - 6）；城区二氧化硫年日均值除 2005 年外，其余均达到国家环境空气质量二级标准；二氧化氮年日均值均达到国家环境空气质量二级标准。并且三种污染物均呈现城区污染重于郊区的分布特征（见表 9 - 7）。可吸入颗粒物在大多数天数里构成当日首要污染物（见表 9 - 8）。

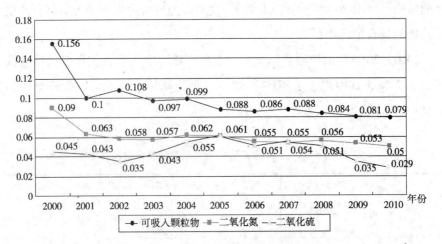

图 9 - 6　2000 ~ 2010 年历年主要污染物城区浓度变化情况（单位：mg/m³）

表 9 - 7　2000 ~ 2002 年主要污染物城区、郊区浓度对比①

污染物 平均浓度（mg/m³）	2000 年		2001 年		2002 年	
	城区	郊区	城区	郊区	城区	郊区
可吸入颗粒物	0.156	0.128	0.100	—	0.108	—
二氧化硫	0.045	0.004	0.043	0.017	0.035	0.017
二氧化氮	0.090	0.032	0.063	0.035	0.058	0.039

① 从 2003 年起，历年《上海市环境状况公报》不再公布主要污染物的郊区浓度，仅公布城区浓度。

表9-8 2004～2010年历年空气首要污染物天数分布

年份 首要污染物	2004	2004	2006	2007	2008	2009	2010
可吸入颗粒物	340	303	321	328	313	344	352
二氧化氮	5	6	10	4	9	14	9
二氧化硫	15	49	27	28	37	3	3
可吸入颗粒物和二氧化氮	3	1	0	2	1	3	1
可吸入颗粒物和二氧化硫	3	6	7	3	5	1	0
二氧化硫和二氧化氮	0	0	0	0	1	0	0

在酸雨和降尘方面，2002～2010年的监测数据表明，除了2010年比2009年略微改善以外，上海市酸雨污染总体呈上升趋势（见图9-7）。从表9-8中可以得出，二氧化氮成为空气首要污染物的天数已经逐渐超过了二氧化硫，上海市的酸雨类型也随之逐步由硫酸型转为硫酸型和硝酸型并重。根据环境保护部发布的2010年上半年全国环境质量状况，在当年上半年针对全国443个城市的监测中，发现全国有8个城市（区）酸雨频率为100%，其中包含原上海市南汇区[①]。而降尘量（包括区域平均降尘量和道路降尘量年均值）则呈逐年改善的趋势（见表9-9）。

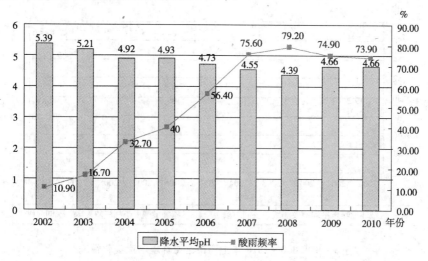

图9-7 2002～2010年上海市酸雨和降水pH值变化趋势图

---

① 原南汇区已于2009年5月并入浦东新区。

表 9 - 9　　2004～2010 年上海市降尘变化

年　份	2004	2005	2006	2007	2008	2009	2010
全市区域平均降尘量 （吨/平方公里·月）	10	8.8	8.0	8.0	7.8	7.4	7
道路降尘量平均值 （吨/平方公里·月）	26.5	22.4	22.1	21.1	22.8	21.4	12.7

（十五）声环境质量：道路交通噪声不达标

声环境质量可通过区域环境噪声和道路交通噪声两个指标来进行测度。

2000～2010 年的监测数据表明，上海市区域环境噪声均能达到相应功能的标准要求总体保持稳定（见图 9 - 8）。

同期上海市道路交通噪声大多未能达到相应功能的标准要求，其中噪声昼间时段于 2009 年和 2010 年均达到相应功能的标准要求，夜间时段均未能达到相应功能的标准要求。若将道路交通噪声与主要道路交通干线平均车流量作对比，可发现两者的变化趋势存在较大的一致性（见图 9 - 9）。

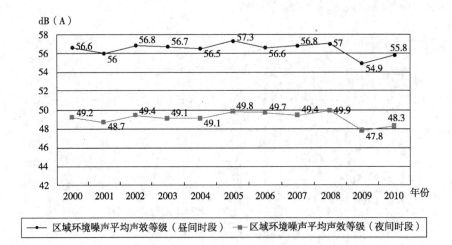

图 9 - 8　　2000～2010 年上海市区域环境噪声变化情况

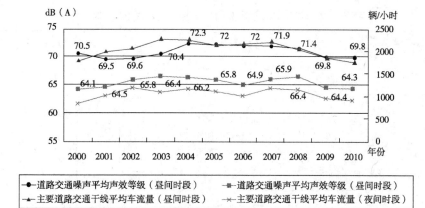

图9-9 2000~2010年上海市道路交通噪声变化与道路车流量变化的趋势对比

（十六）城市生活垃圾：逐年递增，超出无害化处理能力

近年来，上海市每年的生活垃圾产生量逐年递增，从2002年的467万吨上升到2010年的732万吨，年均增长率达5.8%。按照2009年的情况，全年生活垃圾产生量为710万吨，即19450吨/日；而当年上海生活垃圾无害化处置能力约为10250吨/日，日趋上升的生活垃圾清运量已大大超过上海生活垃圾处理设施的处置能力。成千上万吨生活垃圾处理不当或不能及时处理，将会严重影响城市的环境质量（见图9-10）。

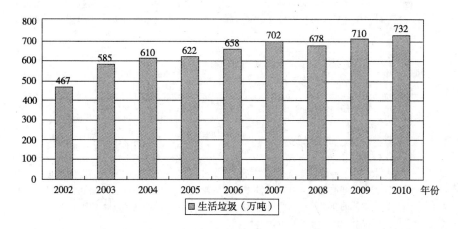

图9-10 2002~2010年上海市生活垃圾产生量

综上所述，上海市自然灾害与生态环境破坏的主要分布特征见表9-10。

表 9 – 10　　上海市自然灾害与生态环境破坏的分布特征表

风险源类型	时间分布特征	空间分布特征
热带气旋	以 7 月、8 月、9 月为主，又以 8 月为最多	—
暴雨洪涝	全年 80% 以上的暴雨日出现在 6 月中旬～9 月中旬，其中有两个高频点分别出现在 6 月中旬～7 月上旬和 8 月下旬～9 月上旬	暴雨以徐家汇站最多，宝山、浦东新区其次，金山、青浦比较少；大暴雨以闵行、浦东新区站最多，青浦站最少。洪涝灾害主要影响地势低洼区域和地下空间
低温冷害	最低气温小于 –5℃ 的严寒日出现在 12 月下旬～次年 2 月上旬，1 月最多	在热岛效应的作用下，郊区气温明显低于市区
高温	7 月出现最多，8 月其次，5 月、6 月、9 月年均不到 1 天	天数和强度以市区最多，其次是闵行、青浦、宝山、嘉定等区，最后是剩下其他地区
大雾	主要在冬、春季。其中能见度小于 200 米的浓雾主要出现在 11 月、12 月和次年 1 月；能见度小于 50 米的特大浓雾主要出现在 12 月和次年 1 月	从长江口向南到杭州湾北侧为相对少雾地区，从该地区分别向西和向东，雾日明显增加，其中市区、嘉定、松江等地年平均雾日达到 40 天以上
雷电	7 月、8 月最多，其次为 6 月、9 月，4 个月总雷电日数占全年 75%；夏季雷电一般发生在每日 15～17 时	平均雷电日数在全年、春季和夏季都表现为在上海中部较少，而在东北和西南部较多，秋季雷电日数则呈现从西北部向东南部逐渐增多
风暴潮	影响上海地区的强风暴潮过程主要发生在 8 月和 9 月，其次为 7 月	沿海一带
灾害性海浪	中国近海的灾害性海浪主要发生在 11 月～次年 2 月，占全年 1/2 以上	沿海一带
赤潮	主要发生在 5、6 月	长江口及邻近东海海域
地面沉降	上海市地面沉降动态经历了发生—不断加速—回弹—微量下沉—再次增速的演变过程	中心城区是地面沉降的集中发育地区，近远郊地区特别是新兴城镇的地面沉降有明显增长
酸雨	—	原南汇区较严重
道路交通噪声	夜间时段较昼间时段更为严重	—

第二节　上海自然灾害与环境问题的
危害程度分析

对于上海市的各种常见自然灾害和环境问题，依次分析其主要危害、可能引起的次生灾害类型、主要影响的行业及人群，并结合上海市实际发生过的案例情况加以分析。

一、热带气旋

热带气旋的危害主要通过三方面来体现：大风、暴雨、风暴潮。若台风正好逢天文大潮，则很可能是由风雨潮或风雨潮浪叠加效应而引起重大损失。热带气旋带来的影响主要有大风、暴雨和风暴潮。

按照 1949 ~ 2000 年统计，由于受到热带气旋影响，上海出现最大风力 6 级以上或者阵风 8 级以上的次数有 108 次，平均 1 年 2 次。其中以 6 ~ 7 级最多（77%），其次是 8 ~ 9 级（21%），最大风力 12 级以上没有出现过，但是阵风 12 级以上的达到了 8 次。市区一般以偏东风为主，其次是东北风；北部郊区以及长江口区则以东北风为主；南部郊区和杭州湾区域有时可以刮东南风。

暴雨在 1949 ~ 2000 年出现了 54 次（日降水量 ≥ 50 毫米），平均每年 1 次。产生的暴雨过程一般在 100 毫米以下为多，100 毫米以上的大暴雨有 26 次，平均 2 年 1 次，且东部略多于西部。

热带气旋风暴潮是由于热带气旋的气压和风力引起海平面局部上升的现象，也叫热带气旋增水。一般以吴淞口为标准，增水超过 0.25 米的占到了 67 次，其中有 3 次大于 1 米，比如 1981 年 9 月 1 日受到 8114 号台风影响，吴淞口增水 1.88 米，为历史记录。增水和天文大潮结合的话，往往引起异常高潮位，吴淞口水位超过 4.5 米警戒线的次数有 23 次，其中 1997 年 8 月

18 日受到 9711 号台风影响，吴淞口潮位 5.99 米，为历史最高。由于吴淞口开口向东北，因此如果碰到东北风，增水最多。

二、暴雨洪涝

由于上海市海拔低，地势低洼，长江、太湖的洪水和台风暴雨均可威胁上海水情，容易造成江河泛滥，田地被淹。市区排涝能力分布不均，尚需进一步加强。对于特大型城市，由于城市道路及建筑物密度的增加。增大了城市不透水面积及比例，导致在同等强度降水的袭击下，城市经济损失大幅增加，城市经济类型的多元化及资产的高密集性，致使城市的综合承灾能力减弱。地铁、地下商场、地下停车场等人流密集的地下设施在暴雨袭击下有很高的危险性。2008 年 8 月 25 日清晨，上海遭遇 135 年一遇特大暴雨袭击，最大降雨量达 162 毫米，突破了上海自 1873 年有气象记录的 135 年来小时雨量最强值。由于部分地区排水系统陈旧，不能将积水及时排出，造成市中心城区 150 多段马路积水、1.1 万余户民居进水，交通严重拥堵。全市共发生各类交通事故 3165 起、车辆抛锚 694 起。

三、低温冷害

低温冷害引发的灾害严重影响交通，造成铁路、公路、民航、水上交通中断，旅客滞留，影响供水、供电，还会对农作物产生冻害。例如 2008 年的中国南方雪灾，上海市共发生简易房屋坍塌 70 余间，17 人受伤，3 人死亡。沪宁、沪杭、沿江高速公路和海太、通常两大汽车渡口几度全部关闭，市内三大长途客运站共取消 1400 多个班次、近 3 万旅客受阻，是上海春运十几年来受影响最大的一次；上海火车站共有几十次列车未能及时到发或停运，近万旅客滞留。因路面结冰和积雪，造成跌伤骨折、车祸的急救病人成倍增加，急救业务量也急剧上升。持续低温还导致该时期上海市用电负荷居高不下、部分地区水管冻裂，进而给农业生产造成较大损失。

四、高温

高温对城市供水、供电、工农业生产和市民生活有影响。在夏季高温天气下，户外活动和户外作业易引发中暑；空调等防暑降温设施的大规模运转可能导致城市供电设备超负荷运转，引起部分城区限电、停电，影响生产，并有诱发火灾的危险；持续的高温天气会影响农产品供应，引发价格上涨。

五、大雾

大雾除了直接影响人体健康，还会导致交通受阻。大雾是机场关闭、高速公路关闭、船舶抛锚的常见原因。在低能见度条件下，公路上极易发生汽车追尾事件。按交通部有关规定，如遇大雾天气、能见度不足 50 米时，高速公路需要关闭。

六、雷电

随着城市化的发展，高层建筑物的不断增多和各种通信电子设备的广泛应用，使得雷电灾害造成的损失也越来越严重。除了击伤人畜，雷电也会对具有以下特征的物体构成较大威胁：缺少避雷设备或避雷设备不合格的高大建筑物、储罐等，没有良好接地的金属屋顶，潮湿或空旷地区的建筑物、树木等，建筑物上有无线电而又没有避雷器和没有良好接地的地方，由于烟气的导电性，烟囱也特别易遭雷击。

七、龙卷风

作为一种强对流灾害性天气，一次龙卷风的形成过程虽然历时短，影响范围相对较小，但一旦发生却可能造成重大人员伤亡和财产损失。例如 1956 年 9 月 24 日发生在上海浦东至杨浦区定海桥军工路一带的龙卷风，造成 68 人死亡、842 人受伤、1000 余间房屋倒塌，当年直接经济损失达数百万元。上海市各种等级龙卷风的发生率如表 9 – 11 所示。

表 9 – 11　上海市各种等级龙卷风的发生率①

龙卷风等级	受灾状况	风速（米/秒）	发生率（%）
F0	程度轻微	< 32	72
F1	程度中等	33 ~ 49	
F2	程度较大	50 ~ 69	18
F3	程度严重	70 ~ 92	8
F4	破坏性灾害	93 ~ 116	2
F5	毁灭性灾难	117 ~ 141	尚未发生过

八、风暴潮

在因灾死亡人数方面，风暴潮灾害在江浙沪两省一市的各类灾害中名列第一，远超其他各类灾害。上海地区死亡万人以上的特大风暴潮灾害自元代以来基本每百年发生 2 ~ 4 次不等。20 世纪以来，因海塘工程的兴建与完善，因灾死亡人数大幅减少，但随着沿海工农业的发展和基础设施的增加，承灾体的日趋庞大，每次风暴潮的直接和间接损失却正在加重。

九、灾害性海浪

灾害性海浪会对港口、滩涂围堤等建设工程造成损失。通常，6 米以上波高的海浪对航行在海洋上的绝大多数船只已构成威胁。表 9 – 12 显示的是2006 ~ 2009 年上海市海浪灾害造成的人员伤亡和经济损失情况。

表 9 – 12　2006 ~ 2009 年上海市海浪灾害统计

年份	船只沉损（艘）	死亡（含失踪）人数	直接经济损失（万元）
2006	2	2	400
2007	2	24	543
2008	3	2	129
2009	7	4	256

---

① 刘昌森，姚保华，章振铨．上海自然灾害史［M］．上海：同济大学出版社，2010.

十、海平面上升

海平面上升使沿海地区灾害性的风暴潮发生更为频繁，洪涝灾害加剧，沿海低地和海岸受到侵蚀，海岸后退，滨海地区用水受到污染，农田盐碱化，潮差加大，波浪作用加强，减弱沿岸防护堤坝的能力，迫使设计者提高工程设计标准，增加工程项目经费投入，还将加剧河口的海水入侵，增加排污难度，破坏生态平衡。中国科学院、WWF（世界自然基金会）等机构于2009年联合发布的《长江流域气候变化脆弱性与适应性研究报告》中指出，"如果不采取有力措施，50年后上海的部分地区将被淹没"。近30年来，上海沿海海平面上升了115毫米，高于全国沿海平均水平90毫米。

十一、赤潮

表9-13显示了2006～2009年上海海域发生的几起主要赤潮灾害情况[①]。赤潮危害海洋渔业和水产资源，对上海市水产养殖业造成一定影响，赤潮生物毒性对人类的身体健康和生命安全带来威胁。例如2006年上海海域共发现赤潮3起，累计发生面积约1080平方公里。在该年上海进行的海产贝类毒素检验中，5～10月在上海市几个主要水产批发市场采集的部分样品中检出赤潮毒素。

表9-13　2006～2009年上海市主要赤潮灾害统计

时间	海域	最大面积（平方公里）
2006年5月14日	长江口外海域	1000
2008年9月24日	长江口外海域	600
2009年4月9日	长江口海域	100
2009年5月19～30日	长江口外、舟山北部海域	1500

① 根据历年《中国海洋灾害统计公报》分析得出。

十二、地面沉降

由于过量开采地下水和大量工程建设的影响，上海市自 1921 年开始发生地面沉降以来，至今沉降面积已达 1000 平方公里。地面沉降已使上海市地貌形态发生显著变化，目前中心城区高程普遍小于 3.5 米；同时使市区河床相对抬高，部分地区高潮位时已形成了"地上河"。以黄浦江为例，地面沉降使黄浦江潮位大幅相对抬升，目前上海市区地面普遍低于浦江高潮位 2 米左右，给防汛工作带来了很大压力并增加了工程的建设投入。地面沉降速率在空间上的不均匀分布，对轨道交通等穿越不同地面沉降速率空间的线性城市基础设施影响也日益显现，这种影响是严重的、长期的，会对地表或地下构筑物造成危害。地面沉降还能引起海水入侵、港湾设施失效等不良后果。

十三、酸雨

酸雨会给环境带来广泛的危害，造成巨大的经济损失。危害的方面主要有：损坏和腐蚀建筑物和工业设备；破坏露天的文物古迹；损坏植物叶面，导致森林死亡；使湖泊中鱼虾死亡；破坏土壤成分，改变土壤结构，加速土壤矿物质营养元素的流失，导致土壤贫瘠化，影响植物正常发育，使农作物减产甚至死亡；诱发植物病虫害，使农作物减产甚至死亡。上海市 2009 年全年的降水平均 pH 为 4.66，酸雨频率已达到 74.9%，降水酸性和酸雨频率均为历年最高水平。

十四、城市生活垃圾

其危害主要体现在以下几个方面：①占地过多。堆放在城市郊区的垃圾，侵占了大量土地面积。②污染空气。垃圾中的有机物在运输和露天堆放过程中分解，并向大气释放出大量的氨、硫化物等污染物和致癌、致畸物。③污染水体。垃圾中的有害成分易经雨水冲入地面水体，在垃圾堆放或填坑过程中还会产生大量的酸性和碱性有机污染物，同时将垃圾中的重金属溶解出来，若垃圾直接弃入河流、湖泊或海洋，则会引起更严重的污染。④火灾隐患。垃圾中含有大量可燃物，在天然堆放过程中会产生甲烷等可燃气，遇明火或自燃易引起火灾、垃圾爆炸事故，造成重大损失。⑤有害生物的巢穴。垃圾不但本身含有病原微生物，而且能为鼠类、蟑螂、蚊蝇等有害生物提供食物、栖息和繁殖的场所，也是传染疾病的源头。

自然灾害与生态环境问题的危害程度分析见表9-14。

表9-14 自然灾害与生态环境问题的危害程度分析

风险源类型	主要危害	次生灾害的可能类型	主要影响的行业及人群	上海典型案例
热带气旋	建筑物受损或倒塌，供电设施，交通	大风、暴雨、风暴潮	建筑，供电，交通，户外作业	1997年，9711号台风袭击
暴雨洪涝	引发洪涝灾害，严重危害地下空间的人员和财产安全	洪涝灾害	交通，农业，排水系统，供水、供电设施	2008年8月25日，遭遇百年一遇特大暴雨
低温冷害	交通，供电	诱发感冒流行	交通，农业生产，老、弱、病、幼人群	2010年12月15日，降雪导致中环22辆车追尾
高温	人员中暑及并发症，供水、供电设施	增大火灾的概率	供水、供电，老、弱、病、幼人群	2010年8月，市区连续3天日最高温超过39℃
大雾	影响交通，如高速公路关闭，机场关闭；大气污染	交通事故；诱发呼吸系统疾病等公共卫生事件	交通	1987年12月10日，大雾引发黄浦江轮渡乘客踩踏事件，16人死亡，70多人受伤
雷电	户外高空作业、爆破、施工、起吊、装卸、危险品运输	电磁干扰	供电，通信业，户外作业	2010年4月13日，东方明珠遭雷击起火
风暴潮	海水位暴涨，海水倒灌，对海塘、堤坝、内河防汛墙等工程造成严重破坏	因海水入侵导致土地盐碱化、淡水资源污染，海岸侵蚀	航运，水产养殖业	1949年、1962年、1997年、2005年这4年都出现了严重风暴潮灾害

续表

风险源类型	主要危害	次生灾害的可能类型	主要影响的行业及人群	上海典型案例
灾害性海浪	给港口、滩涂围堤造成损失，6 米以上波高的海浪威胁绝大多数船只	海浪所致的泥沙会造成海港和航道淤塞	航运，水产养殖业	2010 年 12 月 12 日，风暴潮和巨浪同时来袭我国东部沿海
赤潮	危害海洋渔业和水产资源	有些赤潮生物分泌的毒素被其他生物摄入，人类食用后会导致中毒或死亡	水产养殖业	2006 年 5 月，长江口外海域发生赤潮；最大面积约 1000 平方公里
海平面上升	沿海地区灾害性的风暴潮发生更为频繁，洪涝灾害加剧	土地盐碱化	农业	近 30 年来上海沿海海平面已上升 115 毫米
地面沉降	防洪设施、港湾设施失效，影响建筑及轨道交通等线性城市基础设施	海水入侵	防洪设施，建筑业，轨道交通等线性城市基础设施	—
酸雨	腐蚀建筑物和金属，伤害人体皮肤	土壤酸化	建筑业、农业	—

第三节　上海城市自然灾害与环境安全的管理现状、对策建议

一、上海城市自然灾害与环境安全管理现状

上海市安全管理体系的核心内容可概括为"一案三制"，即应急管理体制、运行机制、法制和应急预案。

（一）应急管理体制

上海市应急管理的领导机构是上海市突发公共事件应急管理委员会（简称"市应急委"），决定和部署上海市突发公共事件应急管理工作。上海市应急管理委员会办公室（简称"市应急办"）是市应急委的日常办事机构，设在市政府办公厅。它具体承担值守应急、信息汇总、办理和督促落实市应急委的决定事项；组织编制、修订市总体应急预案，组织审核专项和部门应急预案；综合协调全市应急管理体系建设及应急演练、保障和宣传培训等工作。工作机构由50多个部委办局组成。15个区、县也分别设有相应的应急领导机构和办事机构（见图9-11）。

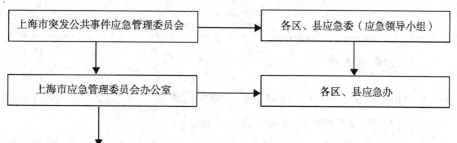

图9-11　上海市应急管理体制

（二）运行机制

上海市应对自然灾害风险的运行机制由以下八个部分组成：风险运行机制、风险溯源机制、动员保障机制、监测预警机制、分析评估机制、会商决策机制、指挥处置机制、沟通监督机制、反馈审核机制。下面以应对气象灾害为例，具体阐释八大运行机制（见表 9 - 15）。

表 9 - 15　应对自然灾害风险的八大运行机制（以气象灾害为例）

风险运行机制	风险溯源机制	对自然风险源、人为风险源、自然因素和人为因素交织在一起形成的风险源进行分析
	动员保障机制	畅通气象信息的公众发布渠道，让广大公众参与气象灾害防范工作
	监测预警机制	信息系统：数字化立体气象探测网、灾害性天气预报预警系统
	分析评估机制	上海市气象局——上海综合气象灾害数据库
	会商决策机制	国家气象中心、上海中心气象台、各区县气象台
	指挥处置机制	首席气象服务官、现场处置队伍组长、气象灾害应急处置指挥部
	沟通监督机制	与市应急办建立重大气象灾害早期预警的通气会制度。主动融入民政、安监、卫生、交通、农业、电力等城市安全运行关键部门和行业，构建科学联动机制
	反馈审核机制	经首席气象服务官同意后结束现场处置、处置结束后的分析总结制度

（三）法律法规

上海市实施的与自然灾害和生态环境问题有关的法律法规从上而下可分为国家法律法规及上海市法规规章两个层面。

（1）国家法律法规：针对各种突发事件的预防与应急准备、监测与预警、应急处置与救援、事后恢复与重建，国家已于 2007 年 11 月 1 日起施行了《中华人民共和国突发事件应对法》。针对各种具体的自然和环境问题，主要有《中华人民共和国森林法》、《中华人民共和国水法》、《中华人民共和国防震减灾法》、《中华人民共和国防沙治沙法》、《中华人民共和国防洪法》、《中华人民共和国公益事业捐赠法》、《中华人民共和国海洋石油勘探开发环境保护管理条例》、《地质灾害防治条例》、《中华人民共和国防汛条例》、《军队参加抢险救灾条例》、《破坏性地震应急条例》、《人工影响天气管理条例》、《森林病虫害防治条例》、《中华人民共和国森林法实施条例》、《森林防火条例》、《水库大坝安全管理条例》、《中华人民共和国自然保护区条例》、《蓄滞洪区运用补偿暂行办法》、《中华人民共和国放射性污染防治法》、《固体废物污染环境保护法》、《中华人民共和国海洋环境保护法》、《中华人民共和国环境保护法》、《中华人民共和国环境噪声污染防治法》、《中华人民共和国水污染防治法》。

（2）上海市法规规章：主要有《上海市防汛条例》、《上海市河道管理条例》、《上海市建设工程抗震设防管理办法》、《上海市黄浦江防汛墙保护办法》、《上海市节约用水管理办法》、《上海市海塘管理办法》、《上海市实施〈中华人民共和国水法〉办法》、《上海科技馆捐赠办法》、《上海市取水许可制度实施细则》等。

（四）应急预案

上海市实施的与自然灾害和生态环境问题有关的应急预案从上而下可分为四个层面：①国家总体预案——《国家突发公共事件总体应急预案》。②上海市总体预案——《上海市突发公共事件总体应急预案》。③专项预案——自然灾害专项预案，包括《上海市地震专项应急预案》和《上海市防汛防台专项应急预案》。④部门预案——自然灾害部门预案，包括《上海市处置大雾灾害应急预案》、《上海市处置雨雪冰冻灾害应急预案》、《上海市处置森林火灾应急预案》、《上海市处置气象灾害应急预案》、《上海市处置海洋灾害应急预案》、《上海市处置地质灾害应急预案》、《事故灾难专项预案》，此处主要指《上海海上搜救和船舶污染事故专项应急预案》；综合保障部门预案，主要指《上海市自然灾害救助应急预案》。

二、上海城市自然灾害与环境安全对策建议

（一）加强减灾管理，实现减灾管理科学化、现代化

1. 进一步加强和完善减灾管理系统

①在现有的"条块结合、以块为主"的减灾管理系统基础上，建立自然灾害综合管理机构，加强对各种自然灾害的预防与应急准备、监测与预警、应急处置与救援、事后恢复与重建等各个环节工作的组织管理，保障统一指挥、协调配合，防止多头管理、权责不明；②加强环境保护、水务（海洋）、气象、地震等有关部门的人员、设备、资金保障。

2. 进一步加强灾害应急法制建设

①在不断修改完善现有法律法规的基础上，制定综合性和专门性减灾行

政法规，尽快形成比较系统的防灾、减灾法律法规体系，使灾害应急工作有法可依；②加强行政执法力度，使各项灾害应对工作落到实处；③完善各项和自然灾害监测、预警、预测、预报、评估有关的技术标准和规范，使技术工作有章可循。

3. 进一步加强灾害应急预案体系建设

①进一步深化、细化各项应急预案，使应急预案更贴近实际。②进一步建立健全应急管理体制机制，加强部门协同，发挥社区、企事业单位、社会团体的作用，依靠公众的力量，形成政府主导、部门协调、公众参与的协同联动机制。③进一步提升危机处理能力和水平。加强应急救援队伍建设，抓好应急物资准备，建立应急避难场所。

4. 建立统一的灾害信息系统

灾害信息是极为重要的基础数据，应该加强自然灾害信息处理技术研究，贯彻"预防为主，防救结合，综合减灾，协调发展"的方针，既要充分发挥已建立起来的各有关部门的单类灾情信息系统在减灾中的作用，又逐步联合和部分改造现有灾情信息系统，以形成适应区域减灾管理体系的综合灾情信息系统。该综合系统主要由四个部分组成：①各类灾害监测网；②分类灾害分析预报中心和专业数据中心；③各类监测、通信卫星系统；④综合灾情数据中心。

5. 扩展灾害预警信息发布渠道

各级、各有关部门要建立及时、快速、高效的传播渠道，逐步完善"政府主导、部门联动、社会参与"的灾害预警信息发布及联动机制，使灾害预警信息覆盖更多民众，有效地防御和减少灾害带来的损失。除广播、电视、报纸、固定电话网、移动电话网、电子显示装置等传统媒介外，更要重视发挥网络在信息传递方面的重要作用。

6. 加强防灾、减灾的宣传教育

①加强对全社会尤其是对中、小学生的宣传教育，把防灾、减灾教育真正纳入国民教育体系；②充分发挥和调动全社会的防灾、减灾教育资源，开展多种形式的防灾、减灾知识宣传。有关部门要结合每年的"3·23"世界气象日、"5·12"防灾减灾日、国际减轻自然灾害日等节日向市民宣传防

灾、减灾知识，增强社会公众的防灾意识，提高社会公众的防范和自救互救能力。

7. 加强气象灾害研究，提高应对气象灾害能力

①尽快建立综合减灾管理和应急救助指挥体系。避免条块分割、部门分割和信息封闭现象的产生，做到资源共享，反应迅速，合力防灾。②加快基层防灾、减灾队伍建设。推进在社区、居民小区、行政村建立气象灾害预防协管员制度，建立政府、气象部门与协管员队伍的"三向"互动平台，实现气象灾害的沟通、协调、联动、交流的长效机制。③重视防汛工作，确保城市安全运行。围绕以防强对流天气、防暴雨积水、防台风侵袭为重点，对虹桥商务区、长兴岛开发区、铁路建设影响区域、大型体育场馆及其周边、大型居住区建设范围、迪士尼项目区等区域进一步加大督导检查力度，确保防汛设施完好和度汛措施落实。对道路下立交、易积水点、建设工地、地下空间、高空构筑物、防汛墙险段和薄弱段等隐患给予重点关注，开展重点整治。

8. 加强海洋灾害研究、提高应对海洋灾害能力

①加强防灾工程投入力度。加强防潮海堤质量，重视沿海和海上工程的防水、防浪设计。②加强海洋灾害预警技术研究，海洋灾害精细化预报保障能力。加强风暴潮、灾害性海浪、赤潮等海洋灾害的发生机理和发展规律研究，着力提升海洋灾害精细化预报水平，不断提升海洋灾害应急预警能力。③完善海洋灾害监测体系。加强海洋监测体系建设，实现一站多功能和资料共享。健全卫星遥感灾害监测系统，在空间上形成沿海岸带，海岛和近海以及外海三个层次的综合观测系统。

9. 加强地质灾害研究、提高应对地质灾害能力

①加强对监测、预报城市地质灾害链、灾害机理、灾害评估及灾害预警系统的综合研究。建立城市地质灾害信息系统，多学科开展灾害的系统科学研究，借鉴计算机技术、遥感技术等技术科学制订防灾减灾方案。②加强对地质灾害实行动态监测与预报制度。城市建设过程中，对于可能导致地质灾害发生的工程项目和地质灾害易发区进行的工程建设，在项目申请前必须进行地质灾害危险性评估。③加大城市地质灾害防治的投入，加强防灾与安全工程建设，推进城市绿化。

（二） 加强环境保护，优化生态环境

1. 创新发展理念

纠正 GDP 至上的思想观念，要从制度上建立起适应科学发展的考核机制和激励机制，彻底根除对 GDP 过度迷信和盲目崇拜的思想毒瘤，促使通过思想解放，转变观念来摆脱传统粗放型发展方式的束缚，实现工业化工程向绿色道路转变和资源环境的可持续发展。

2. 调整产业结构和布局

从可持续发展的角度看，对现有的产业结构和布局应进行调整，对新建项目应充分考虑对生态环境的影响；对现有污染严重的企业应进行改进、改造或转产，甚至停产或搬迁；鼓励发展科技先导型、资源节约型、环境保护型的产业和产品，逐步形成经济效益、社会效益和生态效益相统一的工业布局结构；科学规划和组织协调不同生产部门、不同地区的生产布局，减少对资源环境的压力和污染。

3. 采取有效措施，控制环境污染

要加强污染源控制，污染源主要包括农业污染源、工业污染源和生活污染源，对于农业污染源要推广科学施肥以及合理的灌溉技术；对于工业污染源要改进生产工艺，减少废弃物排放，对污染严重的企业坚决实施关、停、并、转；对生活污染源要着力推进生活垃圾无害化处置、危险废物处置设施建设，并积极推进固废减量化。

4. 发展循环经济

由于上海市资源紧张，环境容量有限。必须科学处理经济发展与资源、环境的关系，积极探索发展循环经济、推行清洁生产。要充分借鉴发达国家的经验，尽快建立循环经济发展模式。积极制定资源循环再利用以及资源回收的政策；加强研究、开发、引进、推广环保新技术，突破制约循环经济发展的技术瓶颈；通过传统技术创新和高新技术创新，促进传统产业的改造升级，推动循环经济发展，发挥低碳生产组织方式在传统产业改造中的作用。

5. 推进生活垃圾减量化

①建议垃圾处理处置技术路线为：第一步，分类收集、运输；第二步，

可回收利用的资源回收利用；第三步，根据垃圾特性选择合适的处理方法，如焚烧、生化处理；第四步，不可处理的进行卫生填埋。②积极探寻政企合作，促进垃圾处理产业化。要解决处置能力不足和处置工艺单一化的难题，单靠政府完成，财政压力巨大。必须调动政府、企业、社会等各方力量共同努力改善。目前，上海市的垃圾成分和特性已经达到了垃圾资源化的要求。垃圾产业化过程中垃圾处理的资金来源、垃圾的分类状况、政府扶持力度、政策导向等问题至关重要，要强化其法律法规和相关政策的制定与实施。③通过技术攻关解决环境污染的防与治问题。鼓励发展先进的垃圾处理工艺和流程。发挥环境影响评价制度在垃圾处理处置场规划和建设中的作用，禁止污染严重的项目立项。制定能够促进有污染的项目通过工艺改进，减少环境污染或者使环境污染物转化为资源的政策。④从垃圾产生源头上采取减量措施。部分产品的过度包装，是产生生活垃圾的一个重要源头。建议在产品生产、流通和使用等环节，促进生活垃圾减量。限制包装材料过度使用，减少包装性废物产生，探索建立包装物强制回收制度，促进包装物回收再利用。同时推广使用可循环利用物品，限制使用一次性用品等。

6. 推进区域环境保护合作

与周边省市建立和完善环境保护工作交流和情况通报制度，定期通报最新工作情况；建立环境信息共享机制；联合制订区域生态建设和环境保护合作计划，重点加强水资源和海洋环境保护，共同推进海洋开发；根据各地资源禀赋的不同，探索差异化的区域生态资源开发政策；试点跨区域污染物排放交易机制。

本章附录：水质综合污染指数法

（一）水质综合污染指数的计算

水质综合污染指数是在单项污染指数评价的基础上计算得到的。考虑到上海地表水污染特点，在计算水质综合污染指数时通常选择上海市具有代表性的污染物，包括高锰酸盐指数、五日生化需氧量、化学需氧量、氨氮、石油类、挥发酚、总磷和汞。也可以根据需要选择必要的污染物参与评价。

单项污染指数的计算方法：

$$P_i = C_i / S_i$$

式中，C_i 为污染物实测浓度，S_i 为相应类别的标准值。

综合污染指数的计算方法：

$$P = \frac{1}{n} \sum_{i=1}^{n} P_i$$

应该注意到，水质综合污染指数的计算与水质类别标准密切相关，因此综合污染指数的比较只能在同一类别标准基础上进行。

(二) 水质污染程度的判别

根据水质综合污染指数来判别污染程度是相对的，即对应于水体功能要求评判其污染程度。如Ⅱ类水体的水质要求明显高于Ⅲ类、Ⅳ类、Ⅴ类水体，假如不同类别水体的水质相同，则要求越高的水体，其对应的污染程度越严重。根据水质综合污染指数判别水质污染程度必须基于下列条件：

(1) 污染程度是对应于相应类别的水质要求的。

(2) 污染程度的分级是为了定性反映水质的现状，水体污染说明该水域原定的功能不能安全、全面地发挥效应，其功能得不到保证。不同功能水体即使达到相同的污染程度，其危害和影响也是各不相同的。

(3) 根据水质综合指数的大小可将水体分为合格、基本合格、污染和重污染四类。

当采用上述八项污染物进行评价时，不同类型水体相对应的综合指数和水质现状阐述如下：

合格：$P \leqslant 0.8$，各项水质指标基本上能达到相应的功能标准，即使有个别指标超标，但超标倍数较小（1倍以内），水体功能可以得到充分发挥，没有明显的制约因素。

基本合格：$0.8 < P \leqslant 1.0$，水体功能没有受到明显损害，但在一定程度上

受到某些因素（水质指标）的制约。

污染：$1.0 < P \leqslant 2.0$。

重污染：$P > 2.0$，各项水体指标的总体均值已超过标准 1 倍以上，部分指标可能超过标准数倍，水体功能已受到严重危害，如不采取必要的措施，直接利用其水体功能可能是危险的。对这类水体必须采取必要的措施，或改变其功能，或付诸行动开展污染整治。

第十章 上海校园安全研究[①]

校园安全问题一直是大家关注的焦点，是社会安全保障的一个薄弱环节。近年来，校园的突发事件频繁发生。随着国家转型期的到来，贫富差距的扩大，各种社会矛盾的激化，学生成了直接的受害者。当务之急是要加强校园隐患排查和安全管理，切实保护在校学生的安全。在2010年5月3日召开的全国综治维稳工作电视电话会议中，中共中央政治局常委、中央政法委书记、中央综治委主任周永康强调，"应把校园安全升至国家战略的角度，为孩子们学习成长创造平安和谐的社会环境"。校园安全问题显然已经成为国家战略的一个重要组成部分。

校园安全是指消除和防止对学校安全有害的一切不安全因素，包括学生的人身安全、老师的人身安全、相应学校设备的安全、校园财产的安全、校园网络的安全等。在本章所讨论的校园安全重点是针对学生的人身安全，所讨论的地区是上海市学校的安全问题。本章将从以下四节对上海学校的安全问题进行阐述。第一节将从时间维度、空间维度、学校类型维度对上海学校的安全问题作一个整体的评估，对上海学校安全问题的现状有一个综合的了解；第二节对上海校园安全问题进行风险溯源，从自然源、技术源、社会源、混合源四个方面进行阐述，找出问题的症结所在；第三节基于"一案三制"视角（管理体制、运行机制、规章制度、应急预案），分析目前上海针对校园安全问题所采取的一些管理措施和管理方案；第四节主要是针对目前上海校园安全管理的"一案三制"问题和管理方案提出改进的对策建议。

[①] 本章所有图、表数据均来自历年的校园安全情况通报，http：//www.shmec.gov.cn/web/xxgk/。

第一节　上海校园安全的评估

　　校园安全不仅关系到学校日常教学、科研、生活秩序，而且关系到学生的切身利益。只有认识到目前学校安全方面存在的现状，才能有的放矢。本节将从时间维度、空间维度、学校类型维度对上海学校的安全问题做一个整体的评估。

一、年度分布特征：中小学安全事故数偏低且趋于平缓，死亡数偏高，大学生的死亡数和安全事故数都明显偏低（见图 10－1~图 10－4）

　　图 10－1、图 10－2 是上海市历年中小学安全事故数和死亡人数的统计图，可以看出 2007 年上海中小学生发生的安全事故数比较高，总共发生了 2519 起安全事故，最近三年发生的安全事故数趋于平缓，处于一个相对较低的位置。与 2007 年相比，2010 年发生的安全事故总数下降了 31%，为 1732 起。之所以出现这种现状，部分原因是目前上海市政府对于学校安全状况的重视，加强了各个方面的监管，进一步落实了相关的学校安全政策。从近四年的上海中小学生死亡人数看，2007 年、2008 年、2009 年三年的平均死亡人数是 70 人，而2010 年的死亡人数为 79 人。与 2007 年相比，2010 年的死亡人数上升了12.8%，较前几年死亡人数大幅增加。

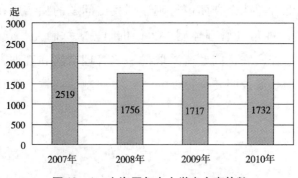

图 10－1　上海历年中小学安全事故数

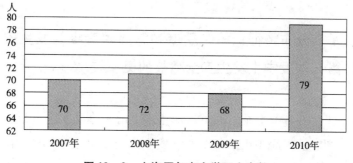

图 10 - 2　上海历年中小学死亡人数

　　图 10 - 3、图 10 - 4 显示的是近两年来上海高校大学生发生的安全事故数和死亡人数的对比图。从图中看到，无论是安全事故数还是死亡人数，2009 年与 2008 年相比都有一定幅度的降低。死亡人数减少的程度更大，与 2008 年相比，2009 年大学生安全事故发生总数下降了 17.46%，死亡人数减少了 31 人。部分原因是在 2009 年上海市加强了高校大学生安全状况的防范。例如上海市政府加强了技防建设经费的投入，进一步完善后勤配备定期组织的逃生演练等，对校园安全事故的发生率降低都起到了一定积极的影响。

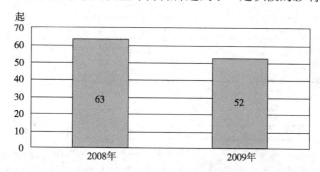

图 10 - 3　上海近两年高校大学生安全事故数

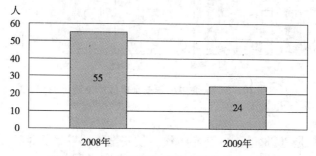

图 10 - 4　上海近两年高校大学生死亡人数

二、季度分布特征：第二季度和第四季度容易发生安全事故，而第一、第三季度学生发生安全事故的概率较小

表 10 – 1、图 10 – 5 显示的是近四年来上海中小学安全事故发生数的季度统计表、图，从上海中小学各个季度发生的安全事故数可以看出，每年的第二季度和第四季度是中小学生发生安全事故数的高发时段，约占全年发生安全事故总数的 3/4，第一季度和第三季度是属于中小学生的寒、暑假时期，发生的安全事故数相对较少；第二季度和第四季度是属于春、秋两季，这两个季节的气候适宜，而且处于非考试阶段，学生相应的活动也较多，所以可能成为事故相对的多发季节。

表 10 – 1　上海中小学安全事故季度统计表

年份	中小学安全事故	第一季度（％）	第二季度（％）	第三季度（％）	第四季度（％）
2007	2519 起	14.50	31.70	15.10	38.70
2008	1756 起	26.50	28.10	12.50	32.90
2009	1717 起	21.70	27.70	21.70	28.80
2010	1732 起	14.70	31.60	24.90	28.80

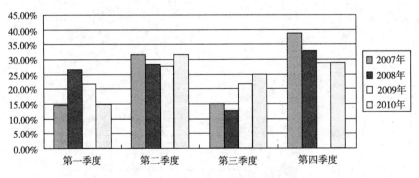

图 10 – 5　上海中小学安全事故季度统计图

图 10 – 6 是 2008 年、2009 年上海高校安全事故发生的时间段统计表，在一年发生的安全事故中，学习时段发生的安全事故数占了总数的 3/4，而双

休日和寒、暑假发生的安全事故数相对较少，学习时段基本是处于第二季度和第四季度，而寒、暑假是处于第一季度和第三季度。高校大学生在一年之中发生安全事故的时段分布跟中小学生一样，但是原因可能有所不同，大学生自我安全意识比较强，所发生的安全事故中大多数是属于意外事故，因为大学生在校期间的活动比较多，包括各种实践活动、体育活动等，可能会导致一些意外的事故，使得大学生发生的安全事故数大多也是在第二季度和第四季度发生的。

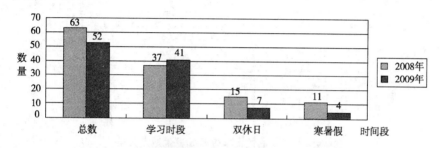

图 10－6　上海市高校安全事故发生的时间段统计

三、校内外分布特征：中小学生校外发生安全事故的概率远远高于校内，而大学生校内外发生安全事故的概率基本持平

图 10－7 是历年来上海市中小学校内和校外死亡人数的对比图，从图中可以看出，中小学生的校外死亡人数远远高于校内的死亡人数，而图10－8显示的是大学生校内外伤亡数量基本持平。中小学生和高校大学生在校内外发生的安全事故数存在明显的差异，由于中小学生的年纪比较小，缺乏自制能力，安全意识比较差，必须要通过外在的安全监督来保障其安全，所以在安全防范措施比较好的校园内部其发生的安全事故比较低，而在校外缺乏管束的情况下发生安全事故的概率较高；高校大学生已步入成年，其自我保护和防范的意识比较强，而且大学基本上都是采取开放式的管理方式，对于校内外的安全事故数量不会有太大影响。

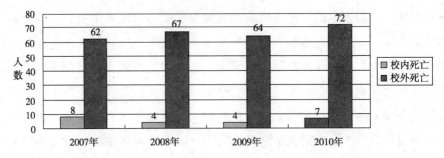

图 10 – 7　中小学校内和校外死亡人数对比

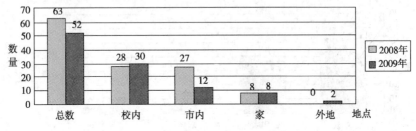

图 10 – 8　高校大学生事故发生地点分析

四、学校类别分布特征：初中阶段学生伤害事故比例最高，高校学生伤害事故比例最低

从上海市各个年龄阶段受伤害的比例看，初中阶段学生伤害事故比例最高，高校学生伤害事故比例最低。但单从中学校生各年龄阶段的受伤比例看，初中阶段学生伤害事故比例最高，小学阶段学生伤害事故比例其次，高中阶段学生伤害事故比例最低（见表 10 – 2、表 10 – 3）。初步分析表明，小学阶段家长和老师对学生的安全监管力度较大，高中阶段学生具有一定的自我防护意识，所以伤害的比例比较低；而处于生长发育期的初中学生，自主意识比较强，又具有一定的能动能力，但由于其认知水平和自控能力相对较弱，所以可能这一阶段的学生较易发生各类伤害事故。从整体来看，大学阶段的伤害事故比例是最低的。原因是大学生已经是成人，自我防护和自我保护意识很强，并且能够处理一些紧急的安全突发事件，很少发生安全事故。

表 10 - 2　各阶段安全事故占比

年　份	小学伤害事故比例（%）	初中伤害事故比例（%）	高中伤害事故比例（%）
2007	35.60	46.80	17.70
2008	38.60	46.90	14.50
2009	37.50	48.60	13.90
2010	42.90	47.00	11.10

表 10 - 3　中小学和高校安全事故统计

年　份	中小学安全事故数（起）	大学生安全事故数（起）
2008	1756	63
2009	1717	52

五、性别比例分布特征：男生发生安全事故的概率明显高于女生

从表 10 - 4 上海中小学死亡及其受伤情况统计中可以看出，男生无论在死亡人数比例还是受伤人数比例方面都远远高于女生。一方面是由于男生比较活泼好动，不太听从管教，而女生比较听话，听从老师或者是家长的安排，所以发生事故的概率也就比较小；另一方面是由于男生喜欢参加一些冒险性活动，参加一些体育活动，例如游泳、踢足球、打篮球等，也就增加了发生安全事故的概率。

表 10 - 4　上海中小学死亡及其受伤情况统计

年　份	性别	死亡人数比例（%）	受伤人数比例（%）
2007	男生	67.10	78.40
	女生	32.90	21.90
2008	男生	69	72.70
	女生	31	27.30
2009	男生	58.80	72.70
	女生	41.20	27.30
2010	男生	82	73.90
	女生	18	26

　　根据上海市教育委员会关于 2009 年上海高校大学生安全情况通报，得知在总共发生的 52 起安全事故中，总共涉及在校大学生 46 人，其中男生 24 人，女生 22 人。对以往年限的大体考察，也得出类似结果，就是男、女生发生安全事故的人数基本持平，由于高校大学生都已经步入成年，无论是男生还是女生都比较注意保护自己的安全，本身的自我防护意识也比较强，不会轻易地拿自己的安全问题开玩笑，所发生的安全事故更多是一些意外事故，所以男生、女生发生安全事故的人数基本持平。

六、事件类型分布特征：溺水死亡在整个死亡人数中占的比重最大，其次为交通事故死亡、中毒死亡

　　根据图 10 - 9 可知，溺水死亡在整个死亡人数中占的比重最大；其次为交通事故死亡、中毒死亡；其他死亡原因包括触电死亡、意外事故死亡、自杀死亡等各种原因。可以根据以上死亡事件类型的分析，制定针对性的安全管理政策，加强对安全事故的管理和防范，切实保护好中小学生的安全。

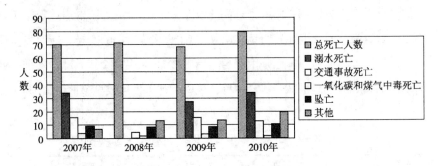

图 10 - 9　中小学历年灾难类事件涉及学生情况

　　根据 2009 年上海市高校大学生安全情况通报显示，2009 年上海高校大学生灾难事件的分布以交通事故为主，溺水、意外受伤、意外坠楼、废气中毒等引起的安全事故数基本都比较少。从 2009 年上海高校大学生安全情况通报得知，该年发生的总共 9 起交通事故中，5 起发生在校内，占总数的 55.56%。这 5 起校内交通事故均系学生在校内道路上被撞，肇事车辆为外来车辆、施工车辆、学校车辆等；2 起交通事故发生在校园周边道路，系学生

在穿马路时被撞，肇事车辆为货车、公交车；1起交通事故为学生乘坐的轿车爆胎侧翻；另有1起为学生驾驶助力车与轿车发生追尾（见图10-10）。

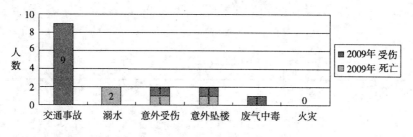

图10-10　2009年高校大学生灾难类事件涉及学生情况

上海市高校校园安全管理的责任主体应根据大学生发生安全事故的特点，制定相应的政策。例如，要严格控制高校校园内施工车辆的数量、校外不明车辆进入校园要进行相应的登记、对校园内车辆的行驶速度进行严格限制，超速者采取相应的惩罚措施等，对症下药切实保护好大学生的安全。

第二节　上海校园安全的风险溯源

近年来，校园安全事故多有发生，校园安全问题也备受关注，全面认识校园安全的风险溯源，找出引起校园安全事故的症结所在，是开展校园安全管理的前提，本节从自然源、技术源、社会源、混合源四个方面对校园安全进行风险溯源。

一、自然源

随着现在气候的多变，自然灾害在最近几年的频繁发生，学校自然灾害的防范也引起人们的普遍关注，根据历史资料和专家们的分析研究，对上海可能造成影响和威胁的自然灾害主要有台风、暴雨、风暴潮、赤潮、龙卷风、浓雾、高温、雷击、地质、地震灾害等，但是由于上海是平原地区，几乎没有发生地质灾害的可能，能够对学生的安全造成伤害的自然灾害主要是一些气候灾害。针对上海的自然灾害现状，对可能导致学生安全事故的自然灾害作出相应的总结，并绘制出相应的表格，如表 10 – 5 所示。

表 10 – 5　相应自然源及其危害分析

自然源类型	发生的主要月份	对学生可能造成的伤害
暴雨	上海 70% 的暴雨集中在 4 ~ 9 月	可能引发洪涝灾害，严重时可能危害到地势低洼学校的学生安全
高温	上海每年高于 35℃ 气温日数一般为 9 天左右，集中在 8 月	可能导致学生中暑及其并发症状
浓雾	上海发生大雾主要是集中于 12 月、次年 1 月和 4 月	可能会导致学生的呼吸系统疾病
赤潮	长江口及其邻近东海海域，主要发生于 5 ~ 6 月	发生严重的赤潮灾害时，赤潮生物毒性对学生的身体健康和生命安全带来威胁
酸雨	酸雨的发生月份不定，主要集中于春、夏的多雨月份	可能会对学生的皮肤造成伤害

针对可能会引起学生安全事故的一些自然灾害，应该积极预防，做好相应的应急预案，防患于未然，确保每一个学生的安全。

二、技术源

最近由于某些学校在校舍、实验室、图书馆及教学用具、设施设备等方面还存在很多的安全隐患，导致学生安全事故的发生。典型的案例是 2002 年内蒙古某中学因楼梯护栏被挤断，造成 21 人死亡、48 人受伤[①]。上海市多所学校都出现过由于体育器材的损坏导致意外事故的发生等，都是由于技术源所引起的校园安全事故。从校园技术风险源的空间分布特征看，遍布于教室、实验室、运动场、图书馆、宿舍、餐厅及其整个校园的楼宇设施状况，因此要对引起校园安全事故的各个空间进行技术风险溯源分析（见表 10 – 6）。

---

① 王声湧. 校园安全与中小学伤害现况 [J]. 中国学校卫生，2006 (2).

表 10 – 6　技术风险源的空间分布特征

教室	课桌椅的棱角太尖锐、插座老化接触不良、窗户玻璃损坏
实验室	化学药品、玻璃仪器、火器、电器、老化插座、窗户玻璃损坏
图书馆	书架、电梯设备、楼梯栅栏、门窗玻璃、桌椅棱角尖锐
运动场	体育设备（如单双杠、篮球架、足球门柱等）
宿舍	电器、火器、插座老化、水龙头、消防设备
餐厅	食物、消防设备、餐厅桌椅、地面湿滑
整个校园楼宇设施	校园内未规范设置避雷针、输电线路设施、校舍陈旧老化、校舍设计不合理、通道楼道过窄、围墙太低

三、社会源

研究表明，校园安全事故和校园暴力事件很多是由于社会职责的疏忽、校园制度的不健全、国家相应法律的缺失等原因造成的，制度方面的原因成为造成学校安全问题最主要的原因。本部分内容从制度、法律、文化三个方面分析造成学生安全问题的社会源。

（一）制度方面①

首先，有些学校没有形成高效的安全指导小组，未形成权威的校长负责制的组织机构，也没有行之有效的安全工作规划和实施方案，各安全工作小组间缺乏协调，安全责任分工很不明确，制度不健全，责任制和责任追究没有落实到个人。

其次，部分学校还存在着没有定期检查以及门卫、值班、巡逻、交通、消防等方面的内部安全管理工作制度，或者有制度但不完善，或者有完善制度但执行不力的现象。尤其是对安全隐患的检查没有制度化、经常化，或者检查了但没有做详细记录，甚至在监督单位提出了意见后仍迟迟不落实的现象还大量存在。

最后，有的学校没有专项突发事件处置工作预警预案体系，没有专门的安全警报点，应急反应机制不落实，一旦发生安全事故便出现信息传输渠道

---

① 刘畅 . 学校安全的影响因素与对策 ［J］. 成都教育学院学报，2006，20（4）.

不畅通或手足无措的情况。

（二）法律方面

目前，中国的《教育法》、《未成年人保护法》、《民法》等虽然在保护在校学生和未成年人的人身安全上起到了一定的作用，但是在许多具体环节的实施上，诸多校园安全问题仍然没有得到法律法规的刚性保障，在相应法律方面仍然存在一定的空白和漏洞。

目前，上海在法规规章制定方面在全国处于先行者，上海市于 2001 年市十一届人大常委会第 29 次全体会议审议通过了《上海市中小学校学生伤害事故处理条例》，2001 年由教育部和上海市共同制定实施《学生伤害事故处理条例》①，但这些都属于部门规章和地方性法规，在法院判案时也受到立法层级和区域的限制，在国家层面缺乏可以直接适用的法律依据。因此，当务之急是从全国层面尽快制定一部详尽、具体、针对性强的校园安全法。

（三）文化方面

1. 学校方面对校园安全文化建设方面重视力度不够

学校缺乏安全方面基础课程的设置，例如，在心理健康课、思想道德课、安全普及课上缺乏安全知识的宣传与指导，学校领导老师过于强调文化基础课程的建设而忽视了对学生进行安全知识、心理健康教育的普及，造成学生缺乏安全常识和一定的自救能力。

2. 学校在开展校园安全活动方面力度不够

例如，学校安全活动仅依靠简单的发放安全手册，缺乏学校社会的安全互动，校园安全活动缺乏趣味性、创新性，活动形式单一。

3. 学校安全文化传播力度不够

有些学校没有充分利用宣传栏、黑板报、校园广播、图书室等宣传设施设备和渠道，营造全方位的校园安全文化氛围。

---

① 当前我国校园安全立法若干理论问题的研究. http：//www. chinalawedu. com/new/21604_ 23361_ /2010_ 2_ 5_ ji72614356101520100225440. shtml.

四、混合源

某些校园安全事故的发生不仅是由单一的风险源造成的，而是由多个风险因素交织在一起造成的，这就是引起学生安全问题的混合源。

引起学生安全问题的混合源包括自然源与技术源混合，自然源与社会源混合，技术源与社会源混合，自然源、技术源、社会源的共同混合。

第三节　上海校园安全管理的现状分析

总体而言，上海针对校园安全的"一案三制"问题制订了相应的校园安全管理方案，"三制"即管理体制、运行机制、规章制度；"一案"是指各学校所采取的相应的应急预案，本节从这四个层面来探讨上海校园安全管理的现状。

一、管理体制

上海校园安全管理实行的是校长负责制的管理制度，校长作为学校的行政安全总负责人和法人代表，全面领导学校的各项安全工作。

首先，校长是校园安全管理工作的第一责任人，对学校安全的管理工作进行全面负责，并且与上级部门保持联系，听取学校教代会的各项意见与建议，接受教代会的监督，同时发挥教师安保人员、学校安全保卫处的作用，共同推进校园安全管理工作。

其次，学校定期举办学校安全会议，此会议由校长主持，学校的各个安全工作小组都可以针对近期的情况积极地阐述各自的观点，并进行相应的工作汇总，各小组成员在相互交流的同时，也能够弥补各自安全管理工作中的不足。

二、运行机制

校园安全的维护是一个系统的工程，不仅要有一个好的管理团队、一套好的安全管理制度，而且还需要好的运作机制。运作机制包括学校内外的协同机制、校园安全保卫机制、学校安全预警机制等。只有各种机制的配合运作，才能切实保障好校园安全。

（一）学校内外协同机制

各级各类学校与交通管理部门、公安部门、卫生防疫部门、所在社区等联手对校园内外的安全隐患进行排查，同时学校也与学生家长保持联系，时刻了解学生的动态，包括学生的身体状况、心理状况等。要建立学校内外协同机制，不断改进校园安全的保障机制。

（二）校园安全保卫机制

上海各级各类学校逐步建立健全了校园安全保卫机制，包括设立门卫值班制度、成立学校安全巡逻小组、对学生进行相应的安全教育、加强警民共建机制、实施岗位责任制等。这些制度成为校园安全的又一道屏障。

（三）学校安全预警机制

上海大部分学校都有比较好的安全预警机制，例如在校内重要部门安装防盗门、电子防护栏、装备保险箱等，装备了自动报警机制，在遭遇紧急突发事件时通过电子铃发出紧急信号等。

三、规章制度

规章制度在规范行为主体的行为、保障学生的安全方面发挥着重要的作用。规章制度一方面包括国家针对学生的安全制定相应的法律法规，另一方面是由学校根据自身的安全管理角度所指定的一些相应的章程。

（一）国家层面

自 20 世纪 50 年代以来就为学校的安全方面制定了相关法规，除了《未成年人保护法》、《义务教育法》和《预防未成年人犯罪法》以外，还有《中小学环境管理的暂行规定》、《关于进一步加强学校治安综合治理工作的意见》等相关法律法规。

（二）学校层面

根据自身的情况制定了相应的校园安全管理制度。学生的安全离不开科学系统的学校安全管理制度作保障，针对上海学校的整体状况，对其所采取的几项制度归类如下：

（1）校级领导值班制度。校领导担任总值班，直接负责学校的安全巡逻、突发事件的处理以及对寝室管理人员的岗位检查，保障学生的管理严格有序。

（2）应急疏散预案定期演练制度。校园是学生高度密集的场所，为了应对突发事件，学校组织定期演练，使师生懂得如何逃生并熟悉相应的应急疏散线路。

（3）安全日检制度。学校组织每日值班人员对教室、图书馆、寝室等场所进行每天的安全检查，例如清查管制刀具、确保火源不入教室、禁止使用高功率电器等。

（4）人数清点制度。非寄宿制学校的老师要对教室学生进行每日清点；寄宿制学校则实行"白加黑"制度，即白天对教室学生进行每日清点，晚上寝室管理员要对学生人数进行清点，并做好相应的记录，确保学生一个也不能少，如果出现状况，及时向上级反映。

（5）组织学生活动时的安全管理制度。在组织游玩、社会实践或是体育课时，学校也都制定严格的安全管理措施，在相应活动时做好准备活动，避免不必要的受伤，并且在活动时，时刻都有监督老师在周边负责学生的安全。

四、应急预案

所谓校园安全的应急预案，是指学校本着"预防为主、措施到位、人身安全第一"的原则，以确保发生突发事件时能及时、有序、合理地作出相应反应，从而减少突发事件对学校全体师生的人身伤害和财产损失。上海各级各类学校基本上都制定了应急预案。上海学校的应急预案可以分为自然灾害类应急预案、事故灾难类应急预案、食品卫生类应急预案三大类（见表10-7）。

表 10-7 应急预案的分类

自然灾害类应急预案	1. 学校防台风事故应急预案 2. 学校防暴雨雷击事故应急预案 3. 学校防汛事故安全应急预案 4. 学校防地震事故安全应急预案
事故灾难类应急预案	1. 学校突发公共事件应急预案 2. 学校消防事故应急预案 3. 学校防盗事故应急预案 4. 学校直饮水事故应急预案 5. 学校车辆伤害事故应急预案 6. 学校触电事故应急预案 7. 学校溺水事故应急预案 8. 校舍楼梯挤踏和坠落事故应急预案 9. 体育活动中学生受伤事故应急预案 10. 学校防火灾事故应急预案 11. 学校内犯罪分子事故应急预案
食品卫生类应急预案	1. 学生食物中毒事故应急预案 2. 学校传染病日常预防与突发应急预案 3. 学校防疾病事故应急预案

就现状来看，上海学校的应急预案存在以下三个问题：一是学校应急预案的雷同现象严重，成为学校应付检查的一纸空文。二是学校并未根据自身存在的安全隐患状况制定应急预案，难以起到预防意外事故发生、保障学生安全的作用。三是一部分学校在应急预案的制定方面不齐全，缺乏专项应急预案。

第四节　完善上海校园安全管理体系的对策措施

一、完善全员参与、全程监控的校园安全管理模式

校园安全管理是一个极其复杂的工程。要想确保学校中每一个学生的安全，已经不是某一个人或是单独的保卫部门能够解决的事情，必须推行全员参与、全程监控的校园安全管理模式。目前全国很多地区已经实施了这种类似的管理模式，例如山东省莒县推行"三全一无"（全方位、全天候、全员化、无缝隙）安全管理模式，实现了安全管理全覆盖无缝隙，为师生创造一个健康、平安、快乐的教育教学环境。上海地区也已经开始实施该管理模式，但是在该管理模式的实施过程中，仍然存在很多的不足，针对相应的不足，提出以下两点完善措施：

（一）全员参与方面

要形成"校长负责、全员参与、纵向到底、横向到边"的立体化安全管理模式，校长全面负责校园安全，校长班子成员如分管副校长、行政处主任、教务处主任、保卫科主任等，分别成立安全管理小组，各小组分管到位，责任落实到人，完善校长班子成员包校、学校处室包年级、班主任和任课老师包班的"塔式"安全管理体系。同时，明确安全专职人员专门抓、非专职人员协助抓的制度，真正形成安全工作的"一岗双责全员责任制"[①]。

校内实行划块管理，对学生在校期间的主要活动区域进行重点监控和风险防范（见图 10 - 11），坚持领导带班巡查和教职工轮流值班的制度，实现值班人员天天查、督导组长周周查、校长月月查的严格的督导管理制度，特

[①]　山东莒县实施"三全一无"安全管理模式打造平安校园．http：//unn．people．com．cn/GB/88607/11740530．html．

别是学生经常活动的地方要实施老师分配到岗，"定人、定岗、定责"的安全责任制度，在学生的主要活动区域，不允许值班老师无故缺岗，否则追究相应责任，紧急情况下可由班长代替老师行使相应的职责。

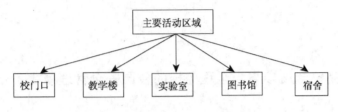

图 10 – 11　学生在校期间主要活动区域

（二）　全程监控方面

全程监控的目的是确保每一个学生的状况时刻在老师、校园安保人员的监控之中，随时随地能够对每一个学生进行安全追踪，确保每一个学生的安全。

1. 实行全天候学生在校状态掌控

为了便于学校安全管理人员能够时刻监控学生的安全状况，可以对学生的主要在校时间段进行区分，如图 10 – 12 所示。

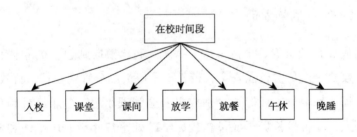

图 10 – 12　主要在校时间段

对于最容易出现问题的这几个时段，坚持领导带班巡查和教职工轮流值班制度，安排好充足的执勤老师，保证每一个学生都能在老师的监控之下。

2. 实行全天候治安巡逻制度

要坚持 24 小时执勤巡逻制、不定时无间隔巡逻制、重点区域重点排查巡逻制，白天除设门卫岗外，学校安排值班老师，也负责相应的巡逻工作。晚上由相应的值班人员负责替班巡逻，尤其加强对教学楼、宿舍楼、行政楼、食堂等重点区域的巡逻。切实保证学校的每一个边边角角都处于学校安全管理人员的监控之中。

二、完善"城区、社区、校区、家庭"四位一体的安全联动机制

影响校园安全的因素有很多，既有社会原因、家庭原因，也有学校方面的原因。要完善"城区、社区、校区、家庭"四位一体的安全联动机制，切实保障校园安全。四位一体的校园安全联动模式能够为学生在校内、校外创设更加安全的环境。这种校园安全联动模式，要求各行为主体真正履行各自的职责，其中：

（一）所在城区

一是所在城区政府安全管理部门要加强与学校的联防联控，建立相应的校园安全防控机制；二是政府要切实加强对整个城区安全环境的治理，尤其对学校周边存在的安全隐患要及时定时清查，包括清查学校周边的网吧、电子游戏机厅、歌舞厅，取缔黑摊贩等；三是政府为学校提供安全教育的公共平台，加强对学生的安全教育，使学生提高安全意识、提升自救互救能力、强化应急反应能力。

（二）周边社区

一方面，通过社区保安、社区警卫室与学校的联防联控，推行"警察护航活动"，切实保证学生的安全；另一方面，可推行"平安志愿者活动"，即社区居民自愿组成社区平安志愿者，协助政府安全管理部门对社区风险隐患的排查，提高校区周边环境的安全度。

（三）学校层面

学校是校园安全的责任主体，要整合校内外的安全管理资源，健全校园安全管理制度，建立影响校园安全的风险预警机制，加强校园安全文化建设，强化学生心理辅导工作等，尽可能降低校园突发事件的发生概率。

（四）学生家庭

家庭是校园安全教育的重要补充。一方面，要将子女的身心健康放在首位，使学生能够在一个良好的家庭环境中成长，得到及时的心理疏导与健康保护，避免学生产生自闭、孤僻等心理疾病；另一方面，家长要重视家庭安全教育，让子女（尤其是未成年人）形成对社会安全的认知，加强对风险的防范意识和应急反应能力等。

（五）构建"人防、物防、技防"一体化的校园安全保障防线

人防、物防和技防是安全防范的三个重要的范畴，对于校园安全的防范工作，应该更加重视"人防、物防、技防"的一体化校园安全保障防线。在强化传统的人防、物防基础上，充分利用先进的科学技术进行安全防范，比如电子监控技术、电子防控技术、电子报警技术等，保证人防、物防、技防三个环节能够实现有机的结合。技防更多的是对于人防和物防的一种辅助，三者要有机结合、相辅相成，构筑一体化的校园安全保障防线（见表10－8）。

表10－8　"人防、物防、技防"包含的主要内容

校园安全保障防线		内　容
人防	安全保卫部门人员情况	1. 要设立专门的安全保卫部门或人员 2. 辅助设立一定兼职安全保卫工作人员 3. 部分老师要加入到安全保卫工作人员队伍中去 4. 校园警卫室的民警
	安全保卫人员上岗、培训及其结构组成要求指标	1. 安全保卫部门负责人应具有安全保卫干部上岗证，并定期进行继续教育 2. 安全保卫部门负责人员若不具有安全保卫干部上岗证，应参加过相关安全保卫知识、技能培训，并且具备从事此项工作的能力 3. 安全保卫人员的年龄结构应符合一定的比例，避免整体年龄相对老化和结构不合理，应该朝年轻化、专业化、知识化发展 4. 随着现在学生的扩招，安全保卫人员的数量与学生数量有一个合适的配比，避免出现人员不足的状况 5. 学校的安保人员应该定期举行相应的安全技能培训，尤其是现在高科技设备的使用培训

校园安全保障防线		内　容
物防	安全防范装备设施	1. 保安人员配备一些简易实用的橡胶警棍、强力手电筒、钢盔、防刺服、防割手套、催泪瓦斯、防护钢叉等防护器械 2. 学校安装安全防护网、栅栏等安全防护措施 3. 合理保管好安保器械，防止无关人等乱动设备引起安全事故，同时保证出现安全事故时安保人员能够在第一时间应急时用 4. 经常组织安保人员进行安保器械演练，确保安保器械的使用效率
技防	电子化安全防范设备及其预警机制	1. 对学校的校门口、各主要出入口安装相应的门禁系统，只能对学校内学生的证件进行识别，防止不必要的闲杂人等入内 2. 财务室、学校主要道路等要害部位安装技防报警装置 3. 对学校内的各个主要部位安装摄像头，使保卫人员能够对学校内的各个位置实现 24 小时的监控，保证学生安全 4. 设置电子巡更系统，可以有效对校园安保人员的工作情况进行考核

案例篇

第十一章 国外城市安全管理模式比较

城市的发展不可避免地会遭遇到各种自然灾害、技术事故和人为灾难的冲击，这就需要城市和地方管理者未雨绸缪、临危不惧地应对、有条不紊地重建。城市的安全管理系统正是在不断回应各种危机挑战的过程中逐步发展起来的。从近代发达国家的城市政府介入灾害应急管理起，经过长期的变迁和发展，发达国家的大城市在 20 世纪中后期，已经逐渐建立了多元化、全方位、综合性的危机管理系统，其危机应急机制的运行状况和经验教训，对于中国处于初创阶段的城市应急机制建设，具有重要的参考借鉴价值。

第一节 纽约城市安全管理

纽约是美国第一大城市，是美国经济的引擎，也是全球经济、金融和贸易的中心。纽约曼哈顿区集中了世界金融、证券、期货及保险等行业的精华。纽约是联合国总部的所在地，也是国际政治活动的中心之一。可以说，纽约在世界城市体系中扮演着极其重要的角色。

这种特殊的城市地位也给纽约的城市安全管理带来了严峻的挑战。纽约有世界上最多的摩天大楼，有世界上最繁忙的机场之一，每一天都会发生两起有毒物质污染事故和一起绑架事件，纽约容易成为恐怖袭击的目标。而同样的灾害，一旦发生在纽约，就会形成"放大效应"。正是在这种挑战面前，纽约市政府逐渐建立了一套完备的城市公共安全应急管理体系，在应对 2001 年的"9·11"恐怖袭击和 2003 年的停电事件中发挥了巨大的作用。

一、纽约市危机管理机制

纽约市危机管理办公室是纽约市进行公共安全应急管理的常设机构，2001 年成为一个正式的职能部门。在日常工作中，它具体地管理危机事务：制定法规，协调各方面的力量；制定危机预案，进行演习和训练；做危机物质的储备。一旦大的危机爆发，它负责启动应急系统。

纽约市危机管理办公室所定义的危机事态几乎涵盖了所有可能对人们的生命和财产安全造成威胁的突发性事件，包括公用设施故障、恶劣天气、传染性疾病暴发、有毒或者化学物质泄漏、社会秩序动荡、恐怖袭击等。对每一种危机事态，危机管理办公室都有一套针对性的应急方案。

二、危机管理运作

（一）纽约市危机管理办公室日常的工作内容主要包括以下三个方面

1. 危机监控

通过覆盖纽约五大区的信息系统，就地理状况、人口密度、基础设施、道路交通、建筑结构等提供详细数据和一目了然的示意图，一旦发生紧急事故，马上可以确定哪些地区的人口应紧急疏散、哪些道路最安全等。

2. 危机处理

危机事件爆发时，协调各个机构之间的活动；对危机事件的情形进行评估；调配资源，充当危机处理指挥员以及协调参与处理危机的各个机构之间的联系中介。根据具体情况启动相应指挥中心。

3. 与公众进行信息沟通

一是在危机发生之前教育公众，提高公众应对危机能力；二是在危机发生的时候，向公众传递重要的信息。

（二）纽约市的危机准备项目

为了能够出色地应对各种各样的危机事件，纽约市设计、开展了很多帮助城市市民和工商业界"做好准备"的项目。

1. 针对社区的危机准备项目

帮助市民做好准备不仅可以减小危机事件对市民的直接影响，更重要的是，它可以在短时间内迅速动员起市民的力量，帮助政府机构处理危机事件。

2. 针对商业界的危机准备项目

危机管理办公室提供各种信息服务，帮助工商业主对可能对自己的业务造成影响的危机提前做好应对的准备。

3. 训练和演习

为了更好地应对可能发生的危机事件，纽约市危机管理办公室针对各种危机事态的情形，设计并开展了很多的训练和演习，培养能够对危机事件作出快速反应的专业人士。这些训练和演习项目往往和许多联邦、州和地方政府机构合作开展。

（三）纽约市的危机反应项目

纽约市危机管理办公室通过一系列的项目，为在危机发生时作出快速有效的反应提供了信息、人员和组织上的充分保证。主要的项目包括：

1. 城市危机管理系统

2004 年 5 月，纽约市危机管理办公室宣布纽约市危机管理系统正式开始运作。该系统以美国国家危机命令指挥系统为模板组建，对各个政府机构在危机处理中的角色和责任有清晰的界定。

2. 城市应急资源管理体系

这是一个以计算机网络为平台的信息系统，可以对需要的各种物质和人力资源进行准确的定位，以迅速地调动这些资源。

3. "9·11"危机呼救和反应系统

4. 移动数据中心

装备有及时更新的地理信息系统，能够进行数据收集和分析。利用移动数据中心的地图定位绘制功能和信息收集处理功能，移动数据中心的工作人员能够迅速描摹受危机影响地区的信息，提供给危机现场的救援人员和公共信息机构。

5. 城市搜索和救援

（四）纽约市的危机恢复项目

纽约市危机管理最后的一个重要环节，就是帮助受危机影响的个人、企业和社区尽快地复原。这个阶段从危机情况基本稳定，一直延续到所有的体系回归正常或者几乎回归正常为止。

三、纽约危机管理模式总结

纽约市危机管理是全政府、全社会、全过程、多层次的城市安全和危机控制模式，以"预防为主、充分准备"为原则、不断完善其统一指挥、职责明确与协调联动的工作机制，民间组织广泛参与应对突发事件，应急教育日益广泛普及。

第二节　伦敦城市安全管理

伦敦作为英国的首都，同时也是英国的政治、经济、文化和交通中心，其应急管理体制建设的发展已比较完善，目前已形成了立体化、网络状的应急指挥协调体系；伦敦市应急管理体制框架分为三个层面，分别是国家、地方和地区，便于形成决策、组织、指挥和协调应急管理。在国家层面上，在英国内阁中，设立了专门的伦敦应急事务大臣，监督伦敦重大违纪事项的准备工作和危机应对工作。在地方层面上，伦敦市应急体制的主要组成部分包括伦敦应急服务联合会、伦敦消防应急规划署、伦敦应急小组、地方卫生署、伦敦应急论坛、市长办公室和大伦敦议会以及伦敦政府办公室。在地区层面上，伦敦 33 个区政府都有自己独立的应急规划职能。

（1）伦敦应急服务联合会。该机构成立于 1973 年，联合会的委员会成员主要是应急服务组织和地方政府的代表，主要来自以下各部门的代表：城市治安服务部、伦敦消防总队、伦敦市警察局、英国交通警察署、伦敦急救中心以及伦敦市各级地方政府。平时负责地区危机预警、制订工作计划、举行应急训练。灾难发生后，负责人必须协调各方面的力量有效处理事务，并负责向相应的中央政府部门如卫生部、国防部寻求咨询或其他必要的支援。

（2）伦敦消防应急规划署。该机构直接对大伦敦议会和市长办公室负责，是整个城市应对火灾、地震等各种灾害最重要的力量。伦敦消防和应急策划局在每个社区设立了消防站，其中有市政管理人员、有消防安全专家，也有社区建设人员，能够随时提供多方位的救援措施。各个消防站还与专业救火、救灾队员建立起了防灾教育体系。消防站几乎实现 24 小时值班，居民可以随时进入消防站，寻求帮助或者咨询。

预防灾害一直是伦敦消防应急规划署近年来的工作重点。1987 年，伦敦一地铁站发生大火，造成 31 人死亡，大量人员受伤。这场灾难发生后，伦敦消防应急规划署与伦敦地铁和铁路网络公司建立合作，以保证各个机构在灾难发生时履行各自的职责。鉴于 2006 年 7 月发生的地铁爆炸案，伦敦市政府采取了各种措施对地铁公共设施进行"升级服务"，以提高对恐怖袭击等各类非法暴力行为的防范和应对能力，应急体系的完善措施就包括伦敦消防应急规划署和其他应急服务组织在内的更为完善的联动反应机制，并制定深层隧道救援计划。

2003 年，伦敦消防应急规划署发表的第一份《伦敦安全计划》，为未来一年的城市灾害处理制定了细则。根据 2/3 的火灾遇难者年龄超过 60 岁的统计数据，伦敦消防应急规划署 2004 年开展了名为"你自己能活下来吗？"的活动，为 60 岁以上的公民建立了专门的火灾求助热线。热线开通第一周内，就有数千名老人和他们的亲戚朋友通过电话咨询。与此同时，伦敦消防应急规划署还建立了"青少年纵火者干预体系"，对青少年进行防火教育，解答他们有关火灾的疑问。

伦敦消防应急规划署还与负责医疗急救的"国家健康服务体系"签订协议。在遭遇火灾或其他灾难的人因为情急而错拨求救电话时，这两个机构之间的通信交换系统能够自动转接到消防队。作为世界上第三大消防队，伦敦消防应急规划署还利用先进技术，协助救灾工作。2004年，该机构对2.5万户家庭进行了防灾能力评估，并计划在2005年前在82%的伦敦家庭中安装火灾报警系统。该机构还与摩托罗拉等公司合作，改进消防部门的应急响应时间，达到使火灾数目、伤亡数目和虚假报警呼叫数目减少20%的目标。

（3）地方卫生署。该机构负责地方的救护车服务、急救服务以及基本医疗保障。在职能上与英国的突发公共卫生事件应对体系有交叉。英国突发公共卫生事件应对体系是一个综合体系，包括了战略层面和执行层面，其中战略层面的应对指挥由卫生部及其下设机构负责，而执行层面的突发事件应对则由国民健康服务系统及其委托机构开展。其中，"突发事件计划协作机构"的主要职责是制订、颁布、修改并维护突发公共卫生事件应对计划，并协调与应对系统中其他部门的合作；"国民健康服务系统"（NHS）地区行政机构在这个系统中的职责是确保地方卫生服务机构在突发事件中作出快速恰当的反应。2002年4月计划修改后，更多的职能从"国民健康服务系统"转向了基本医疗委托机构，构建了一个更为完善的公共卫生网络，网络中的各机构在突发事件应对中各司其职，协调运动，形成了更为综合的突发公共卫生事件应对系统。

（4）伦敦应急小组。该机构是2001年美国"9·11"事件后设立的一个应急组织，主要职责是保证伦敦做好各种灾难事件的准备工作。

（5）伦敦应急论坛。该机构主要是监督伦敦应急小组的工作，其成员都是代表主要应急机构和关键合作部门的高级官员。

（6）市长办公室和大伦敦议会。市长办公室负责战略管理问题，协调全伦敦范围内的行动，大伦敦议会在危机预防和危机应对中没有正式的职责，只是通过伦敦政府协会为地方政府提供支持和援助。

（7）伦敦政府办公室。该机构主管伦敦应急小组，同时在危机预防和危机应对中协助一些政府部门。

第三节　东京城市安全管理

东京是日本的首都，全称东京都。东京人口 1299 万，大东京圈人口达 3670 万。东京是日本的政治、经济、文化中心，是日本的海、陆、空交通的枢纽，是现代化国际大都市和世界著名旅游城市之一。

由于地处地震和火山活动异常活跃的环太平洋地带和地形、气候等原因，日本是地震、台风、海啸、火山喷发、暴雨等自然灾害频发的国家。20 世纪 50 年代末和 90 年代初，日本先后发生了伊势弯台风、阪神大地震等重大灾害，国民生命财产安全损失惨重，严重影响了经济社会发展。因此，日本社会高度重视防灾、减灾工作。东京积累了第二次世界大战后几十年的防灾、减灾经验，无论是基础设施的建设，还是政府的危机管理机制和能力，甚至市民的意识，都发展到相当高的水平。地铁沙林事件、防止 NBC 恐怖对策、世界杯足球赛东京都危机管理的对应过程等，充分显示了东京城市危机管理在制度建设、机构建设等各个方面的成熟与先进程度。

东京都的危机管理规划体系，基本上以原有的防灾规划为基础，有综合防灾规划、健康保健等专项部门规划以及各部门规划中的防灾、安全、应急的规划等。根据国家的《灾害对策基本法》第 40 条第 1 项，东京都政府召开"东京都防灾会议"制定地方防灾规划，每年必须讨论规划内容，在必要的时候进行修改。规划的目的是，都政府、区市村町、指定地方行政机构、指定公共机关、指定地方公共机关等防灾机构发挥各自拥有的全部功能，通过进行关于都地区发生的震灾、风水灾等灾害的预防、实施应急对策和进行灾后恢复重建，来保护居民的生命、身体和财产。东京都防灾规划在 1963 年制定，分为《震灾篇》和《火山与风灾水灾篇》。《火山与风灾水灾篇》不断被补充和细化，现在有《风水灾害对策规划》、《火山灾害对策规划》、《大规模事故等对策规划》、《原子能灾害对策规划》等。

根据地区防灾基本规划，东京都还制订了具体落实行政业务和公共投资项目的计划——"东京都震灾对策事业 3 年计划"。该计划是 2002 年制订的，其目的是为了实现《东京构想 2000》中明确指出的基本目标"建设使都民能安心居住的城市"，保护都民以及聚集在东京的人们的生命、身体和财产，明确防震抗灾对策的整体布局和各项政策措施的具体目标和方向。计划制订的基本方针是：①吸取阪神大地震那样的城市直下型地震的教训，综合总结至今为止的防灾对策、科技信息发展以及社会经济的变化，与《东京构想 2000》相整合；②把危机管理作为重点，在警察、消防、自卫队等防灾机构的携手合作下，加强和完善政府初次出动机制；③通过八都县市的区域合作促进相互支援体制的建设，把首都圈作为整体努力提高其防灾应对能力；④根据紧急程度、重要性和实效性，明确项目实施的年度目标，成为一个更富有实践性的计划。

东京都健康医疗计划。在计划中，提出了要加强健康危机管理体制，主要是：①确保食品和饮用水的安全；②对医药品等的监视和指导以及健康食品对策；③防止乱用药物对策和推进药品的适当使用；④结合感染症对策；⑤健康危机发生时的应对等。

为了适应国际都市建设的公共服务多样化以及改善现有防灾管理体系等方面的要求，东京于 2003 年 4 月建立了知事直管型危机管理体制（见图 11-1）。该体制主要设置局长级的"危机管理总监"，成立常设机构"综合防灾部"，建立一个面对各种危机时政府各相关机构统一应对的体制。危机管理总监汇总灾害各方面的信息向知事汇报，并在灾害发生时，听从知事的指挥、协调各局的应急活动并快速向相关机构请求救援。综合防灾部直接辅助危机管理总监，在组织制度上发挥三项主要功能：强化信息统管功能、提高危机事态和灾害应对能力、加强首都圈大范围的区域合作。综合防灾部在日常工作时就与警察、消防厅、自卫队建立良好的沟通和协调，整合各机构的信息；并不断充实实践型的训练危机管理预案，组织各种演习及图上演习。同时，东京也注重与周围的 3 县 4 市共同探讨广域防灾危机管理对策，并组织演习。

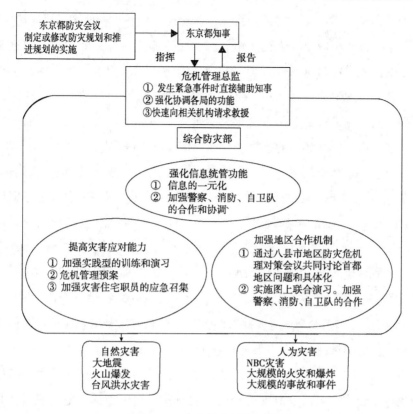

图 11 - 1　东京的危机管理体制

注：赵成根. 国外大城市危机管理模式研究［M］. 北京：北京大学出版社，2006.

　　为了在整个危机管理过程中明确各相关方的责任与义务、保障危机管理的高效实施等，东京在国家制定相关法律后，会马上制定相应的条例和实施细则，并且根据自身需要也制定了一些条例和规划。东京都规定在成立灾害对策指挥部后，根据灾情，发出 1 级到 5 级的紧急状态动员令，动员各局、各地方派驻机构以及政府总部的职员紧急出动。最高的紧急状态为第 5 级配备状态时，即在第 4 级配备状态不能应对或发生烈度 6 度以上的地震时，灾害对策指挥部总指挥发令动员约 13 万政府职员全部进入应急状态，并可以在就近的社区开展应急救援行动。

　　为了在危机发生时，保证信息的有效传递，东京建立了防灾行政无线通信系统，它由国家主管的消防防灾无线系统和东京防灾行政无线系统构成，并包含三套子系统：固定式无线系统、移动式无线系统和地区卫星通信网络。危机发生后，按照规定，以区、市、町、村为首，各有关机构都必须迅速将所辖范围内的受灾信息，通过事先规定的渠道，逐级向上汇报。而且，按照规定，在灾害发生后，区、市、町、村需立刻与所在区域的警察、消防及其他机构共同合作进行必要的宣传报道、听取居民的反应并请求媒体通过互联网、广播电视、公共场所的媒体和移动通信设备等进行报道。

在应急设备物资储备方面，按照相关法令规定，东京每年必须将前三年地方普通税收额平均值的5‰作为灾害救助基金进行累积，2002 年累计有11026297495 日元。除了都政府之外，各区和市町村政府也进行大量物资储备，至 2002 年底，市区建有 1500 立方米的地下应急供水池 47 座、100 立方米的地下应急供水池 17 座；至 2003 年 4 月 1 日，简易厕所达371805 个；设在学校的救灾物资储备仓库有 1516 个，设在社区的防灾储备仓库610 个，其他为 144 个，共 2271 个。这些政府储备与企业储备以及每家每户自备的避难急救袋，就足够维持灾后 72 小时的应对。

为了保证灾害发生时各民间团体、兄弟省市、志愿者组织有序、高效地组织救援和合作，东京采取灾前合同制的形式，与周围其他地方政府、其他大城市合作，签订多项 72 小时相互援助合作协议。协议中对于救灾物资的提供和调拨，救灾人员的派遣，救援车辆、船只的供应，医疗机构接收伤员，教育机构接收学生，以及自来水设施等的修复和供应，垃圾和下水处理等方面，都有十分详细的说明。一旦东京发出援助请求，签订协议的周围地方政府就会按照合同协议及时提供救援。

最值得一提的是，东京政府把建设一个"抗御灾害能力强的社会和社区"作为防止灾害发生、减少灾害损失的关键。"在防灾和危机管理中，通过法规和规划明确规定市民、防灾市民组织、事业单位等的具体责任，加强地区、社区和单位等的防灾对策和危机管理功能，把促进行政、企业、市民等横向合作作为目的，促进抗灾害能力强的社会和社区的建设。"① 让每个市民树立"自己的生命自己保护"和"自己的城市和市区自己保护"的理念。

---

① 赵成根. 国外大城市危机管理模式研究 [M]. 北京：北京大学出版社，2006.

第四节　新加坡城市安全管理

新加坡位于马来半岛，总面积只有 675 平方公里，岛上居住着超过 420 万人，是世界上人口最密集的城市之一，也是亚洲最重要的金融、服务和航运中心之一。同时，它被广泛认可为世界上最安全的城市之一。

新加坡不同于东京，它受地震、台风、火山喷发等自然灾害的概率比较小，但是城市的快速发展所带来的人口聚集、高层建筑林立等问题所导致的人为灾害隐患不断增多。2005 年 10 月新加坡政府已经着手建立了一套风险评估与侦测机制，以全面收集、分析及解读各种情报及灾难预测，评估内容包括自然灾害、疾病灾害、人为灾害以及战争和国际恐怖主义威胁灾害等。在应对各种灾害的过程中，新加坡建立了一整套围绕政策、运行和能力发展的比较完整的国家安全体系①。

为了进行有效的政策协调，新加坡在政府的中心建立了国家安全协调秘书处（NSCS）（见图 11 – 2），直接受安全政策审查委员会（SPRC）的指导。安全政策审查委员会是在总理的领导下，由国家安全统筹部长（the Coordinating Minister for Security and Defence）主持，国防部、内务部、外交部部长组成，他们定期举行会议，审查最重要的国家安全能力的发展目标，讨论关键问题和威胁，并检讨现行的国家安全的措施。作为重要枢纽的国家安全协调秘书处，办公地点设在总理办公室，主要负责国家安全规划和政策与情报的协调事宜。秘书处由国家安全及情报协调处的常任秘书领导。两个关键的部门——国家安全协调中心（NSCC）和联合反恐中心（JCTC）为秘书处的有效运转提供政策和情报支持。国家安全协调中心由各独立的小组组成，它们分别负责政策、规划和风险评估与侦测（RAHS）等；而联合反恐中心则主要针对恐怖事件提供情报和恐怖威胁评估。在防御准备方面政府各部门都在

①　National Security Coordination Centre. The Fight Against Terror: Singapore's National Security Strategy. Singapore: National Security Coordination Centre, 2004: 37 – 40.

其职能范围内确定明确的工作内容和计划，很容易就能够在物资准备、科技研发、改进装备、人员培训、演习训练、全民教育等方面做出政府预算。其中民防部队在灾害拯救计划方面就承担了对公共场所、生产和商业机构、社区家庭等灾害预测、损失评估、应对预案等方面的预算编制工作。

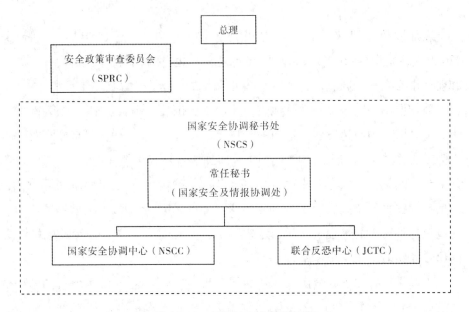

图 11 - 2　新加坡安全政策协调

资料来源：National Security Coordination Centre. The Fight Against Terror：Singapore's National Security Strategy. Singapore：National Security Coordination Centre，2004：37.

当灾害发生时，新加坡立即启动"国土危机管理系统"（Homefront Crisis Management System）。该系统由国土危机处理部长级委员会（HCMC）和国土危机管理执行小组（HCEG）组成。国土危机处理部长级委员会由内务部部长主持，各内阁部长作为主要成员。在危机发生时，委员会本着"拯救生命和防止进一步伤害、尽量减少财产损失和消除或控制威胁"[1] 的目标，提供战略和政治指导；而国土危机管理执行小组，主要由各相关部门和政府机构的高级决策者组成，他们主要提供政策指导和战略决策，并且提供业务协调、

——————
① 简森，谭禅僧. 新加坡的紧急事务管理系统 [J]. 中国减灾，2004（7）：46～47.

跨部门沟通以及保障部长级委员会的决策和指令的有效实施。2006 年 1 月 8 日，新加坡在公共场所举行了代号为"北斗星 5 号"的地下铁路遭恐怖袭击的灾害拯救演习。演习基本上是要测试 22 个参与机构（包括新捷运和 smart 两家公共交通业者）的协作和紧急反应机制。演习结果表明，参与紧急演习部队人员快速为伤者作出反应、封锁受影响的地铁站和公共汽车转换站、设急救站和疏导人潮。

　　城市运行安全离不开民间力量的广泛参与。新加坡有 5 万多名民防志愿者接受过基本的民防技术培训，根据所在地区编成若干小组，一旦国家发生灾难或战争，即可转为全职的民防职员和国家公务员。同时新加坡政府大力推动社区参与计划（Community Engagement Programme），2001 年 2 月，向 95 万户家庭派发了各种语言的《民防实用紧急手册》。2005 年，政府印制了 110 万册《流感疫情指南手册》，介绍禽流感和流感的预防措施等，其目的就是使社会各个阶层、团体和学校在城市遭到恐怖袭击或遭到重大灾害的时候，"能够作出集体的反应，懂得如何面对及应对"①。

第五节　结论及启示

　　从发达国家重要城市的安全应急管理经验中可以看出，危机管理体系出现多元化、立体化、网络化的发展趋势。许多公共危机不是某一个部门或机构诸如警察、消防或医疗机构单独可以应对的。它们需要来自不同部门和机构的联合与协调，故须以多元化、立体化、网络化的管理体系来应对危机。

　　因此，在城市的应急管理的模式的选择上，发达国家的经验给我们的启示是：

　　（1）建立政府主导与多部门合作联动机制：通过立法明确政府不同部门和社会团体在城市公共安全管理中的职责定位，建设先进的信息管理系统。

---

① 崔和平．新加坡的风险管理与危机防范［J］．城市管理与科技，2007（1）：57~59．

打破条块分割，建立起集中统一、层次分明、序列协调的新型城市公共安全管理体系，承担起向全社会提供系统全面公共安全服务的职能。特别是构筑完善的危机分级反应机制。主要包括：①规定城市紧急状态等级系统，确定危机的性质和严重等级，建立分级危机应对系统。②成立应急决策中心、指挥中心或指挥部。③根据危机的性质、种类和严重程度，迅速启动相应的应急预案，调动应急力量，应对危机。危机反应机制还应该包括：及时发布危机信息，确保良好通信系统，保证城市交通系统正常运作，良好的城市搜索和救援系统，良好的危机恢复系统。

（2）完善预案：制定各种自然灾害和治安灾害的预防和处置的预案、建立完善的危机应急预备系统。通过科学的危机规划和资源储备，反复的演习和专业训练，使政府管理者和危机所涉及的社会组织和人群能够按照既定的程序有条不紊地应对，最快地化解危机。

（3）健全网络：建立遍布全社会的应急网络，包括官方和民间的。完善紧急公共信息中心平台系统主要包括有卫星通信网络、可视电话系统和直升机电视传输系统、GIS 系统、相关数据库等有效共享机制。在受灾时，各级、各类应急救灾机构可以通过紧急公共信息中心平台系统进行无线通信，以保证紧急联络和信息收集、交换与传达，并使各系统网络相通，形成一个高覆盖的应急对策通信网。

（4）鼓励社会多方力量的参与：鼓励民间组织广泛参与应对突发事件，除了靠政府动员广泛的人力、物力和财力资源，民间组织在救灾及灾后恢复过程中能够扮演非常重要的角色，成为政府主导力量的重要补充。

（5）平战结合、重在训练：没有平时的管理，战时也适应不了，不断地演练，才会防止真实事件来临时的慌乱和伤亡。

（6）广泛普及应急教育：平时加强宣传、将各方面的预案让老百姓知道，普及全民应急知识。有关部门可考虑编制市民灾害防护指南，基本内容包含紧急事故防护对策、防护对策清单、警戒区域和疏散地图、飓风、水灾、龙卷风、危险物质事件以及危机管理有关机构的常用电话号码等。突如其来的重大突发事件，不仅对重大突发事件管理决策者构成巨大的心理压力，而且对于民众来说也是如此。广泛普及应急教育有助于提高社会的重大突发事件心理承受能力，对重大突发事件处理起着事半功倍的效果。

第十二章 国内城市安全管理
模式比较

上海高楼大火、郑州水管爆裂等突发事件表明，城市安全已经向我们敲响警钟。联合国国际减灾战略把 2010 年和 2011 年"国际减灾日"的主题都定为："建设具有抗灾能力的城市：让我们做好准备！"建设更加安全的城市已经成为目标，这需要城市管理者和地方政府做好准备，以应对可能发生的各种灾难①。

通常，城市公共安全管理被认为是一个复杂的系统，学者们将其分为三个层面，即实体层面、管理层面和技术层面。实体层面包含各类实体要素，主要指城市公共安全管理所涉及的人力、财力及物力，包括防灾减灾设施、城市生命线系统、预警与检测网点、一元化指挥中心、应急行动队伍、物质与资金保障系统等。管理层面包含各类管理要素，主要指城市公共安全管理的法制、体制及机制，包括城市公共安全规划、公共危机管理机制、城市公共安全管理的法规体系、培训教育及演练计划、应急处置与救援预案等。技术层面包含各类技术要素，主要指在城市公共安全管理中可以运用的各种技术措施和手段，包括预测与预报技术、信息传递与处理技术、风险与灾害评估技术、紧急救援与重建技术等。三个层面相互关联、相互作用、相互影响，既突出了技术要素，又体现了科技的重要性和科学发展观，符合系统论和管理论②。

为了提高城市的国际、国内影响力，城市的安全管理日益受到重视。然而，不同城市呈现出不同的安全管理模式，原因主要有以下三点：一是城市

---

① 顾德宁. 上海的火，郑州的水，告诉了我们什么？［J］. 法制博览，2011（2）.
② 刘承水. 关于城市公共安全管理的思考［J］. 城市问题，2007（4）.

规模不同，二是城市经济发展水平不同，三是城市功能不同。从应急管理模式来看，主要可以分为以下五种。

一、授权模式①

以广州、上海等城市为代表的授权模式，是由市政府根据城市应急联动要求，授权应急能力极强的部门，牵头联络政府相关应急部门联动办公、联合行动，从而快速构建城市应急联动系统。其中牵头部门往往由公安 110 指挥中心承担。以公安为牵头、多级接警、多级处警，指挥平台覆盖几乎所有的指挥体系，主要警种集中办公。这种授权模式通过局部的体制调整，就可以与其他联动单位形成协调与合作，联动阻力小，是目前国内应急联动比较现实可行的模式。

上海市应急联动中心设在市公安局指挥中心，明确了应急联动中心在市委、市政府的领导下，有效整合相关力量和社会资源，对突发事件和应急求助进行处置，日常管理工作由市公安局负责②。应急管理组织结构如图 12 - 1 所示。

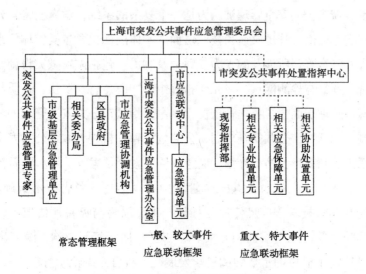

图 12 - 1　上海应急管理组织结构图

① 王雅莉. 我国城市安全管理与应急机制的建设 ［J］. 青岛科技大学学报（社会科学版），2006，22（3）.

② 刘士驻，任亿. 论城市应急管理 ［J］. 中国公共安全（学术版），2006，12（4）.

在常态情况下，上海市的应急管理工作是由相应的工作机构进行的。当发生一般或较大的突发公共事件时，由应急联动中心（设在上海市公安局）指挥我国城市应急管理的现状和对标准的需求分析和协调各应急联动单位进行应急处置，市应急管理委员会办公室作为整个应急处置的决策机构。一旦发生先期处置仍不能控制的情况或是重、特大突发公共事件时，将成立市突发公共事件应急处置指挥部统一指挥协调应急处置工作。在事发地附近将成立现场指挥部，由区县领导作为现场指挥官，各相关专业处置单位、相关应急保障单位、相关协助处置单位在市突发公共事件应急处置指挥部的统一指挥下，协调有序地进行应急处置工作。

广州也以公安机关 110 报警服务台为主体，领导小组由市长或副市长任组长，三防、医疗急救、城管、供水、供电、工商等政府职能部门负责人为成员，统一领导全市的应急求助和突发事件处置工作。领导小组下设办公室，依托公安局，负责处理城市应急中心的日常事务，对各责任单位的工作进展情况进行督导和定期考核检查。城市应急中心与公安局指挥中心实行两块牌子、一套班子，根据政府授权，应急中心（市公安局指挥中心）有权指挥协调、调度、监督相关联动职能部门处置全市的应急求助和突发事件。遇到重大灾害事故和重大突发事件，市委、市政府领导可在应急中心实施决策指挥。

二、代理模式

以北京为代表的代理模式（近似于欧盟模式），是建立在各个相对独立、体系完整而庞大和应急反应机制高度发达成熟的各个应急部门的基础上的。要整合庞大成熟的机构部门，形成一种平稳的一体化城市应急处理体系，必须由市政府牵头、统一接听，然后各自指挥、反馈与监督。这种模式与欧盟模式相近。

北京市应急体制建设的基本框架简称"3＋2"模式："3"即市级应急管理机构、市属 13 个专项应急指挥部和 18 个区县应急管理机构；"2"即以 110 为龙头的市紧急报警服务中心和以市信访办 12345 为统一号码的非紧急救助服务中心①。

北京模式的特点之一是决策中心集中，纵向单向授权，决策和执行有机融

① 张智新，周萌．中国经济网，http：//www．views．ce．cn/main/qy/201102/24/t20110224_22244213．shtml．

合。决策层即统一由北京市突发公共事件应急委员会，统一领导全市突发公共事件应对工作。市应急指挥中心是集信息收集、处理和形成应急决策方案的枢纽，执行市突发公共事件应急委员会的决定，统一组织、协调、指导、检查北京市突发公共事件应对工作。另外，市突发公共事件应急委员会—市应急指挥中心—区（县）应急委、应急指挥中心，纵向上单向授权，有利于信息上传下达的通畅性，避免由于层级过多，延误应急处置的时间并影响其效果。

北京模式的特点之二是责权较为明晰，便于究责和监督。为了高效地处置突发公共事件，分别确定了各应急管理机构和专项应急指挥部的第一责任人和主要责任人，并要求做到领导决策不能远离第一现场，专业应对不能远离第一现场。在日常监管中，要求建立全过程管理的责任体系，各级政府对本地区的安全工作负总责，安全责任分解落实到岗、到位、到人。

北京模式的特点之三是依托中央集权行政体制，充分发挥集中统一优势。北京现行应急管理体制凸显了政府机关的主导性，显示出动员性强等特点。在这一体制框架下，由北京市政府统一指挥协调所辖地区的中央机关、企事业单位，实现应急管理过程中的集中领导、统一指挥、分级负责、分类执行，有利于提升应急指挥的效率和质量。

三、分级管理模式

以深圳为代表的分级管理模式，主要表现为以政府应急指挥中心为核心的统一应急机制模式。建立应急机制的思路是对原来相对独立的应急组织和资源进行整合，建立统一的应急指挥体系。应急组织结构大体上分为三个层次：一是设立应急处置委员会，负责统一领导全市突发事件预防和处置工作及组织处置特大突发事件：设立地震、核应急、交管等七个专业委员会，主要负责相关领域应急处置的协调指挥。二是在市委、市政府总值班室的基础上设立市应急指挥中心，作为应急处置委员会的办事机构，负责全市日常应急管理事务和对突发事件应急处置进行组织协调。三是在市公安局设立应急指挥中心，负责相关突发事件应急处置工作。在应急响应运行机制上，实行分级管理。一般性突发事件由主管职能部门妥善处置；重大突发事件由市应急指挥中心组织处置，市应急指挥中心建立了可以观察 500 多个视频监控点的全市视频监控系统，指挥人员可以借助这一系统组织指挥应急处置工作。

深圳市的这一组织结构表现出了良好的效果：一是应急指挥中心体现出

高度的整合效果，使得政府领导人可以对各种危机进行统一的领导、指挥与协调。二是它体现了责任建设的效果，由于由专门的机构负责对城市危机事务的处理，各种责任可以得到落实，从而促使政府责任机制建设更加完善。三是这种结构体现了管理的连续性原则。这个体制包含了日常的事务性管理和紧急状态下的应急管理，使之成为政府的经常性行为，较全面地保障了人民生命财产的安全①。深圳市应急管理组织结构如图 12-2 所示。

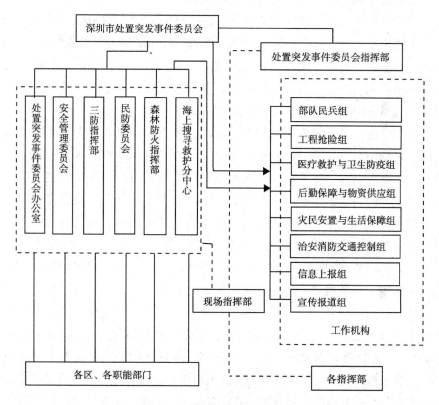

图 12-2 深圳市应急管理组织结构图

四、集权模式

以南宁为代表的集权模式（又称"大使馆模式"），整合了政府和社会所有的应急资源，成立了专门的应急联动中心（IERC），代表政府全权行使应

① 郭济. 政府应急管理实务 [M]. 北京：中共中央党校出版社，2004.

急联动指挥大权。政府牵头、一级接警、一级处警，统一协调各警种联动，统一配置无线资源，集中办公。它的好处在于，关键信息和资源能够共享，指挥层次少，效率较高。但也有不利之处，即单一指挥不利于发挥职能部门的作用，体制难度较大，故只适用于中小城市。

南宁市应急机制是中国最早建立的一套城市应急联动系统，也是联合国开发计划署在我国的第一个应急联动智力援助项目，其建设思路是通过全面的组织、资源和信息整合，充分利用现代通信技术，建立统一接警、统一指挥、联合行动的机制。南宁市应急联动系统利用集成的数字化、网络化技术，将110报警服务台、119火警台、120急救中心、122交通事故报警台、12345市长公开电话、防洪、防震、防空以及水、电、气等公共事业应急救助纳入统一的指挥调度系统，共享各种资源，实现跨部门、跨警区以及不同警种之间的统一指挥协调，向公众提供紧急救助服务。

南宁市应急机制的组织结构简单明确，分为市应急联动中心和联动部门两级，联动中心负责直接处置突发事件，具有越级指挥权、联合行动指挥权和临时指定管辖权，各联动部门按照联动中心的指令统一行动，进行应急处置和求援。同时，为了树立应急联动中心这一事业单位在突发事件管理中的应有权威，保障新建立的应急机制正常运转，南宁市政府组织有关部门及法律专家制定并颁布了《南宁市社会应急联动规定（试行）》（2002年5月1日起实施）。这部全国第一部应急联动的地方法规主要有四方面的内容：一是明确规定了应急联动中心的地位、职能、权限与责任。二是明确规定了公安、消防、医疗急救等应急联动单位的职责与义务。三是规定了法人与公民在有关方面的责任与义务。四是规定了经费等相关问题。《南宁市社会应急联动规定（试行）》是我国第一个多部门、多警种应急联动的地方性法规文件，为南宁市应急联动系统的运行提供了初步的法律保障，其中许多规定在我国都是第一次明确提出，对我国公共应急救助的法规建设是一个重要的创新①。

五、协同模式

以扬州为代表的协同模式，是运用现有行政体系，统一规划分别建设，政府建设核心数据交换与指挥中心节点，各部门按照自身任务，建立自身分

---

① 郭济. 中央和大城市政府应急机制建设［J］. 北京：中国人民大学出版社，2005.

节点与各自业务指挥系统。这样多个不同类型、不同层次的指挥中心和执行机构通过网络组合在一起，按照约定流程，分工协作、联合指挥、联合行动；整个系统中，每个部门既是建设单位又是使用单位，既是数据提供者又是数据使用者，指挥中心不做"二传手"，不包办代替，只起统一指挥、统一调度、统一资源作用。这种依托现有行政架构，集中资源解决应急联动，是中小城市政府行政调整权较弱、不可能有庞大资源投入情况下，应急联动机制建设的明智之举。

比较上述五种模式来看，虽然各有长短，但都是结合当地实际积极探索的结果。五种模式的出现也说明我国现已积累了一定的加快建设城市应急机制的经验。

"集权模式"是由政府直接投入巨资建设一个市级统一指挥平台，这种模式对于有关职能部门的接处警系统软硬件条件较差的情况下是可行的，与其各部门分别投资，不如统一建设。存在的问题是，在各部门接处警平台已有一定基础的情况下，再建一个新的应急指挥平台不但前期要投入大量财力，而且还要继续发展延伸，后期投入就更大。各部门原有的平台怎么继续使用也需要研究。同时，在现行行政管理体制下，机构难以上下对口，形成应急中心与各部门职能的冲突，协调起来难度较大。

"分级管理模式"是在各职能部门建设的应急指挥中心技术装备与功能设计都比较强的情况下，通过搭建一个技术平台，把各部门的应急指挥中心连接起来，统一调动各部门的资源。这个技术平台设在市委、市政府，党委、政府领导指挥方便。存在的问题是，与这套技术平台相适应又要新设立一个机构，也面临一个上下协调的问题。

"协同模式"不需要改变现有组织架构，不需要投入更多的资源，但存在的问题是，多部门的联合协作是否能够通力配合以及快速反应。因此，此模式仅适用于小型城市。

"代理模式"是基于非常成熟的各独立应急机构部门以及中央的统一管理，并需要充足的可支配资源，只能在特定条件下建立起来。

不同模式的选择还需取决于城市规模、城市经济基础和其他具体情形，大致的适用情况如表 12-1 所示。

表 12 – 1　不同模式的适用情形

模式	适用情形	举例
代理模式	具有高度发达成熟的应急部门	北京
授权模式	大、中规模城市	上海
分级管理模式	大、中规模城市	深圳
集权模式	经济欠发达地区，需要经济投入建设应急体系	南宁
协同模式	中、小规模城市，政府管理组织架构简单	扬州

授权模式与分级管理模式的区别在于，授权模式由政府授权公安机关作为应急指挥中心，而分级管理模式由政府搭建的应急平台做应急指挥，指挥各部门应急处置。从中国目前经济和社会发展的实际情况看，许多城市政府有关职能部门的专项应急指挥系统建设已有一定基础，一般以公安机关为基础最好，其人员和技术装备也较好，在政府财力有限的情况下，应急中心依托公安机关，能够做到平战结合，减少投入，整合资源，防止浪费。

第十三章 中国城市经济与生态环境安全指数测定与排名分析

道萨迪亚斯（C. A. Doxiadis）指出："一个城市必须在保证自由、安全的条件下，为每个人提供最好的发展机会，这是人类城市的一个目标。"城市安全是一个永恒的话题，自从城市形成那天起，安全就始终被放在首要位置。城市安全给社会、经济和政治秩序提供了保证；反过来，这些秩序又使得城市得以不断壮大，社会持续繁荣。改革开放 30 多年以来，中国经济取得了巨大成就，与此同时，中国也进入了快速城市化阶段，伴随着产生的城市安全问题也越来越凸显出来。城市化的快速推进给人们带来了丰富的物质财富，让人们生活方式有了巨大的转变和生活水平也得到提高，但同时也带来了包括生态环境、社会治安、经济安全等一系列的问题。面对这些城市安全问题，应该对它们做全面的认识，了解中国主要城市目前的城市安全状况并对其进行分析是进行发现性研究的一个有效途径。

一、国内外城市安全研究综述

随着现代城市复杂性程度加剧，城市安全问题成为国际关注的热点，先后出现如下几个学派：

（1）以英国齐舒姆为代表的区域学派，在《区域预测》一书中，总结了人口、资源、城市、经济和生态环境相互作用的经验数据，对经济社会运动进行预测，为城市风险管理的开展奠定了基础。

（2）以罗马俱乐部为代表的未来学派，建立以人口、能源、环境、经济发展等 12 个要素为基础的综合风险研究模型。这一模型自提出至今，仍然有着一定的参考价值。

（3）以美国内布拉斯加为代表的系统学派，1982 年研究出 AGNET 系统模型分析工具，对美国中西部 6 个州的区域社会加以管理，在预警基础上实施全面优化调控和管理决策。

（4）公共管理学派，主要从行政管理与公共关系的角度，研究各级政府与决策者如何应对危机，如何建构危机管理体制、机制等问题。

国内城市安全分析始于20世纪80年代中后期，以2003年的"非典"事件为转折点，安全与应急管理进入密集研究阶段。相关研究成果归纳为以下三个领域：

（1）风险管理与工程领域：宋林飞（1989、1995、1999）对社会发展风险系统进行了分析；王宏波（2000）提出将社会预警纳入社会工程加以判断；李彤（2008）则基于城市公共安全风险管理系统视角阐述城市公共安全管理的内涵、现状、存在问题和应对措施；董克用着重研究了首都城市运行安全问题。

（2）预警机制与管理领域：张春曙（1995）针对大城市进行预警研究；肖飞（2000）构建了包括预警指标体系和预警解除系统在内的科学的预先告警机制；牛文元、叶文虎（2003）基于社会燃烧理论研究预警系统原理和机制；尹晓波（2004）构造了包括预警模型、预警区间及预警显示模块在内的预警体系；贾友山（2006）提出建立健全预警机制、提高预警和控制能力的对策措施。

（3）危机与应急管理领域：郭济（2005）系统分析了中央和大城市政府应急机制建设问题；王绍玉、冯百侠（2006）等基于灾害学视角，探讨城市灾害应急与管理问题；董华、吉光等（2006）则基于城市公共安全视角，研究城市公共安全的应急与管理问题；赵成根（2006）总结了国外大城市危机管理模式。

对城市安全测定与评估分析的研究，目前国内还没有形成一个系统，鲜有作者从安全的角度分析城市构成是否合理。笔者认为，造成这一现象有诸多原因，其中主要的有以下两点：①城市安全数据库不健全，大量研究数据缺乏或者不公开；②理论发展尚不成熟，学术界与政府不够重视。

在相关研究缺乏的情况下，目前国内依然有少部分学者走在前沿，为城市安全理论的发展奠定了良好的基础。比如在借鉴国内外成功的城市安全运行体系的基础上，溯源及评估上海城市安全风险并剖析上海安全管理现状和问题，并利用"弓弦箭模型"构建上海城市安全体系的总体框架，最后对上海城市安全运行提出对策建议（陈秋玲，2011）；另外，根据国内外的研究结果，在经济发展到一定时期，即人均GDP达到1000～3000美元时，城市化进程将会出现一系列问题，通过进一步的研究得出，构建安全城市理论和安全保障机制是城市发展的重中之重（董晓峰，2007）。

二、指标体系和数据采集

在保证计算出来的指数具有有效性和数据的能便于获取的前提下，选取了与经济安全和生态环境安全密切相关的 14 个指标，来计算安全综合指数（见表 13 - 1）。同时选择了全国具代表性的 30 个城市（直辖市、省会和自治区首府市，除拉萨市外）作为分析研究的对象城市。本文计算所用的数据以 2008 年为主，也有部分数据由于无法获得等原因进行特殊处理。在经济安全的指标选取过程中，城乡收入比和恩格尔系数都是被迫替换的，较为理想的应该是基尼系数和贫困率，但是由于统计数据的缺乏，在保证指标体系健全的情况下，只有进行上述替代。

表 13 - 1　中国城市经济和生态环境安全指数的指标体系

指标类别	指标名称	计算公式
经济安全	失业率（％）	登记失业人数/劳动力总人数
	通货膨胀率（％）	CPI（基于上一年）－1
	城乡收入比	城镇居民平均收入/农村居民平均收入
	恩格尔系数	居民食品消费额/居民总消费支出
	亿元 GDP 生产安全事故死亡率	生产安全事故死亡人数/GDP 总量
生态环境安全	人均公共绿地面积（平方米/人）	城市公共绿地面积/城市非农业人口
	建成区绿化覆盖率（％）	建成区绿化覆盖面积/建成区面积
	空气质量优良率（％）	全年空气优良天数/全年总天数
	工业废水排放达标率（％）	工业废水排放达标量/工业废水排放量
	工业二氧化硫去除率（％）	工业二氧化硫去除量/工业二氧化硫产生总量
	工业烟尘去除率（％）	工业烟尘去除量/工业烟尘产生总量
	工业固体废物综合利用率（％）	当年综合利用工业固体废物的总量/（当年工业固体废物生产量＋综合利用往年储存量）
	城镇生活污水处理率（％）	城镇生活污水处理量/城镇生活污水排放量
	生活垃圾无害化（％）	生活垃圾无害化处理量/生活垃圾产生总量

经济安全类别下的 5 个指标中，失业率除了南昌以 2006 年数据替代、石家庄和海口以 2007 年数据替代外，其他城市都是从 2008 年的城市统计公报

或统计年鉴上获得。通货膨胀率则是通过各城市 2008 年统计公报或年鉴上公布的消费价格指数进行推算得到。城乡收入比是根据各城市 2008 年统计公报或年鉴上公布的城镇居民人均收入和农村居民人均收入计算得出。恩格尔系数除了少部分城市是根据公报或年鉴上公布的数据得到，大部分是运用公布的居民食品消费额除以居民总消费支出得到，其中呼和浩特由于 2008 年数据缺失，所用的是 2006 年数据。亿元 GDP 生产安全事故死亡率除了少部分城市是由公报或年鉴上获得，大部分是运用公布数据计算获得，其中福州、南昌、郑州、贵阳、南宁、呼和浩特、昆明、石家庄和西宁由于数据缺失，是用各城市的亿元 GDP 安全生产事故死亡率与人均 GDP 进行回归，求出回归方程，再将缺失城市的值推算得出的（具体数据见附表 1）。

生态环境安全类别下的 9 个指标中，人均公共绿地面积来源于 2008 年各城市统计公报或年鉴。由于数据缺失，海口市的工业二氧化硫去除率是使用 2005 年数据计算得到，其余 8 个指标中的所有数据都来源于《中国城市统计年鉴》（2009）或通过此年鉴中的数据计算得到（具体数据见附表 2）。

三、计算方法

在计算各城市经济与生态环境安全指数时，由于所选取的指标数量较多，所以采用了降维分析方法中的主成分分析法，这种方法能将研究者手中众多相关性高的变量（在统计分析中也称因子）转化为彼此相互独立或者不相关的变量。该方法通常会选出比原始变量个数少的，能代替原来大量变量的几个综合变量，通常把这些转化而来的综合变量称为主成分。这样在研究复杂问题时就可以只考虑少数几个主成分而不至于损失太多的信息，从而能更容易抓住主要矛盾，揭示事物内部变量之间的规律性，同时使问题得到简化，提高分析效率。主成分分析法被广泛运用于各种专题的综合评价，使之成为目前应用于城市综合评测中，最广泛的一种多元统计综合评价方法。

由于所选取的 14 个指标的数据不属于同一量纲，因此在运算之前需要对指标进行无量纲化处理，本文采用的是最大值标准化方法，即 $X_{ij}^{'} = X_{ij}/X_{maxj}$，若，$X_{maxj} = 0$，令 $X_{xj}^{'} = 1 + X_{xj}/|X_{minj}|$。

因选取的经济安全指标为逆向指标，选取的生态环境安全指标为正向指标，所以安全综合指数计算前还需将指标方向统一以保证分析数据的一致可比性，本文采取的方法是取倒数来正向化各经济安全指标数据。

最后将经过无量纲化处理和数据可比性处理后的数据输入 SPSS 软件进行运算，采用最大四次方值法（Quartimax）进行旋转，获得 5 个主成分指标。将新获得的 5 个指标通过它们各自的方差贡献作为权数进行加权平均计算，最终得到城市经济安全和生态环境安全综合指数得分（详细计算结果见附表3）。

需要说明的是在所获结果中存在负值只是说明该城市在经济和生态环境安全两个方面与其他所选城市相比处于低位，即处于平均水平之下，并不代表其实际综合水平为负，而只是为了排名而提供可比性的数据。

四、综合指数排名及简要分析

中国城市经济与生态环境安全指数排名（2008 年）见表 13 - 2。

表 13 - 2　中国城市经济与生态环境安全指数排名（2008 年）

城市	经济与生态环境安全指数	全国排名	城市	经济与生态环境安全指数	全国排名
北京	0.7891	1	武汉	0.1123	16
昆明	0.5953	2	沈阳	0.0897	17
海口	0.5929	3	长沙	- 0.0077	18
南昌	0.4601	4	太原	- 0.0574	19
南京	0.4135	5	长春	- 0.1128	20
成都	0.3333	6	呼和浩特	- 0.1632	21
广州	0.2966	7	重庆	- 0.1829	22
济南	0.2966	8	哈尔滨	- 0.1975	23
天津	0.2914	9	贵阳	- 0.2621	24
郑州	0.2798	10	西安	- 0.4264	25
上海	0.1666	11	合肥	- 0.4728	26
福州	0.1604	12	西宁	- 0.6787	27
杭州	0.1602	13	兰州	- 0.7506	28

城市	经济与生态环境 安全指数	全国排名	城市	经济与生态环境 安全指数	全国排名
银川	0.1351	14	南宁	−0.9616	29
石家庄	0.1285	15	乌鲁木齐	−1.0277	30

如表 13 − 2 所示，是根据最终计算所得的城市经济和生态环境安全指数（2008 年）做出的中国主要城市排名。从排名中可以看出各城市在经济安全和生态环境安全上的差距，对区域之间的差异也能有一个大致了解。

除了排名最靠前和排名最靠后的一些城市外，处于排名中段的各城市间的综合指标评分相差较小，可以说在评分的角度上分布较为密集。但排名位于第一位和第二位的北京和昆明与排名最靠后的乌鲁木齐，绝对值相差了1.82 和 1.62，可以说差距相当大。仔细对比第一名的北京和最后一名的乌鲁木齐各项指标数据可以发现，北京市在经济安全各指标方面都有不同程度的优势，而在失业率、通胀率、恩格尔系数和亿元 GDP 生产安全事故死亡率四项指标上优势相当明显，并且在全国主要城市中也处于领先位置。在生态安全各指标方面北京并没有明显优势，而且在人均公共绿地面积指标上远远落后于乌鲁木齐。在环境安全指标方面北京再次占据领先，其中工业废水排放达标率、工业烟尘去除率和生活垃圾无害化率三项指标都达到了 97% 以上，在全国都处于领先地位，可以认为这与 2008 年北京奥运会所带来的环境治理有必然联系，其有力地带动提高了环境安全指标。

从表中还可以看出，处于经济较发达的东部沿海地区的城市在排名上普遍高于中西部地区的城市，对于区域间差异的分析本文将就安全综合指数做聚类分析。

五、聚类分析

从表 13 − 2 中所示的各城市的指数得分可以看出，名次的分布具有一定的区域性。就这一问题，本节运用 SPSS 软件，对城市经济和生态环境安全指数做聚类分析。具体的分析方法是使用平方欧式距离（Squared Euclidean Distance）来测度各城市安全综合指数的相似性，并以此将这些城市进行分类（见表13-3）。

表13-3　城市经济与生态环境安全区域聚类分析（2008年）

区域	第一类	第二类	第三类	第四类
东部	北京	上海、广州、济南、天津、南京、福州、杭州	—	—
东北	—	沈阳	哈尔滨、呼和浩特、长春	—
中部	海口	郑州、南昌、武汉、石家庄	长沙	合肥
西部	昆明	成都、银川	太原、重庆、贵阳	南宁、乌鲁木齐、西安、西宁、兰州

由表13-3的聚类分析结果可以看出，按照安全综合指数评分的相似性30个城市被分为了四类：第一类为安全综合指数评分最高的城市；第二类次之，以此类推。第一类包括北京、海口、昆明，共3个城市；第二类包括上海、广州、济南、天津、南京、福州、杭州、沈阳、郑州、南昌、武汉、石家庄、成都、银川，共14个城市；第三类包括哈尔滨、呼和浩特、长春、长沙、太原、重庆、贵阳，共7个城市；第四类包括合肥、南宁、乌鲁木齐、西安、西宁、兰州，共6个城市。在此基础上，将中国对东部、东北、中部和西部区域的划分结合进去，使得从表格上考察区域分布更加方便。

不难看出城市的区域分布在表格中呈现出一个梯形，若将表格中第一类的三个城市遮住，城市的区域分布在表中则呈现出一个三角形。这就说明安全综合指数排名有着明显的区域性，即东部城市全部处于第一类和第二类中，东北部城市则全部集中在第二类和第三类，中部和西部城市在四个类别中都有分布，但中部城市主要集中在第二类，西部城市主要集中在第三类和第四类。

将不同区域的经济水平加以考虑的话，聚类分析的结果在一定程度上支持了书中所说的，经济发展水平较高区域的城市的经济安全与生态环境安全综合指数上要高于经济发展水平相对落后区域的城市，这一现象在东部城市和西部城市的分类对比中尤为明显。

六、结论

通过对中国主要城市的经济与生态环境安全指数的计算和分析，可以发现各城市在这两方面的指数评分分布区间较大，即排名最靠前城市和最靠后城市有较大差距，但大部分城市还是分布于中间水平，安全指数排名具有一定的区域性，且与区域的经济发展水平呈现出相关性，即经济较发达地区往往排名更加靠前，如东部城市全部聚集在第一和第二分类，经济相对落后地区则相反，如西部城市主要聚集在第三和第四分类。

在写作本章而搜集数据的过程中，笔者深感到部分城市政府没有充分利用互联网的便捷和高效，统计局网站几乎形同虚设，数据少而又陈旧，给研究带来了很多的不便。同时全国各城市在统计年鉴中所用统计指标和统计口径的不同，也是数据搜集过程中的一大难题，希望各地政府能统一统计标准，严格执行国家统计局的规定，充分发挥政府的服务作用。

附表1　2008年中国主要城市各经济安全指标

城市	失业率（%）	通货膨胀率（%）	城乡收入比	恩格尔系数	亿元GDP生产安全事故死亡率（%）
上海	4.20	5.80	2.34	36.60	0.11
北京	1.82	5.10	2.58	33.80	0.11
广州	2.32	5.90	2.68	33.70	0.16
天津	3.60	5.40	2.01	37.30	0.24
重庆	3.96	5.60	3.48	39.10	0.39
杭州	3.02	4.90	2.25	38.30	0.21
南京	3.16	6.20	2.58	36.70	0.16
福州	3.30	4.40	2.66	43.00	0.25
沈阳	3.10	4.90	2.14	38.20	0.31
济南	3.43	5.69	3.17	32.10	0.11
西安	4.20	6.00	2.92	36.40	0.27

续表

城市	失业率（%）	通货膨胀率（%）	城乡收入比	恩格尔系数	亿元 GDP 生产安全事故死亡率（%）
武汉	4.20	5.70	2.63	40.20	0.12
长沙	3.41	6.30	2.40	36.90	0.16
成都	3.10	4.30	2.61	37.40	0.24
合肥	4.10	6.40	2.90	39.60	0.21
南昌	3.00	6.10	2.62	35.80	0.25
郑州	3.10	6.10	2.08	34.80	0.23
太原	3.30	7.40	2.40	35.00	0.20
贵阳	3.58	7.00	2.87	42.00	0.28
兰州	2.80	7.20	3.33	37.97	0.35
南宁	3.57	8.40	3.47	41.50	0.28
呼和浩特	3.85	4.60	2.87	32.80	0.20
昆明	2.18	5.80	3.14	46.20	0.27
石家庄	3.80	6.70	2.75	33.80	0.26
海口	3.50	5.80	2.70	41.50	0.27
长春	3.86	4.40	2.83	32.40	0.25
哈尔滨	2.97	4.70	2.45	34.50	0.17
银川	3.62	7.60	2.94	34.90	0.31
西宁	4.10	8.20	3.02	41.20	0.28
乌鲁木齐	3.60	7.00	2.02	39.16	0.33

附表2 2008 年中国主要城市各生态环境安全指标

城市	人均公共绿地面积（平方米/人）	建成区绿化覆盖率（%）	空气质量优良率（%）	工业废水排放达标率（%）	工业二氧化硫去除率（%）	工业烟尘去除率（%）	工业固体废物综合利用率（%）	城镇生活污水处理率（%）	生活垃圾无害化率（%）
上海	25.92	40.62	89.60	93.75	44.64	99.23	95.53	85.81	77.00
北京	40.55	37.15	74.90	98.26	66.06	99.01	66.43	74.52	97.71
广州	180.41	35.01	94.26	95.26	76.08	99.02	87.10	58.96	88.20
天津	8.00	38.50	88.20	99.90	51.28	98.14	98.21	79.00	93.50

城市	人均公共绿地面积（平方米/人）	建成区绿化覆盖率（%）	空气质量优良率（%）	工业废水排放达标率（%）	工业二氧化硫去除率（%）	工业烟尘去除率（%）	工业固体废物综合利用率（%）	城镇生活污水处理率（%）	生活垃圾无害化率（%）
重庆	44.53	68.94	81.10	93.47	51.02	96.52	80.10	72.00	79.10
杭州	30.57	38.60	82.47	84.39	48.29	97.00	95.06	83.24	100.00
南京	141.00	46.13	88.00	95.45	75.34	98.77	92.40	86.00	96.90
福州	36.88	37.66	96.70	95.94	40.27	99.38	96.02	68.74	97.30
沈阳	45.11	41.81	88.49	91.46	24.17	93.63	92.29	76.60	100.00
济南	29.34	36.43	80.60	98.82	64.86	98.72	94.41	70.23	86.10
西安	20.94	40.29	82.19	97.59	23.24	97.08	97.80	59.40	74.90
武汉	28.86	37.40	80.55	98.99	44.76	98.54	89.56	80.70	85.99
长沙	32.28	36.29	90.00	88.06	29.97	92.91	88.50	70.85	100.00
成都	30.28	38.55	87.40	98.91	34.40	98.57	98.26	84.17	96.51
合肥	45.02	35.26	71.30	96.08	14.49	98.60	99.17	75.56	77.83
南昌	32.28	70.30	94.00	93.61	50.21	96.73	90.50	86.76	100.00
郑州	35.56	34.03	89.04	99.97	33.00	97.77	78.10	95.80	87.62
太原	31.46	34.65	83.01	97.14	64.26	99.24	47.44	68.60	76.28
贵阳	26.41	42.10	95.07	93.34	73.87	98.25	46.29	32.46	93.39
兰州	20.60	26.39	71.78	98.50	19.74	98.75	78.07	60.96	49.58
南宁	134.20	38.99	96.71	84.65	25.03	92.90	90.23	46.98	58.35
呼和浩特	48.41	35.14	93.42	94.12	63.89	99.49	90.34	41.37	72.58
昆明	36.72	35.93	100.00	99.55	87.10	99.15	39.70	82.23	100.00
石家庄	27.92	39.26	82.47	99.23	53.43	98.61	90.77	77.00	100.00
海口	22.83	43.41	100.00	99.38	91.12	5.98	100.00	82.03	94.30
长春	32.97	37.88	93.40	95.33	9.40	96.03	99.40	74.01	78.01
哈尔滨	21.32	33.71	84.38	80.37	30.83	96.77	74.76	62.26	85.00
银川	58.97	35.56	88.30	99.76	50.04	95.27	88.62	87.61	100.00
西宁	20.30	35.61	85.70	83.67	14.80	98.06	73.79	52.35	100.00
乌鲁木齐	94.08	24.20	71.30	79.15	2.83	92.23	67.25	48.39	77.81

附表3　运用 SPSS 软件得到的经济和生态环境安全指数计算结果

城市	城市安全指数	FAC1_1	FAC2_1	FAC3_1	FAC4_1	FAC5_1
北京	0.7891	−1.05009	2.50755	1.64872	0.51382	0.4719
昆明	0.5953	0.73231	2.97319	−1.44189	−0.16999	0.78453
海口	0.5929	3.09957	−0.24764	−1.0361	0.15156	0.60743
南昌	0.4601	1.50621	−0.20947	0.12161	0.3523	0.35757
南京	0.4135	0.99173	0.52383	1.13287	0.09709	−1.12776
成都	0.3333	0.2934	−0.46903	0.4118	0.90496	0.66747
广州	0.2966	0.6521	1.35417	1.73753	−0.38757	−2.64576
济南	0.2966	−0.27259	0.10483	2.07723	−0.95823	0.59593
天津	0.2914	0.02642	−0.39077	−0.08177	1.24083	0.92956
郑州	0.2798	−0.48311	0.18862	0.1901	0.95349	0.8402
上海	0.1666	−0.08137	−0.61616	0.99985	0.30498	0.32966
福州	0.1604	0.80062	−0.34482	−0.48696	0.83541	−0.0919
杭州	0.1602	−0.23372	−0.20849	−0.20618	1.8417	−0.29828
银川	0.1351	0.40818	0.01693	0.09897	−0.46443	0.64341
石家庄	0.1285	−0.00555	−0.18308	0.32807	−0.26473	0.94524
武汉	0.1123	−0.3152	−0.24306	0.49886	−0.11635	0.98454
沈阳	0.0897	0.06177	−0.49038	−0.52641	1.75084	−0.28752
长沙	−0.0077	−0.19475	−0.19145	−0.19558	0.95887	−0.39557
太原	−0.0574	−1.02888	1.26584	−0.31471	−0.66259	0.6835
长春	−0.1128	0.08334	−1.55232	0.94526	0.08447	−0.09981
呼和浩特	−0.1632	0.17768	−0.46782	0.98738	−0.80043	−0.98181
重庆	−0.1829	1.0004	−0.70568	−0.50974	−1.28695	0.48457
哈尔滨	−0.1975	−1.04285	−0.07197	0.02055	1.10011	−0.9317
贵阳	−0.2621	0.1991	1.40205	−1.87577	−0.90452	−0.30091
西安	−0.4264	−0.3161	−1.23719	0.01382	−0.99595	0.58573
合肥	−0.4728	−0.91838	−1.13768	−0.04955	−0.69045	0.7722
西宁	−0.6787	−0.63512	−0.3123	−1.88158	−0.16823	−0.29032
兰州	−0.7506	−1.69443	−0.15102	−0.34539	−2.20707	1.05973
南宁	−0.9616	0.47592	−0.74064	−0.70673	−1.93735	−2.5394
乌鲁木齐	−1.0277	−2.23661	−0.36604	−1.55426	0.92442	−1.75236

参考文献

［1］Arden Handler, Michele Issel, Bernard Turnock. A Conceptual Framework to Measure Performance of the Public Health System ［J］. American Journal of Public Health, 2001, （8）：1235－1239.

［2］Dyson J S Ecological safety of paraquat with particular reference to soil ［J］. Planter, 1997, 73 （5）.

［3］Kuhlmann. A Introduction to safety science ［M］. New－York：Spronger verleg Inc, 1986.

［4］National Security Coordination Centre, The fight against terror：Singapore's national security strategy, Singapore：National Security Coordination Centre, 2004.

［5］Samersoy V. Trepashko L. Power consumption of system of protection sa criterion of their ecological safety ［J］. Archives of Phytopathology and plant protection, 1998, 31 （4）.

［6］［英］芭芭拉·亚当，［德］乌尔里希·贝克，［英］约斯特·房·龙著. 风险社会及其超越：社会理论的关键议题 ［M］. 赵延东，马缨等译. 北京：北京出版社，2005.

［7］［德］贝克著. 世界风险社会［M］. 吴英姿，孙淑敏译. 南京：南京大学出版社，2004.

［8］白春阳. 现代社会信任问题研究 ［D］（博士论文，马克思主义哲学专业）. 中国人民大学，2006.

［9］陈秋玲. 社会预警管理［M］. 北京：中国社会出版社，2008：108～109.

［10］曹广文．大力加强我国公共卫生突发事件主动监测系统的研究［J］．第二军医大学学报，2004，Vol. 25（3）：233 – 235.

［11］曹广文．突发公共卫生事件应急反应基础建设及其应急管理［J］．公共管理学报，2004，Vol. 1（2）：68 – 96.

［12］崔和平．新加坡的风险管理与危机防范．城市管理与科技，2007（1）：57 – 59.

［13］陈宪，殷凤，程大中．中国服务经济报告2009［M］．上海：上海大学出版社，2010.

［14］陈秋玲，张青，肖璐．突发事件视野下基于突变模型的城市安全状况评估［J］．管理学报，2010.

［15］董华，张吉光．城市公共安全——应急与管理［M］．北京：化学工业出版社，2006.

［16］董克用．首都城市运行安全研究中国人民大学研究报告（KT0709）．

［17］［英］冯，［英］杨著．公共部门风险管理［M］．陈通等译．天津：天津大学出版社，2003.

［18］冯必扬．来自竞争的风险［D］（博士论文，社会学专业）．南京大学，2000.

［19］高强，高晖．危险化学品运输安全统一监控平台的探讨和设想［J］．中国安全科学学报，2006 – 02.

［20］高峰．社会秩序研究［D］（博士论文，马克思主义哲学专业）．中央党校，2007.

［21］龚茂珣，堵盘军，薛志刚．上海沿海海洋灾害的危害及应对措施——缅甸特大风暴潮灾害的启示［J］．华东师范大学学报（自然科学版），2008（9）．

［22］国家海洋局．中国海洋灾害公报（2006～2010 年）．

［23］郭济．政府应急管理实务［M］．中共中央党校出版社，2004.

［24］郭济．中央和大城市政府应急机制建设［M］．中国人民大学出版社，2005.

［25］顾德宁．上海的火，郑州的水，告诉了我们什么？［J］．法制博览，2011（2）．

［26］龚建周．快速城市化进程中广州城市生态安全的动态特征［J］．广州大学学报，2009．

［27］http：//www. mfb. sh. cn/mfbinfoplat/platformData/infoplat/pub/shmf_104/docs/200705/d_48246. html，上海市民防办公室主要职责内设机构和人员编制规定，上海市民防办公室．

［28］http：//www. mfb. sh. cn/mfbinfoplat/platformData/infoplat/pub/shmf_104/docs/200708/d_50945. html，市地下空间管理联席会议办公室关于进一步加强本市地下空间安全管理工作的意见，上海市民防办公室．

［29］http：//www. mfb. sh. cn/mfbinfoplat/platformData/infoplat/pub/shmf_104/docs/200807/d_59012. html，上海市地下空间综合管理2007年工作情况．上海民防办公室．

［30］贺芳芳等．上海地区不良天气条件与交通事故之关系研究［J］．2004．

［31］胡国清．我国突发公共卫生事件应对能力评价体系研究［D］．2006．

［32］黄松涛．构建我国"社会风险管理框架"的设想［D］（硕士论文，金融学专业）．西南财经大学，2005．

［33］韩冰．透过SARS看风险社会中的信任危机［D］（硕士论文，社会学专业）．吉林大学，2005．

［34］华东师范大学课题组．后世博效应对长三角一体化发展区域联动研究．科学发展，2011（5）．

［35］http：//www. shmec. gov. cn/web/xxgk/．

［36］当前我国校园安全立法若干理论问题的研究．http：//www. china-lawedu. com/new/21604_23361_/2010_2_5_ji7261435610152010225440. shtml．

［37］山东莒县实施"三全一无"安全管理模式打造平安校园．http：//unn. people. com. cn/GB/88607/11740530. html

［38］计雷，池宏，陈安等．突发事件应急管理［M］．北京：高等教育出版社，2006．

[39] 菅强．中国突发事件报告［M］．北京：中国时代经济出版社，2009.

[40] 靳利梅，史军．上海地区雷电气候特征及变化研究［J］．干旱气象2010（3）．

[41] 简森·谭禅僧．新加坡的紧急事务管理系统．中国减灾，2004（7）：46 - 47.

[42] 罗慧英，南旭光．突变理论在金融安全评价中的应用研究［J］．海南金融，2007，3（3）：51 - 53.

[43] 李定邦，程真．危险化学品运输管理及事故应急系统探讨［J］．中国安全科学学报，2006 - 09.

[44] 李娟．公共卫生突发事件应急管理对策研究［D］．成都：电子科技大学，2006.

[45] 李维．风险社会与主观幸福——主观幸福的社会心理学研究［M］．上海：上海社会科学院出版社，2005.

[46] 李福胜．国家风险：分析·评估·监控［M］．北京：社会科学文献出版社，2006.

[47] 李玉华．论社会转型期中国社会的风险意识［D］（硕士论文，社会学专业）．东北师范大学，2007.

[48] 刘昌森．上海自然灾害史［M］．上海：同济大学出版社，2010，4.

[49] 刘畅．学校安全的影响因素与对策［J］．成都教育学院学报，2006 - 4.

[50] 刘承水．关于城市公共安全管理的思考［J］．城市问题，2007（4）．

[51] 刘士驻，任亿．论城市应急管理［J］．中国公共安全（学术版），2006（4）．

[52] 李彤．论城市公共安全的风险管理［J］．中国安全科学学报，2008 - 3.

[53] 苗东升．系统科学大学讲稿［M］．北京：中国人民大学出版社，2007.

[54] 倪青山，刘青山．SPSS 应用试验教程［M］．长沙：湖南大学出版

社，2007－4.

［55］全球化进程中的国际安全合作：理论争鸣与实践探索［D］（博士论文，国际关系专业）．华中师范大学，2006.

［56］任赟静，黄建始，马少俊，徐瑞．症状监测及其在应对突发公共卫生事件中的作用［J］．中华预防医学杂志，2005，39（1）：56－58.

［57］沈国明．城市安全学［M］．华东师范大学出版社，2008.

［58］上海市城市地下空间开发利用管理立法研究，政府法制研究［J］．上海市行政法制研究所，2001（1）.

［59］上海市城市道路路面技术状况分析报告．2009.

［60］上海市城市综合交通规划研究所．上海市综合交通2010年度报告（摘要上）［J］．交通与运输，2010（5）.

［61］申井强．城市突发公共卫生事件应对能力的评价指标体系研究［D］．2007.

［62］上海模式探索我国公共卫生体系的发展脉搏．http：//www.jktd.org/article/4581.html.

［63］沈福杰等．浅析香港上海黄浦公共卫生体系建设之比较［J］．中国公共卫生管理，2005，21（5）：377－379.

［64］申力，许惠平，吴萍．长江口及东海赤潮海洋环境特征综合探讨［J］．海洋环境科学，2010（10）.

［65］上海市环境保护局．2000～2011年上海市环境状况公报.

［66］滕学敏．我国流动人口传染病流行现状与对策研究，职业与健康，2010，26（6）：687－689.

［67］王宏伟．突发事件应急管理：预防、处置与恢复重建［M］．北京：中央广播电视大学出版社，2009.

［68］王金南，吴舜泽等．环境安全管理评估与预警［M］．北京：科学出版社，2007.

［69］王璇，陆海平，叶光新．论上海城市地下空间的开发利用［J］．上海建设科技，2001（4）.

［70］王绍玉，冯百侠．城市灾害应急与管理［M］．重庆：重庆出版

社，2005．

［71］王巍．国家风险——开放时代的不测风云［M］．沈阳：辽宁人民出版社，1988．

［72］王声湧．校园安全与中小学伤害现况［J］．中国学校卫生，2006（2）．

［73］王雅莉．我国城市安全管理与应急机制的建设［J］．青岛科技大学学报（社会科学版），2006（3）．

［74］万鹏飞．美国、加拿大和英国突发事件应急管理法选编［M］．北京大学出版社，2006．

［75］肖军．城市地下空间利用法律制度研究［M］．北京：知识产权出版社，2008．

［76］徐国祥，王芳，吴也白．上海市民地铁安全意识与安全评价调研报告［J］．科学发展，2011（5）．

［77］薛晓源，周战超．全球化与风险社会［M］．北京：社会科学文献出版社，2005．

［78］［英］谢尔顿·克里姆斯基，［英］多米尼克·戈尔丁著．风险的社会理论学说［M］．徐元玲，孟毓焕，徐玲等译．北京：北京出版社，2005．

［79］杨雪冬等．风险社会与秩序重建［M］．北京：社会科学文献出版社，2006．

［80］赵光洲，张明凯．企业在不确定性环境下的容忍性研究［J］．华东经济管理，2008，12（12）：78–83．

［81］周绍江．突变理论在环境影响评价中的应用［J］．人民长江，2003，34（2）：52–54．

［82］张磊等．上海地区细菌性食物中毒季节和气候特征分析，上海预防医学杂志2009，21（7）：330–333．

［83］周振华主编．创新驱动转型发展（2010/2011年上海发展报告）［M］．上海：格致出版社，2011年1月．

［84］曾怀德．现代性与风险［D］（硕士论文，社会学专业）．苏州大学，2005．

［85］朱志玲．上海市生活垃圾处理处置现状与对策［J］．环境卫生工程，2009，8．

［86］赵成根．国外大城市危机管理模式研究［M］．北京：北京大学出版社，2006．

［87］张春曙．大城市社会发展预警研究及应用初探［J］．预测，1995（01）：47－50．